湖南人

——三湘历史文化陈列

湖南省博物馆　编

中華書局

湖南省博物馆新馆陈列展览筹备委员会

主　　任：陈远平
副 主 任：陈建明　段晓明
委　　员：江文辉　李建毛　陈学斌　陈叙良
彭卓群　张晓娅　马大明　李　莉

总 策 划：陈建明　段晓明

湖南人——三湘历史文化陈列

策　　划：李建毛
项目统筹：王树金
主要策展人：李建毛　王树金　郑曙斌　舒丽丽　余斌霞　刘　涛
袁建平　卢　莉　喻燕姣　闾四秋　傅聚良　王　卉

图录编辑：聂　菲　陈华丽　杨慧婷
文物摄影：金　明　毕　枫　唐哲昊
图片提供：湖南省博物馆
英文翻译：伦敦出版（香港）有限公司
英文审校：李慧君　郑君怡

序言

历经近十年建设和五年闭馆，湖南省博物馆新馆在开馆之际，重磅推出了两大基本陈列之一："湖南人——三湘历史文化陈列"，以飨观众。对于"长沙马王堆汉墓"基本陈列，大家可能都会觉得理所当然，而对于"湖南人——三湘历史文化陈列"，大家或许都会有所疑惑，甚至第一反应就是：为什么是"湖南人"？

湖南省博物馆肇建于中国共产党建政之初的1951年3月，其时湖南省文教厅奉中央文化部指示，在长沙留芳岭的百琴园挂牌成立湖南省博物馆筹备处，筹建之初仅有六个人，一栋楼，建馆的宗旨当然脱不出当时全国性的"地志博物馆"建设范式，以陈列展示当地的自然资源、历史发展、民主建设三部分为主要内容。到1963年时，湖南省文物管理委员会恢复并向湖南省文化局建议获准：省博物馆专司湖南古代与近现代历史文物的发掘、征集、保管、研究和展出，即凡是1949年建国前文物皆属省博物馆业务范围。自此，湖南省博物馆向"历史类型博物馆"发展。1972年的长沙马王堆一号汉墓发掘，更是加速了这一发展进程。到2003年1月，新陈列大楼"马王堆汉墓陈列""湖南商周青铜器陈列""湖南名窑陶瓷陈列""馆藏明清书法（绘画）陈列""湖南十大考古新发现陈列"五大基本陈列对公众开放，开启了湖南省博物馆在新世纪发展和定位的新纪元和新历程。2016年12月，湖南省博物馆发布《湖南省博物馆五年发展规划（2016—2020年）》，向全社会宣告：湖南省博物馆是一座主要反映湖南区域文明的大型历史艺术博物馆。这也就正式、明确地把湖南省博物馆定位为一家历史艺术类区域博物馆。正是"一个时代有一个时代的主题，一代人有一代人的使命"，湖南省博物馆这样的建馆历史和发展定位，决定了我们的责任和使命，新馆必须有一个能"反映湖南区域文明"的基本陈列，此其一。

湖南是当今南方商周青铜器出土最为密集的区域之一，其器型特点都很有研究价值，如"大禾"人面纹方鼎、豕形铜尊、象纹铜铙、皿方罍等；湖南地处长江以南，是楚文化的重要一支，在这里发现了以人物龙凤帛画、人物御龙帛画为代表的一系列楚文物；湖南是南方陶瓷生产的重镇，有著名的岳州窑、长沙窑、衡州窑、醴陵窑，还出土了西晋青瓷对书俑、"竹林七贤"诗文罐等著名陶瓷器。考古发现，湖南有着悠久的稻作历史，而且，考古学家已经证实，湖南区域目前发现的旧石器时代遗址和地点有200多处，最早的是距今50万年甚至更为久远的常德津市虎爪山遗址。这么多历史文化艺术品需要一个基本陈列来进行故事的叙述，尽管它们只是源自湖南或者与湖南有些渊源，正如同中国的56个民族都有各自的历史、文化和风俗甚至语言，但无碍于我们有一个共同的称呼——中国人，即便当今的湖南人与50万年前生长于斯的人类毫无关联，这也并不影响我们有一个共同的名字——湖南人。因为，湖南的历史和文化自有其特色和闪光点，能充分揭示这些内容，让湖南人了解自己的乡土，激起其文化自信甚至是启迪他们继续前行，那么我们的目的就达到了，此其二。

历史是由人创造的。湖南人在外的名声向有“湖南骡子”“辣妹子”的说法，大体是说湖南人“坚韧而固执”的性格和“能吃辣椒”的特点，而湖南人何以能形成如此之性格，又为何有这样的特点？相信博物馆人亦与平常人一样抱有极大的好奇心，而且大家常说“历史映照进现实，现实折射出历史”，历史文物和文化遗产往往通过其特有的方式把关键信息一代代传递，现实生活的某些“密码”又常常无意间揭示了历史的必然！况且，作为一家专门收藏、研究和展示湖南文物的大型博物馆，我们更需通过历史研究和文化传承的探讨，为大家解释这一现象，即便不能直面或解答出问题，我们也当用博物馆人的语言，聊备一说，为“湖南人”代言。因为，外来者需要了解湖南，在全省最大的博物馆介绍湖南辉煌灿烂的历史和文化，则是向来访者打开了一扇了解和交流的窗户，此其三。

目前，湖南省博物馆无意做一个“中国通史”教科书式区域历史基本陈列，更不愿做一个无助于学术通俗化、不利于民众了解乡土的文物专题陈列，因此，在“湖南人”基本陈列中，我们从第一人称出发，分五个部分来展示湖南的历史与文化，五个部分层层递进，彼此融合，以达到展示目的。效果如何，尚祈观展者品鉴。即便此次的探索未能成功，我们也必须迈出这第一步。我们坚信，“湖南人”必定会越来越好！“路漫漫其修远兮，吾将上下而求索”，湖南省博物馆人必将继续努力，打磨和完善这一基本陈列。

是为序。

湖南省博物馆馆长 段晓明

目录

开创策展新思路，打造反映湖南区域文明的基本陈列

湖南省博物馆 王树金 李建毛

湖南省博物馆定位为全面反映湖南历史文化的区域性历史艺术博物馆，向社会推出一个能够反映湖南区域文明发展进程的通史性基本陈列是我们的使命。

讨论任何一个国家、一个地区，抑或一个民族，其历史文化的发展与取得的文明成就都不能离开当地的人。展示湖南的历史文化，自然要从“湖南人”的角度入手才有意义。

> 人类历史从本质上说是人类文明发展的历史，人类文明的发展及人类自身的文明化是人类历史发展的基本线索。人类创造历史、积累文明的过程及其所获得的成果是历史的基本内容。（《人类文明史》）

湖南的历史文化，就是“湖南人”自身创造湖南区域历史、积累湖南区域文明的过程。因此，策划反映湖南地区历史文化的基本陈列，只有以“湖南人”为展示核心，历史和文明才有灵魂与内涵，才能成为本地区乡情宣传、教育的平台，才能成为外地游客系统了解湖南地区历史文化的窗口，才能起到传承历史、启迪当下的作用。

一、湖南历史进程概况

湖南省地处我国中部，长江中游，因大部分区域处于洞庭湖以南而得名，自古盛植木芙蓉，唐代就有“芙蓉国”之称。

考古学家证实，中国人类文化的出现约在200多万年以前。湖南地区目前发现旧石器时代遗址和地点有200多处，最早为距今50万年甚至更为久远的津市虎爪山。与世界历史一样，湖南的旧石器时代是一个漫长的人类童年时代，远古三湘先民依靠简单粗陋的打制石器进行生产，繁衍生息，距今12—8万年的道县福岩洞现代人47颗牙齿的发现，刷新了世界现代人的历史。约1.5万年前，气候较其他地区温暖的湖南，开始了旧石器时代向新石器时代的过渡，出现了最早的陶器，以及原始建筑和原始农业的萌芽。道县玉蟾岩遗址出土的水稻和陶器，临澧竹马遗址发现的旧石器时代末期的台式房基、澧县八十垱上万粒稻米、黔阳高庙充满宗教色彩的艺术陶器、安乡汤家岗最为精彩的白陶、澧县城头山和鸡叫城大型城址及世界上最早的水稻田遗迹、孙家岗极为精美的玉器等一系列重大发现，表明湖南澧阳平原在稻作农业的一步步催化下，率先走近文明时期。

夏、商、西周时期，湖南属《禹贡》九州的荆州之域，大体仍处于“蛮夷”所居的“荒服”之列。虽中原王朝势力不断进入，但三代都没

有在湖南建立起自己的统治秩序。殷人南下带来的青铜铸造技术，使湖南地区进入了青铜时代。中原青铜礼乐器与本地信仰礼俗的结合，形成了地域特色鲜明的南方青铜文化。

春秋战国时期湖南纳入楚国版图，建立了黔中、洞庭、苍梧三郡，大体以洞庭平原为基地，沿沅水、湘水、资水、澧水周边设立郡县。楚国对湖南地区的扩张和开发，不仅带来北方先进的生产技术以及青铜铸造、髹漆工艺，也带来了发源于中原地区的文化观念，包括整套礼仪制度，冶铁和铜矿的开采与冶铸代表了当时最先进的生产力，地域文化开始形成。

秦时大体沿袭楚国，设立了洞庭郡、苍梧郡，其辖地包括今湖南大部分，川东、鄂西、桂以及广东连县等地。西汉属荆州刺史辖区，设置长沙国及三郡，国、郡下辖38个县。东汉时湖南大部分地区隶属荆州，置有长沙、桂阳、武陵、零陵四郡。因为置于中原王朝统一管辖，度量衡统一，车同轨、书同文，南北文化交流更为密切，生活器用与国内其他各地出现同质化，但与中原出现豪强地主广占田园、兴建大庄园不同，湖南地区东汉随葬房屋模型都是曲尺、L型的小农居住的小型建筑，可见当时湖南地区地广人稀，土地没有高度垄断，小农经济为社会主体，房屋上可清晰看出瓦垄，有些可以看出砖墙，与这时期墓葬由木椁墓变为砖结构相印证，说明这时期民居房屋已由原来的木结构为主体，变为以砖瓦为主体，并将这种居室材料的变化体现到墓葬营建当中。

赤壁之战后，长沙、桂阳二郡属孙吴，武陵、零陵二郡归刘蜀。魏晋南北朝时期变化更替频繁，湖南地区因地处江南，受战祸兵燹影响相对较少，社会比较安定，且汉末大量中原移民南迁，湖南地区得到进一步开发，经济文化都有长足的进步和发展。同时土著各族群与北方移民的相互接触、交流和融合进一步加强。

隋唐五代时期，中国大部分时间处于统一状态，中华文明发展到一个全面繁荣的新阶段。至唐代宗广德二年（764），置湖南都团练守提观察处置使，简称湖南观察使，俗称湖南道，领衡、潭、邵、永、道五州。“湖南”之名由此始。黑石号沉船打捞的一件长沙窑瓷碗，碗内书有“湖南道草市石渚孟子有明樊家记”，这是湖南作为独立地方行政机构的最早实物。始于755年的“安史之乱”，致使北方人民再次大批移居南方，南北交流加强，对湖南的经济、科技、文化等产生了深远影响，也直接导致了长沙窑的崛起，长沙窑产品就是南北瓷艺、中西文化交融的结晶。五代十国时期，927年马殷建立了湖南历史上唯一一个以长沙为都城的地方政权——楚国。马楚全盛时，辖地极为广阔，包括了今湖南全境和广西大部、贵州东部、广东北部的部分地区。整个晋唐时期由南北分裂走向大一统。因中原人口大量迁入，湖南经济快速发展，粮食生产除自给外，也成为唐后期朝廷的粮食倚重之地；又因地处广州通商口岸与都城连接的咽喉，“物参外夷之货”，多元文化演绎出丰富多彩的社会生活。

宋朝时湖南分属荆湖南路、荆湖北路。北宋时农业、手工业和商业在唐和五代的基础上进一步繁荣，文化方面也有突出的成就。由于南宋政权和北方中原人口的南迁，全国政治、经济、文化中心转移到江南。湖南人口大幅度增长，顶峰时期高达全国人口的十分之一。湖南地区荒闲土地被大量垦殖，粮食产量增加，湖南成为天下粮食供应基地。在文化方面，湖南成为理学的发源地，书院教育发达，全国著名的“四大书院”湖南占其二。

元朝推行行省制，湖南绝大部分地区属湖广行省，小部分隶属四川行省，一些少数民族地区设土司制度。由于元朝统治者注意“绥抚”，各种矛盾较为缓和，社会相对比较安定，经济得以恢复和发展，粮食生产增长，棉花种植推广，茶叶产量增加，丝棉纺织、瓷器、造船等手工业有了新的发展，内外贸易扩大。湖南的学校教育、传统经学、理学、史学、地志、宗教等方面均得到发展。

明初在行政管理体制方面基本上承袭了元代旧制，在继承和完善郡县制的同时，仍实行分封制。湖南属湖广省，下设七府八州五十六县，一些少数民族聚居地区仍设土司。元末明初的战乱，造成湖南人口的大迁徙，原土著居民流散，江西等地的居民以“从征”“屯垦”“宦游”和从事商贾等方式大量迁入，即所谓“江西填湖广”。明代的湖南居民中，江西移民成了主要组成部分。明前期吏治比较清明，一系列注重生产的政策措施的实行，促进了湖南经济，特别是农业获得了长足的发展，“湖广熟天下足”取代了“苏湖熟天下足”。辣椒、玉米、红薯传入，棉织业也逐步推广并逐渐开始取代丝麻。学校教育的发达、书院的兴盛、政治及文化人物的涌现程度均超过宋、元。

清初承袭明朝制度，湖南属湖广总督和湖广布政使司，总督、布政使均驻武昌。康熙三年（1664），分湖广右布政使驻长沙，同年，移偏沅巡抚驻长沙，为湖南建省之始。雍正元年（1723）改湖广右布政使司为湖南布政使司，次年，改偏沅巡抚为湖南巡抚。湖南正式成为当时的“十八省”之一。光绪二十一年（1895），又割华容、巴陵、安乡、武陵、龙阳、沅江六县地，增设南洲直隶厅。至此，清代湖南行政区划基本固定下来。雍正年间废除了土司制，实行“改土归流”，湖南“生苗”区的土家族、苗族、侗族、瑶族走出封闭状态，加强了和汉族地区的联系。这一时期社会比较安定，各族人民的生产和生活条件有所改善，人口大幅增长。耕地面积进一步扩大，水稻等粮食产量提高，茶、棉、油桐、油茶等经济作物大面积推广。湖南是我国最先形成的食辣省区，嘉庆年间已经食辣成性。此时湖南各类手工业、商业，各级官学和书院教育，理学、科学技术、文学艺术等也都有相应的发展。

近代以来，由于西方列强的入侵，湖南和全国一样，逐步沦为半殖民地，全省经济也随之受到影响，与此同时，湖南也开启了现代化的进程。在内忧外患的时代背景下，深受湖湘文化熏陶的士林学子，以修身齐家治国平天下为己任，站在时代浪潮的最前列，涌现出一批批救亡图存的志士群体，从经世派、洋务派、维新派，到革命派，前仆后继，九死无悔，最终改变和影响了中国历史发展的进程。

中华民国成立后，湖南的行政设置几经变化。民国二十六年（1937）全省普遍设立行政督察专员公署，以专员兼任驻在地县长，全省划为九区。国内革命战争时期，在中国共产党领导下，湖南省内的平江、浏阳、醴陵、岳阳、临湘、湘阴、长沙等25个县建立了革命根据地或成为游击区，并成立县苏维埃政府，建立区苏维埃政府170多个，乡苏维埃政府或革命委员会910多个，成为湖南最早的基层工农政权。抗战时期，湖南是参军人数最多的省份，也是大型会战最多、战争最为惨烈的地区。

抗战取得胜利后，以毛泽东为代表的湖南革命志士，肩负民族复兴的重任，参与到推翻国民政府、建立独立的人民民主政权的伟大事业中。湖南于1949年8月5日和平解放，掀开了新的历史篇章。

二、新馆定位与基本陈列

湖南省博物馆自1956年对外开放以来，经过六十余年的运行，定位已逐渐清晰：区域性历史艺术博物馆。根据这一定位，向社会推出一个能够反映湖南区域文明发展进程的通史性基本陈列，无疑是我们的使命。这一轮改扩建，省委省政府高度重视，列入省十二五重点建设项目，馆舍规模和设备设施都有质的提升，举办一个较大规模的通史陈列成为可能。

基本陈列应当是每一个博物馆最重要的陈列，是展示本区域自然、历史、文化的一个综合性陈列，也是最能体现一个博物馆定位的最具有代表性的核心陈列。因此，在展览设计之初，展厅的位置选择应当方便观众参观，展厅的面积预留与空间尺度、空间结构、流线布局、物理环境和设施设备等，一定要确保基本陈列的展示需求。在展品选择上，不同专家持有不同观点，我们认为，基本陈列既然是本馆向社会大众推出的“核心产品”，文物就应该选择馆藏最好的，因为它们才是最能反映本地区历史进程、最能体现本地区文明发展高度的有力物证，而不是把最好的文物人为割裂出来举办专题陈列；专题陈列的策划本身是基本陈列的补充，可以从很多角度策划，不能因迁就专题陈列而牺牲基本陈列。同时，在全馆展陈经费分配上，一定要考虑充分，确保基本陈列的经费需求，在出现整体经费紧张的情况下，有必要向基本陈列倾斜。

三、主题思想的提炼

基本陈列是否具有吸引力和感染力，则取决于其策划理念是否符合当下的时代需求，主题思想是否提炼得准确到位。主题思想是整个陈列的灵魂与旗帜，决定着展品的取舍标尺和陈列内容的重点、亮点。

作为一个区域性博物馆，体现其“区域性”是主题思想提炼的核心。主题提炼，首先要建立在不同学科对本地区历史文化研究成果的收集、整理与分析基础上，为陈列展览策划提供学术支撑。其次，对反映本区域历史文化特色与具有典型代表的藏品进行整理、研究或补充性征集，为基本陈列提供实物支撑。第三，对同类展览进行分析，吸取经验与教训，取长补短，扬长避短。第四，开展观众调查，了解观众观展需求，以便在主题思想提炼和整个策划过程中根据观众需求确定策划思路与解读方式，确保展示能够为大众服务，起到教育目的。第五，避免同城展览的同质问题。

任何一种文化或文明，都是由物质、制度、行为和精神等多个层面构成的一个完整体系，不同的自然地理环境、人文因素及历史发展进程又形成各具特色的区域文化。因此，区域文化一定是特定的人群在不同于其他地区的时空范畴内创造的历史文化。反映一个地域的历史与文化，除了挑选反映生产、生活的遗物遗迹外，还有更多是属于非物质的文化遗产，甚至有些非物质文化遗产以多种形式被保留下来延续至今。因此，在策划本展览时，我们将考古发掘文物、传世实物和非物质文化遗产都纳入策划范畴。只有这样的综合研究与梳理，才能相对全面、准确地体现湖湘地区取得的文明成就，才能更好地体现陈列主题。

同时，几公里之内的长沙市博物馆藏品类型与本馆雷同，并已先期策划了以时代顺序为模式的基本陈列，展览地域跨度基本包括整个湖南省，我们必须避免在同城开放两个基本相同的陈列展览。

因此，我们大胆借用文化人类学研究方法，用博物馆学专业语言和表现手法，以古今“湖南人”为脉络，在中国大时空背景下，检索湖南历史文化历程的重要节点，勾勒区域文明的发展轮廓，以第一人称视角解读湖南人在这块神奇土地上为获取生活资源而发生的人与自然的互动演绎。在此基础上，提炼几千年凝结的精神内核，揭秘湖南近现代人才井喷现象，达到提升湖南人的自豪感与爱国爱家乡的目的，使其成为本地区乡情宣传、教育的平台，成为外地游客系统了解湖南地区历史文化的窗口。

四、策划思路与框架结构

湘博在上世纪末改扩建后，于2003年开放，有五个常设展：马王堆汉墓陈列、馆藏明清书法（绘画）陈列、湖南商周青铜器陈列、湖南名窑陶瓷陈列、湖南十大考古发现陈列，受面积所限，因没有一个反映区域历史文明的综合展而成缺憾，为此这轮改扩建须有一个区域文明展成为各方共识。

做哪种类型的综合陈列，成为策展团队讨论的焦点，最后大家认为“以物为宗”更符合博物馆的本质特征，文献历史与物质文化是不能相互取代的两种叙事体例。本陈列力求以历史唯物主义即唯物史观为理论，借助人类学的方法，讲述湖南区域文明的发展进程。在策划构思与搭建框架结构时，注意表现各时期的节点，突出湖南历史进程的特点和亮点。对于框架结构，目前通行的做法是，以时间为序，将各大时段的内容分类叙事，其优点是时间脉络清晰，其体例类似于“本纪体”。为反映历史在文明进程中某些方面的亮点，经反复讨论，我们采用了类似“纪事本末体”的叙事方法，结果会如何，从心里说我们也没多大把握，专家的分歧也比较大，但凡事总得有人去尝试，我们不妨做先吃螃蟹的人，供其他博物馆参照。本陈列围绕主题思想，以“湖南人”第一人称来展示湖南的历史与文化，分别向观众解读湖南人生活的自然环境与历史发展脉络是什么样的，即第一部分“家园”；接着展示这里生活着一群什么样的人，现在的湖南人是如何形成的，即第二部分“我从哪里来”；然后诠释湖南人是如何获取生活资源的，即第三部分“洞庭鱼米乡”；以及他们在不同历史时期的生活状况和相关生活习俗，即第四部分“生活的足迹”；最后提炼总结出湖南人的精神气质，即第五部分“湘魂”。五部分层层递进，彼此融为一体，十分自然地做到展览要“见人见物见精神”的目的（图一）。

图一　展厅整体平面布局

1.第一部分“家园”

展示内容分为生态变迁与历史沿革两单元。其中“生态变迁”借助七次地壳运动遗留下来的地质标本，展示湖南马蹄形地形的形成过程；借助动植物化石标本与辅助图片，说明湖南在古代未发生大规模的植被变迁和突变；近代以后人类对自然资源不断索取，植被面积急速下降，大批珍稀动物多已灭绝。“历史沿革”，通过新旧石器时代地层、战国至宋代历史文化堆积层标本和部分带有精确时代特征的文物，配合整个湖南自有人类以来大的主要历史时间节点组成的时间轴，勾勒出湖南的整个历史发展脉络和重大事件。“家园”部分相当于整个展览的序厅，为后面四部分展示内容提供一个特定的地域空间与时间背景（图二）。

图二　“家园”展厅实景

2.第二部分“我从哪里来”

策展目的在于揭示现在的湖南人及其民族结构、民族分布是在长期的历史发展中形成的，同时也见证了整个中国历史发展与民族融合的过程。策展思路一是通过历代出土文物、史志记载和族谱等资料，辅以图表，选取重要节点，从历史学的角度阐释湖南人的来源和变迁；二是通过民族特色实物、方言、口述史、DNA检测、图表等内容，对当今湖南人的来源往上追溯（图三）。通过湖南人的形成过程，我们可以明白对后面展示的三部分——湖南人的生产、生活和精神面貌所产生的重大

图四　“洞庭鱼米乡”展厅实景

影响。展示内容分为以下七个单元：

第一单元“先祖”，重点展示50万年以前的虎爪山遗址、距今12—8万年的道县福岩洞世界最早的现代智人牙齿化石、1.6万年前的“石门人”骨骼与牙齿化石，以及众多的新旧石器时代人类活动遗址分布情况，说明湖南是中华文明的重要发祥地之一。

第二单元“早期族群”，借助带有越人、巴人、濮人等文化特色的文物，展示湖南原住民的基本情况，为历代移民融合与现代少数民族的形成作好铺垫。

第三单元“商人南下”，商代早期、晚期，都有一些支系和氏族进入湘水和资水中下游。通过湖南出土的带有北方族徽铭文的青铜器来印证商人进入湖南境内，指出其南迁带来了先进的青铜铸造技术，开启了湖南的青铜文明，为“生活的足迹”部分展示湖南青铜文化埋下伏笔。

第四单元“楚人入湘”，根据文献记载并结合考古材料推断，楚人和楚国势力先后分两条路线进入湖南，展览就以早期楚式青铜器和各种制作精良的楚式兵器来展示历史事实，以此展现湘楚文化形成的基础。

第五单元“北人南迁”，秦汉以来每逢中原动荡都导致北方居民大量南迁。秦汉末年战乱、三国时期的动荡、两晋的交替、唐末的“安史之乱”和两宋时期“靖康之难”，是北人南迁进入湖南的几个重要节点。展览通过湖南出土的里耶秦简、三国吴简，带有北人风格的西晋文物、唐长沙窑文物、宋墓志铭等，辅以人口迁徙图表，反映秦汉至两宋北方族群迁入湖南的历史事实，并为“洞庭鱼米乡”“生活的足迹”部分展示北人带来先进的生产技术与文化，促进了湖南经济文化的快速发展奠定基础。

第六单元“江西填湖广”，元末明初和明末清初的“江西填湖广”是历史上的重要移民事件，至今仍有湖南人十之八九来自江西之说。通过方志、族谱和文物，辅以图表、文献资料等，阐述“江西填湖广”对当今湖南人的构成产生的重大影响。

第七单元“民族大家庭”，通过不同时代典型的民族文物，说明经过不断的融合与演变，形成了今天的湖南民族构成；继而展示湖南各民族人口概况和土家、苗、侗、瑶等主要少数民族的特色文物，以此说明湖南以汉族为主体的56个民族大家庭的基本现状。尾部通过互动魔墙、

图三 “我从哪里来”布展示意图

视频播放、展板，展示湖南各地区、各民族的方言、民俗、DNA等，加深观众对湖南人整体概况的印象。

3.第三部分“洞庭鱼米乡”

湖南具有适宜农作物种植与生长的自然条件优势，故而早在约15000年前先民便开始人工栽培稻米，并创烧陶器用以粮食的烹煮与储藏，使定居成为可能，迈出了走向农业文明的步伐。历代中原人进入湖南，带来了先进的生产技术和劳动力，湖区、山地得到进一步开发，粮食种植面积、产量、品种和水利工程等逐步增加，成为名副其实的鱼米之乡，一度成为“天下粮仓”，清乾隆年间被称为“湖南熟天下足”。湖南人从采集野生稻到人工栽培稻，在解决中国人口吃饭问题上做出了巨大贡献，为人们生活品质的提升与文化教育的发展提供了物质基础。展示内容分为稻之源、稻之兴、天下粮仓三个单元（图四）。

第一单元“稻之源”，主要以距今1.5万—6000多年的稻谷标本、水稻田及灌溉系统遗址切割标本来展示湖南作为稻作文化的起源地，以各种生产工具与炊煮食用陶器，说明人工栽培稻对人们的生活质量与定居的生活方式产生的重大影响。距今2万—1万年左右，寒冷的冰河时代过渡到温暖的全新世，原始农业出现，湖南地区率先种植水稻，烧制陶器，开始了定居生活，并由小型聚落逐渐发展到城池。以澧阳平原为代表的稻作农业，是长江中游地区新石器时代发展高度的标杆。

第二单元“稻之兴”，主要展品组合为铜质铁质农具、家禽家畜模型、粮仓碓磨、简牍、古籍等。进入文明社会后，稻作由原始栽培发展到精耕细作，金属农具和牛耕的出现，促进了生产效率的提高；中原人口的南迁，加速了耕地的开发与耕作技术的进步；南方相对安定的政治局面，为农业生产提供了较好的社会环境，粮食产量逐步提升，隋唐时期湖南出现了仓廪充盈的盛况。

第三单元“天下粮仓”，展品为文献、碑刻、数据、各种农具等组合。明清时期人口的快速增长，加快了耕地开发，耕地面积不断扩大，高产作物的引入与推广，水利工程的兴修，使粮食产量得以快速提高，湖南成为全国重要的粮食生产基地与贸易中心，从明代“湖广熟天下足”到清代“湖南熟天下足”，湖南的农业地位日趋凸显。

4.第四部分“生活的足迹”

这一部分以时间为序，共分为六个单元，展示方式上整体把握统一性，每一单元都以历代中国地图中湖南区域的变化为时空背景，有机组合展品，反映不同历史时期湖南人的生活片段。

第一单元为“青铜时代的南方礼乐”，分为食器、酒器、乐器三个组合，分别以人面鼎、皿方罍与大铙起领，突出湖南青铜器的地域特

图五　“青铜时代的南方礼乐”展厅实景

图六　“湘楚风情”展厅实景

图七　“大一统下的小农家居”展厅实景

图八　“多元文化交融的社会风尚”展厅实景

色。商人南下使本地文化逐步进入青铜文明时代，而湖南零星分散出土的礼器与中原成组的礼器组合大有不同，乐器铜铙更加彰显本地祭祀特色，商周时期湖南人创造了具有本地特色的青铜文化（图五）。

第二单元“湘楚风情”，春秋战国时期楚人治湘，形成了以楚文化为主，与本地原有文化交融共存的格局，使湖南区域文化日益彰显，“湘楚文化”开始形成。生活重心由礼神转向娱己，日常用器精美考究，楚人灵动的特质得到张扬，开始追求生活情趣。各类生活用具成组摆放，辅助背景图重点诠释文物在当时社会生活场景中的实用功能（图六）。

第三单元“大一统下的小农家居”，从饮食起居到梳妆佩饰，在秦汉大一统背景下，湖南人的生活方式逐渐融入大环境中，由具有南楚地域特殊性开始变得多样化，南北方的生活器具基本趋同。而湖南与北方地区明显不同的就是没有太多大地主庄园，而是以小农生活方式为主（图七）。

第四单元“多元文化交融的社会风尚”，展品以岳州窑（湘阴窑）、长沙窑、衡州窑产品为主，向观众展现了伴随中原人口南下，湖南经济文化进入快速发展。湖南既是产粮大区，又是连接广州至中原地区的咽喉，生活用品与生活习俗既有传统华夏特色，又兼具外夷风格。尤其是本地成熟的青瓷器，逐渐成为生活用具的主流，影响着湖南本地人生活的各方需求，更远销国内外（图八）。

第五单元“重心南移后的品质生活”，侧重诠释了在宋代全国经济重心南移的时代大背景下，湖南经济地位日渐凸显，人们生活相对富庶，日益注重生活品位。湖南的茶具、酒具享誉全国，饮食方式也发生重大变化；同时棉纺织业在湖南大力推广，棉布逐渐成为衣着的主料之一（图九）。

第六单元“从宗族社会到近代化”，自清至民国，湖南社会面貌发生了重大转变，展品中成组的祠堂祭祀礼器，以及祠堂戏台各种构件、器具等，可以使观众体会到宗族聚居成村、注重教化的现象在湖南尤甚；另一方面，西方列强对中国社会影响日深，尤其19—20世纪之交湖南岳阳、长沙的开埠，打开了洋货入湘的大门，各种组合展品说明了湖南的近代化较早于内地其他地区，人们传统的生活方式也逐渐开始改变（图十）。

5.第五部分“湘魂”

主要集中展示湖南人的精神面貌，是整个展览的升华部分。这一部分展示方式与大多数博物馆不同，我们不是讲述近现代革命史，而是强调湖南“人”的精气神，以人带史。展品选择侧重反映不同历史时期精英人物的精神气质，并利用经典提气话语作为辅线贯穿始终。在华夏五千年文明进程中，湖南人具有与生俱来的铮铮血性，千百年来经过炎舜的南巡教化、屈贾的爱国忧民洗礼、书院的经世致用熏陶，孕育了湖南近现代名人群体性涌现的人文奇观。尤其自近代以来，为民族独立、人民解放和国家富强，湖南人前赴后继，呈现出以天下为己任、为苍生谋福祉，舍我其谁、当仁不让的精神风貌，谱写了不朽的历史篇章。本部分分为以下四个单元：

第一单元“忧乐观的濡化”，以炎帝、舜帝、屈原、贾谊和唐宋流寓文人以及范仲淹的《岳阳楼记》作为第一组群体，展品以馆藏善本《楚辞》引领，以馆藏文物《岳阳楼记》结束，“长太息以掩涕兮，哀民生之多艰”“先天下之忧而忧，后天下之乐而乐”等名句与人物肖像线图显目展现在展墙上，体现出爱国忧民、心怀天下的情怀，自古就在湖南播下了火种（图十一）。

第二单元“书院教育的传承”，展示理学首先在湖南兴起，湖南书院教育“以传道而济斯民”为办学方针，倡导知行合一、经世致用的实践精神，也使屈贾精神、忧乐情怀的社会担当在书院中得到传承。展品以文靖书院祭器、祭孔乐器和王夫之作品为主要组合，向观众揭示书院教育培养了大批经世爱国人才，在内忧外患的时代背景下，激发出湖南近代爱国志士群体迸发的现象（图十二）。

第三单元“百折不挠的家国情怀”，展示三组人物群体，包括面对国家危机寻求救国之道的陶澍、魏源、曾国藩等湖南士子，他们从睁眼看世界到洋务实践，开启了中国的近代化进程；以谭嗣同、唐常才、熊希龄等为代表的仁人志士，在湖南推行新政学习西方，改革政治教育制度，使湖南成为“全国最富朝气的一省”；以陈天华、黄兴、蔡锷、宋教仁等为代表的革命人士，为救国救民不怕流血牺牲，表现出湖南人的血性气质。三组人物辅以提气名句“师夷长技以制夷”“要将热血洗乾坤”“我自横刀向天笑，去留肝胆两昆仑”“若道中华国果亡，除非湖南人尽死”等贯穿本单元（图十三）。

第四单元“敢教日月换新天”，展品主要是烈士手稿，结合多媒体影视，展示了以毛主席为代表的湖南人在追求民族独立和人民解放的征途中浴血奋战、勇往直前的精神，最后以毛主席在天安门城楼以浓厚的湖南口音宣读“中国人民站起来了！”这个世界最强音结束，观众情绪也在此达到高潮（图十四）。

五、策划理念与具体操作

这次基本陈列策划，我们综合研究了我国博物馆陈列展览发展历程，结合本馆定位、馆藏文物情况与湖湘文化特色，转变传统策展理念，重新梳理思路，坚持陈列展览服务社会、贴近生活与观众的宗旨，开始了全新的探索与实践。

第一，打破以中原王朝为序的叙事体例，试图建构区域物质文化史。

纵观我国展陈发展历程，新中国成立初期的通史类陈列，策展思路

图九 “重心南移后的品质生活”展厅实景

图十 “从宗族社会到近代化”展厅实景

图十一 “忧乐观的濡化”展厅实景

图十二 “书院教育的传承”展板效果

图十三 “百折不挠的家国情怀”布展示意图

通常是按照中原王朝更替先后顺序，展示不同时期的政治、经济、军事、文化等，相关文物再分别对应到相应位置，可以称之为“以史带物”，此种体例优点就是时间脉络清晰，观众也很容易理解。然而在表现重大历史事件、重要历史人物时，往往缺乏相应的文物支撑，这种现象在各省、市、县地方区域史中则更为突出，史书、方志所载亦是语焉不详。故而展示手法上通常是借助新创作的雕塑、油画、国画、模型等充当展品，以弥补文物缺环。随着文博事业的快速发展与国家财政的大力支持，投入的展陈经费在逐渐增加，这些艺术创作品慢慢地被场景、多媒体手段取代，成为延伸解读的主要形式，进而又演变为现在较为流行的虚拟现实（VR）、增强现实（AR）等表现手法。

随着我国博物馆事业的自身发展以及与国际博物馆界交流合作，策展理念也在不断更新，展陈体例从以“史”为脉络演变为以“物”见证区域文化发展成就，其学术支撑主要是传统的西方美术史，类似于西方的艺术展，国内文博界称之为“文明展”或“精品展”。此类展示模式为近些年来国内大多数博物馆采用，通常是遴选馆藏精品，以时间为序，通过揭示文物制作的精巧工艺、丰富的文化内涵，以及艺术价值，来展示本区域的历史文明成就与社会发展高度。此类体例，比较注重文物本身的精美性，不刻意追求文物之间的内在关联性，引导社会大众如何去欣赏文物的艺术之美。也有个别博物馆借助本区域重大考古发掘或某时段的特色收藏举办多个专题展，从时间上可串联成一个区域通史，突出了本地域特色与其亮点，当然各专题的内容侧重点则又不同。

而本陈列从文化人类学视角搭建展览框架，借助物质文化史、空间美术史来组合、解读展品，试图搭建一个区域物质文化史展。近年来随

图十四 “敢教日月换新天”展厅实景

着孙机先生的《汉代物质文化资料图说》《中国古代物质文化》，朱启新先生的《说文谈物》《看得见的古人生活》，巫鸿先生的《“空间”的美术史》等系列论著的出版，人们开始从新的视角重新认知，还原文物与历史、艺术等之间的本来关系。空间不是具体的图像和物品，而是图像和物品建构起来的结构性联系，进而体现物、图和环境之间的关系等理念，引起了文博界、学术界的高度重视，也给当下展览策划提供了新的思路。

我们认为，物质史与文献史是并行且相互弥补的两部分，通过区域内出土、流传的文物拼缀当地人们生产、生活的历史画卷，建构一部区域物质生活史，反映区域社会变迁和发展进程，彰显区域文化特征，这恰恰是正史所未记载或载之甚少的部分。若此，展品不再是单个独立的欣赏品，而是有机的组合，体现展品间的内在联系，并形成相应的时空，定格在当时人们生产、生活的状态中。

第二，坚持内容、艺术、教育、公众服务等一体化设计，尤其注重展厅氛围与观众情感的整体把控。

继续秉承多年来一体化设计的理念与操作模式，艺术设计人员、教育人员与展柜设计、灯光设计团队始终参与策划过程，注重文物组合与解读，强调以文物说话，反对主观臆造场景设计。

从展览主题思想讨论，教育人员就开始参与；从内容方案讨论到定稿，艺术、教育人员始终参与；在艺术设计风格、参观流线、展柜托架、灯光设计、公众服务等方面，内容与教育人员也一直参与其中。

目前在展线上共设置了16个教育活动项目，结合移动小推车、多媒体设备等，可以配合展览开展各种教育活动。

例如，给予湖南地形沙盘相对独立的空间，沙盘前留出的空间大，不仅满足教育人员带领团队观看地形沙盘与自然生态演变视频（图十五），还专门为教育员设计了动态演示操控IPAD。在“民族大家庭”单元后面设置独立空间，借助互动魔墙，集各民族分布图、笑脸、方言、DNA、视频等于一体，既保证了多人同时互动不相干扰，又考虑到了成人与青少年儿童的身高问题（图十六）。

展柜设计，除了注意材质的密封性和风格的协调性之外，展柜的空间与造型基本按照展品组合的需求来设计，部分展柜还考虑要满足学生教育活动的需求，将展柜边缘增宽作为书写板，对展柜高度、展柜边角等也采取了针对性处理（图十七）。

托台支架设计除了注意支架的材质选择与造型要保证文物安全之外，针对不同文物设计不同支架造型，以期其艺术性与展品相协调；同时支架还起到辅助解释文物使用功能的作用（图十八）。

灯光设计上，在遵守常规原则前提下，灯光设计团队根据展览内容、艺术设计与文物保护的要求，对整个展厅进行了光需求的定位与规划，如展厅的前三个单元为一个相对独立的空间，灯光相对较明亮，营

图十五 湖南地形沙盘独立展区

图十六 互动魔墙独立展区

图十七 部分展柜设计情况

图十八 部分托台支架设计情况

图十九 部分灯光设计情况

图二十 清代老民居复原展示

造出唯美、朦胧、灵秀的效果；中间“生活的足迹”部分，光照度相对暗一点，营造出朴实温馨的氛围（图十九）；后面“湘魂”部分展厅，灯光相对最亮一些，用于调动观众的情绪。

第三，展品选择坚守真实性原则，以服务展览内容为主，不囿于本馆库藏，突破单位与私人、可移动与不可移动、物质文化与非物质文化界限，兼顾自然遗产与文化遗产两类，做到了“展出人类及人类环境的物质及非物质遗产”。

根据2007年国际博物馆协会章程对博物馆的修订定义：“博物馆是一个为社会及其发展服务的、向公众开放的非营利性常设机构，为教育、研究、欣赏的目的征集、保护、研究、传播并展出人类及人类环境的物质及非物质遗产。”展品选择反映湖南人类及人类环境的物质及非物质遗产。广泛筛选馆藏藏品之外，为弥补展品不足，还采取了借调省内各文博单位文物标本、鼓励私人藏家捐赠、主动征集、切割考古遗址遗迹，并主动采集反映湖南自然生态演变的矿石标本等多种措施，以达到展示目的。如为了诠释湖南地形地貌的形成过程，专门从全省各地切割了七次地壳运动在湖南留下的地质层标本，征集、借调了各类动植物化石标本。为表现湖南的历史发展脉络，从长沙东牌楼考古工地整体切割了从战国至宋代的文化堆积层等。为了更好体现湖南人工栽培稻的成就与事实，除了各遗址发现的水稻标本外，还结合从澧阳平原切割的水稻田、田埂、犁痕、灌溉水沟遗迹，共同展示湖南的稻作文明，说明人工栽培稻使人们的生活向定居生活迈进。还有从东牌楼考古工地切割的汉代陶圈井复原、魏晋路面复原、唐代砖井复原、宋代水池复原，以及对从湘西因修水库整体迁移的一栋即将淹没的清代老民居进行复原，都是实实在在存在的考古遗址、遗迹等不可移动文物（图二十）。此外，湖南著名非遗项目，如历代贡茶、湘绣、夏布、菊花石、古造纸、湘剧、花鼓戏等非遗，都利用多媒体加以补充展示。

第四，多媒体、模型主要用于内容的延伸展示，而非臆想。

文物的解读，第一层次为常规的说明牌信息；第二层次，可借助同时代的考古资料、传世图像或重新绘图，辅助展示文物的使用情况、内部结构等其他主要信息；第三层次，文字、图片都无法展示而又重要的信息，则借助复原模型动画、视频等多媒体手段进行演示，或借助触摸屏设备进行相关知识的内容延伸或观众互动。例如，“家园”部分通过沙盘配合动画影像演示，展示湖南自然环境变迁，而触摸屏补充湖南主要地质地貌、主要恐龙种类、现存主要国家级自然保护区等内容；湖南民族笑脸墙添加了地区、民族、方言、DNA、民俗影像等资料，增强观众对湖南人群体形成过程与演变构成的理解，等等（图二十一）。

第五，展品摆放强调组合关系，不仅将其使用功能联系起来，还强调由此而形成的空间关系，使观众有“穿越感”，感受的不仅是物的使用状态，同时也置身于当时典章礼仪、风俗习惯等人文环境之中，使得展品之间在当时社会生活中本来的关联关系得以体现与还原，真正实现文物之间的“对话”。空间设计随时间不断延伸，由此反映社会发展进程与区域文化的差异。

展品按当时生活、生产方式功能进行组合，使文物之间形成对话。尽量贴近历史真相，考虑到现实生活本身就存在的各种器物的组合方式，即使同一使用功能也会存在不同时期的器物组合，借此展现器物发展的造型演变；同一时期同一生活习俗，也存在不同器物搭配的组合方式等，本展览都有体现。例如，为反映春秋战国时期酒具的使用，我们把壶与鉴组合在一起；为反映沃盥之礼，把匜、盘与手帕组合展示；反映唐代茶酒文化时，酒具、茶具分别按照当时饮茶品酒的流程组合展示（图二十二）。每个时代又以一个典型墓葬或一批器物作横切面，让观众对某一时代的某个时间点有一个综合性了解，如在反映唐代湖南人们生活发展情况时，以咸嘉湖唐墓出土文物组合展示，前面一排表现墓主人生前出行场景，主人乘坐的牛车、鞍马居中，前后分别是仪仗俑和侍从俑；中间一排为各种饮食器具、奏乐俑等；右边为死后的镇墓兽。在反映宋元明清时期湖南书院教育时，将浏阳文靖书院祭器和浏阳古乐器使用摆放位置关系进行场景复原展示，体现当时湖南的教育盛况，以及书院教育对人的心灵洗礼与教化。

展览不仅要体现文物的历史价值、艺术价值，更要向观众展现其社会价值与意义。我们通过对器物的组合与早晚的对比，探寻社会进程的发展与进步；通过同时期器物的对比，反映本区域文化特征。如湖南汉、唐都有灶台明器，通过对比发现，汉代灶眼有一个、两个、三个的区分，唐代则稳定在两个，釜甑炊具成为固定组合，这一变化说明汉、唐湖南饭稻羹鱼的饮食结构基本没变，与汉司马迁、五代李珣所载

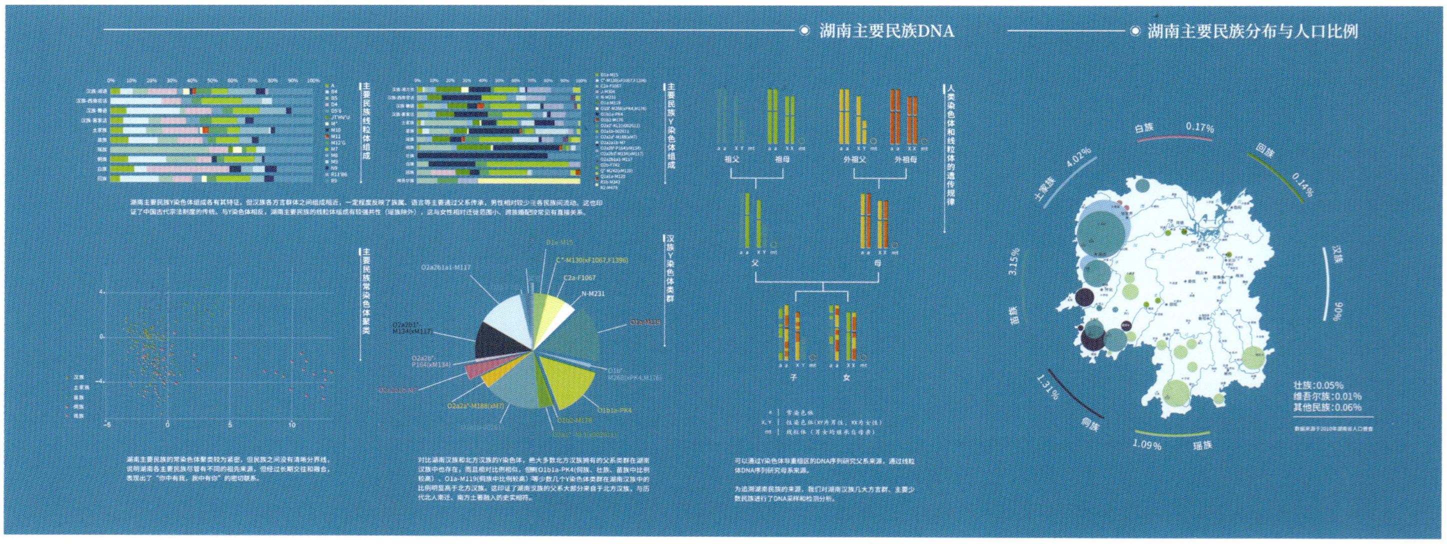

图二十一 湖南民族结构与基因检测结果展示

图二十二 唐代茶具、酒具组合展示

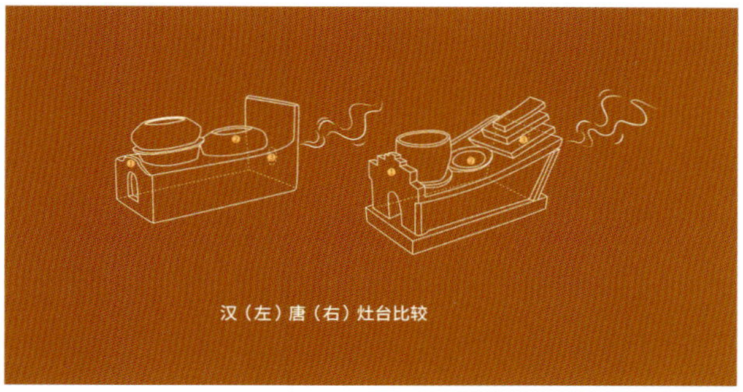

图二十三 汉唐灶台辅助展示

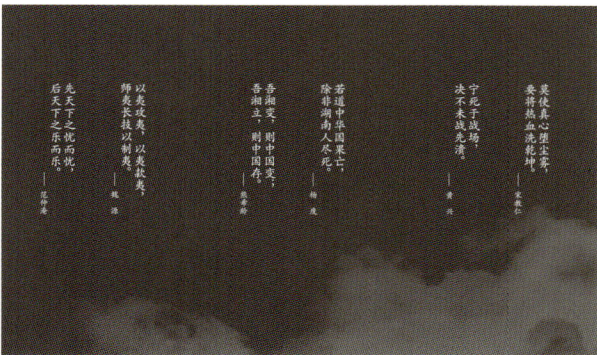

图二十四 名人名言背景墙

相印证；汉代灶台多为绿釉，而唐代则变为青瓷，反映这段时期人们生活用具的瓷化过程，同时唐代灶台的火门上多了高高的挡板，以免烟灰飘落于釜甗，保持炊具食品的清洁，灶台后部烟囱较汉有明显的提高，增加了灶内火的抽力，有利薪柴完全燃烧，最后汉代炊具仅下半部沉入灶膛，唐代灶具仅折沿扣在灶台上，器身完全陷下，釜的受火面积大大增加，炊煮的速度自然提高（图二十三）。正是这些细微的变化，反映了社会的进步。此外，同一生活需求不同器物组合的变化，也可反映社会的演变，如唐代酒器由瓮（储酒）、盉（温酒）、执壶（分酒）、碗（盏）、渣斗组合，五代、宋代则变为梅瓶（储酒）、注碗（温酒、分酒）、托盏（劝盘），元代注碗则又变为匜、玉壶春瓶，可见人们对于器具愈加考究，生活追求变得更为优雅、从容，而劝盘的普及则有深刻的社会内涵，避免在酒具传递过程中男女的肢体接触，反映了当时理学的影响，男女授受不亲观念的强化。同一功用器物种类的增加，说明器物功用的细化，是时代进步的表现。以物说事，便是本陈列的着力点，受学识的局限，尽管很肤浅，但我们至少明白了该怎样做。

第六，陈列策划注重与当下民众教育紧密结合，展示形式与内容强调“寓教润无声”。

这一策展理念贯穿整个展览的各组展品与辅助手段，尤其是对近现代历史文化的策划，抛开传统红色革命方式，注重人物的精神气质对当下的启示，以人带史，人物选择注重代表性，从单个人物炎帝、舜帝、屈原、贾谊、王夫之，到群体人物曾左彭胡，到黄兴蔡锷宋教仁，再到以毛泽东为首的湖南革命人物群体，选择能够反映人物精神面貌的文物进行组合陈列，并辅以反映其人精神的名言名句作背景（图二十四），目的不仅在于展现湖南人精神的形成过程，更能体现湖南人从古至今，尤其近百年来为探索救国救民之路心忧天下、敢为人先的精神气质，这种气质对今天的人们仍有着巨大的教育意义。

路漫漫其修远兮，吾将上下而求索！

这是本陈列尾厅醒目的标语，目的希望能够给观众、给当下的湖南人以启示与思考，暗示今天的人们仍需要秉承湖南人的精神，为建设美好的明天、实现中华民族伟大复兴，在新的征程上继续奋斗。而这句话，对我们文博人也同样适用。原创陈列展览的策划没有固定的模式与法则可循，深入研究，勇于创新，与时俱进，满足当下观众需求，是我们文博人的共同追求，更是湘博人多年来自我要求的奋斗目标。

第三部分
洞庭鱼米乡
第四部分
生活的足迹
第二部分
我从哪里来
第一部分
家园

展厅布局图

Foreword

Hunan, located in the central Chinese hinterland, is bounded in the north by the waters of Lake Dongting, embraced on three sides by majestic mountains, and crisscrossed by the four rivers, *Xiang*, *Zi*, *Yuan* and *Li*. The province, known as the "Land of the Hibiscus" since Tang Dynasty, is blessed with rich resources and a temperate climate.

The region was settled almost 500,000 years ago by people who have welcomed migrants over various periods with open hearts. The descendants of these original settlers and generations of migrants make up the "Hunanese" we know today.

From the earliest domestication of wild rice to the breeding of rice cultivars and finally the growing of the rice hybrids of today, Hunan has always been grounded in rice farming. Over the generations, the diligent and wise people of Hunan, with their practical minds, have engaged in mutual help and built a comfortable pastoral home for themselves. In the process, they created a land abundant with food, which is known as "the granary of China".

From eating rice with fish to enjoying spicy and hot flavors, the people of Hunan practice a way of life that has been passed down through the generations and seek a way of life that is above and beyond the mere utilitarian. Shang and Zhou (1600—256 B.C.) ritual music instruments made out of bronze, lacquered-wood vessels from Han Dynasty (202 B.C.—220 A.D.), the popular Changsha ceramics in the Tang Dynasty (618—907 A.D.), and the well-educated farmstead family of Ming and Qing periods (1368—1911A.D.): these are all reflections of Hunanese customs and beliefs, and the Hunan way of life.

For thousands of years, due to deep immersion in the culture of the Central Plains, patriotic thoughts, strong scholastic heritage, and modern ideological agitations cultivated the generations of great men who have emerged from Hunan. The people of Hunan are bold, fiercely patriotic, and deeply loyal.

This permanent exhibition is dedicated to the people who have lived or traveled through Hunan in the past, who are doing so in the present, or who will do so in the future, as well as those who have contributed to the development of history and culture in Hunan!

前言

湖南，地处中南腹地，北饮淼淼洞庭之水，三面雄山峻岭相拥，湘资沅澧四水润泽，气候温和，土腴物丰，自唐号为「芙蓉国」。

五十万年以前，先民便在此繁衍生息。此后的漫漫历史长河中，原住民以包容开放之胸襟融合历代移民，演绎成今天的「湖南人」。

从最早驯化野生稻，栽培人工稻，到当今培育杂交水稻，湖南自古以稻作农业著称。一代代湖南人，以其勤劳与智慧，追求仓廪盈实、协耕互助、舒适恬淡的诗意田园，将家园经营成「天下粮仓」。

从饭稻羹鱼，到食尚香辣，湖南人品味生活，以器载道，从祭祀神灵的商周礼乐青铜，彰显生活品质的楚汉漆木，深受大众喜爱的唐长沙窑瓷，到耕读传家的明清宗族村落，无一不是湖南风俗信仰与生活方式的凝结。

几千年来，爱国忧民思想的濡化，中原文化的浸染，书院教育的传承，近代思潮的激荡，造就了湖南人飒爽张扬、敢为人先、忠信担当、九死无悔的家国情怀。

谨以此陈列献给曾经、现在、将来在湖南这片土地上生活、游历，以及对湖南历史文化发展起推动作用的人！

Part I Home

The name "Hunan" was first used during Tang Dynasty to refer to "south of Lake Dongting". Because the Xiang River runs through the region north-south, it is also known as "Xiang". The province borders Guizhou, Chongqing, Hubei, Jiangxi, Guangdong, and Guangxi. Multiple rounds of tectonic movements have created the horseshoe-shaped landscape that we are familiar with today. Hunan is ringed by mountains on three sides and enjoys four distinct seasons. Four rivers, Xiang, Zi, Yuan and Li, and their tributaries crisscross the province, which has also been gifted with a host of other resources. Together, these resources have provided excellent conditions for the settlement and reproduction of mankind.

第一部分

家园

「湖南」始见于唐，因处洞庭湖之南而名，又以湘江贯穿南北，简称「湘」。与黔、渝、鄂、赣、粤、桂为邻。多次地壳运动，造就了现在的马蹄形地貌，三面环山，湘、资、沅、澧四大水系及其支流网布全省，资源丰富，四季分明，为人类繁息提供了良好的天然条件。

地质年代与生物演化示意图
第四纪
第三纪
白垩纪
侏罗纪
三叠纪
二叠纪
石炭纪
泥盆纪
志留纪
奥陶纪
寒武纪
震旦纪
太古代
人类时代
爬行动物
鱼
蕨类

1 家园
H—O—M—E

第一单元 生态变迁

约2.3亿年前湖南地区海水基本退去，露出陆地。因地壳运动，约4000万年前形成了马蹄形盆地，以及山地、丘陵、平原、沼泽、湖泊等多种地形，加上亚热带季风气候，温暖多雨，为动植物的多样性提供了适宜的生存环境。进入人类社会后，随着耕地的不断开发，植被面积急速下降，大批珍稀动物被迫迁徙。

湖南地形地貌沙盘模型

中国近五千年来气温变化曲线示意图

气候变迁往往是全球性的。中国五千年来年平均温度有2～3℃的波动。湖南属于暖湿的亚热带季风气候，年平均雨量、日照时间、积温日、无霜期在全国居高。考古资料表明，第四纪冰期时马蹄形地形的湖南地区一直较温暖，给动植物与早期人类的生存与进化带来了得天独厚的自然条件。

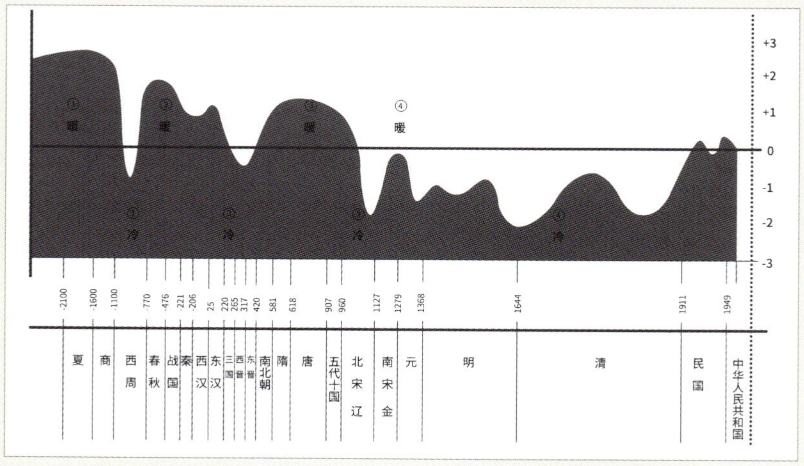

据竺可桢《中国近五千年来气候变迁的初步研究》绘制

三叶虫化石

寒武纪—二叠纪（距今约5.6亿—2.4亿年）
长7.3厘米，宽7厘米
征集
湖南省博物馆藏

三叶虫出现在距今5.6亿年的寒武纪，至2.4亿年前的二叠纪灭绝，是划分地质时代的主要依据，反映了湖南地质沧海桑田的变化。

菊石化石

泥盆纪—白垩纪（距今4亿—6500万年）
长15厘米，宽10厘米，厚5厘米
新邵县周家湾产
湖南省地质博物馆藏

菊石，恐龙时代常见海生无脊椎动物，起源于4亿年前，同恐龙一起灭绝于6500万年前。

蕨类植物化石

石炭纪（距今约3.6亿—2.86亿年）
长20厘米，宽10厘米，厚5厘米
浏阳文家市产
湖南省地质博物馆藏

蕨类为最早陆生植物，繁盛于石炭纪。蕨类植物化石的发现，说明至迟在石炭纪时湖南已有陆地露出。

鳞木化石

石炭纪（距今约3.6亿—2.86亿年）
长15厘米，宽12厘米，厚5厘米
攸县桃水产
湖南省地质博物馆藏

鳞木属于木本蕨类，出现于石炭纪，是素食动物的主要食物。据化石资料显示，这时期湖南大部分地区已出现巨型树木。

恐龙化石

白垩纪（距今1.35亿—0.65亿年）
甲龙肱骨化石：长49厘米，宽22厘米，厚13厘米
鸭嘴龙肩胛骨化石：长33厘米，宽31厘米，厚11厘米
恐龙蛋化石：最大直径15厘米，厚11.5厘米
2008年株洲天元区出土
株洲市博物馆藏

湖南有20余处白垩纪恐龙化石发现，包括芙蓉龙、甲龙、鸭嘴龙、霸王龙等，是湖南地区生态演变的直接见证。

鸭嘴龙肩胛骨化石

甲龙肱骨化石

恐龙蛋化石

东方剑齿象化石

更新世（距今约248万—164万年）
长23～40厘米，宽10～13厘米
湖南省博物馆藏

剑齿象生活在热带及亚热带地区。湖南一些低矮溶洞中发现大量剑齿象骨骼、牙齿标本，是湖南古人类存在较早的间接证据。

中国犀化石

更新世（距今约248万—164万年）
长33厘米，宽12厘米，厚8.5厘米
湖南省博物馆藏

中国犀化石在南方出土较多，是南部著名的“剑齿象-大熊猫-中国犀动物群”的重要成员，在上新世（距今530万—258.8万年）晚期灭绝。

鹿角化石

更新世（距今约248万—164万年）
长36厘米
湖南省博物馆藏

梅花鹿是亚洲东部的特有动物种类，曾广布于中国各地。鹿类化石常常与人类化石相伴生，该种鹿可能是远古人类狩猎的对象。

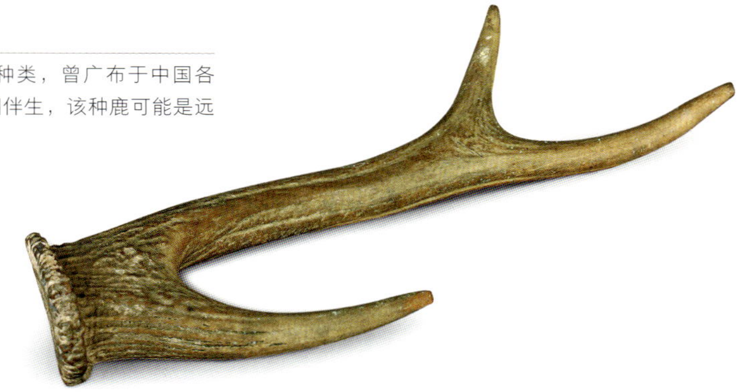

华南巨貘牙齿化石

更新世（距今约248万—164万年）
最大长3厘米，宽3厘米，厚2.5厘米；
最小长2.5厘米，宽2.5厘米，厚1.5厘米
湖南省博物馆藏

华南巨貘化石，是我国南方洞穴堆积中最常见的更新世哺乳动物化石之一。中更新世时基本消失。也有人认为在云南、四川、广西可能还有残余，并延续到了全新世。

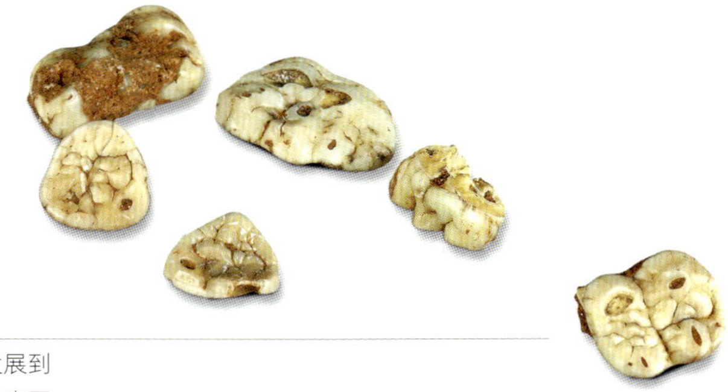

大熊猫牙齿化石

更新世（距今约248万—164万年）
2011—2013年道县福岩洞遗址出土
湖南省博物馆藏

早期大熊猫体形小，始出现于更新世早期，中晚期发展到全盛，几乎遍布中国东部和南部，北至北京周口店，南至台湾岛。当时的大熊猫与剑齿虎、剑齿象以及北京猿人、南方猿人一起生活，是湖南自然生态演变的见证。

第二单元
历史沿革

湖南历史伴随其行政区域的演变而发展。西周时为蛮夷之地，春秋战国时期纳入楚国版图，并置有苍梧郡和洞庭郡。秦统一全国后，湖南继续设置苍梧、洞庭二郡。西汉时置有长沙国和武陵郡、桂阳郡、零陵郡。东汉时置长沙郡、武陵郡、桂阳郡、零陵郡。魏晋南北朝时，经过多次州、郡变动。唐广德二年（764），设湖南观察使，“湖南”之名自此始。五代马殷在湖南建立楚国。宋朝设置“湖南路”。元、明时隶属湖广行省。清康熙六年（1667），置湖南布政使司，始称“湖南省”。1949年8月5日，湖南和平解放。

虎爪山遗址	发现距今 50 万年的湖南最早人类遗迹
道县福岩洞遗址	发现距今 12 万—8 万年的世界最早现代智人牙齿化石
石门燕儿洞遗址	发现距今大约 16000 年的旧石器时代晚期智人——石门人化石
道县玉蟾岩遗址	发现世界最早古栽培稻（1.5 万年前）和陶器（约 2.1—1.4 万年前）
澧县城头山城址	距今约 6300—4500 年，被誉为“中国最早的城”
春秋战国	逐步纳入楚国管辖范围
秦	史载设长沙郡、黔中郡、苍梧郡，而据里耶秦简载设洞庭郡、苍梧郡
西汉	置长沙国和武陵、桂阳、零陵三郡
东汉	置长沙、武陵、桂阳、零陵四郡
三国	先后隶属蜀、吴，走马楼吴简反映了湖南的政治经济状况
两晋南北朝	设湘州、郢州、荆州等；北方人口大批南徙加速了湘江和洞庭湖区的开发
隋唐	唐代宗广德二年（764）置湖南观察使，“湖南”之名自此始；以彩瓷著称的长沙窑产品远销海内外
五代	马殷 927 年建楚国政权，湖南的行政区域基本定型
两宋	置潭、岳等十二州及桂阳、茶陵、武冈三军；宋开梅山，设安化、新化；湖南书院教育迅速崛起，湖湘学派开始形成和发展
元	隶属湖广行省，置十二州，湘西地区推行土司制；民族分布格局基本形成
明	设有七府八州五十六县，一些少数民族地区仍设土司
清	康熙六年（1667）置湖南布政使司，“湖南”成为独立省份；雍正元年（1723）科举考试“两湖分闱”，湖南人才呈井喷之势
民国	抗战时期，湖南为参军人数最多的省份，也是大型会战最多、战争最为惨烈的地区
1949 年 8 月 5 日	湖南和平解放

“长沙王印”金印

西汉（前206—25）
边长1.65厘米，宽1.6厘米，高1.65厘米
2008年长沙谷山长沙王陵M7出土
长沙市文物考古研究所藏

“道州江华县巡检朱记”铜印

宋（960—1279）
长5.2厘米，宽5厘米，厚1.5厘米
江华瑶族自治县文物管理所藏

“湖南省人民政府印”铜印

1949
高12厘米，印面边长7厘米
湖南省博物馆藏

Part II Where Do I Come From?

Hunan is an important birthplace of Chinese civilization. The early peoples of Hunan were already settled here by 500,000 years ago. By the time writing systems had been invented, natives were intermingled with migrants over time to form what we know as the Han majority today. Those living in the mountainous regions of western and southern Hunan retained their respective languages and developed distinctive customs due to a special geographical environment and political systems (*Jimi* system and *Tusi* system). These peoples were recognized as separate "nationalities" following 1949. The harmonious interactions between various peoples created the large family of peoples that we know of today.

第二部分

我从哪里来

湖南是中华文明的重要发祥地。至迟五十万年前，湖南先民便在此繁衍生息。进入文明时期后，原住民与不同时期迁入的外来移民相互融合。湘西、湘南等山区的居民，由于特殊的地理环境和羁縻制、土司制的治理方式，保留了自己的语言，并形成独特的风俗习惯，一九四九年后被确认为各单一少数民族。各民族和谐共处，组成了今天的湖南民族大家庭。

商人南下
SHANG PEOPLE
MIGRATE SOUTHWARDS 03
商代早期已有中原人越过长江，到达石门皂市。晚期，殷人的一些支系和氏族因战乱离开湖北盘龙城，进入湘水、资水中下游。殷人带来了先进的青铜铸造技术，开启了湖南的青铜文明。

楚 人 入 湘
PEOPLE OF CHU ENTER HUNAN
04
随着国力的强大，楚人不断向四周扩张，春秋早期即已到达湖南，晚期进入湘中地区，随后进入湘南。楚人与原住民相互融合，并逐步孕育出独特的区域文化。
The Chu people entered the Li river basin in the mid-to-late Western Zhou Dynasty. The kingdom of Chu became increasingly powerful, and had expanded its borders to the southern shore of Lake Dongting by early Spring and Autumn period. By the late Spring and Autumn period, Chu's borders had reached the southern part of Hunan. The Chu people assimilated with the natives and gradually established the distinctive Hunan culture.
楚人入湘路线图

先祖

第一单元

距今约50万年的津市虎爪山遗址，留存了湖南最早的人类活动遗迹；道县福岩洞距今12万—8万年世界最早的现代智人牙齿化石、燕儿洞距今1.6万年前的“石门人”骨骼与牙齿化石，以及众多的旧新石器时代遗址分布情况，表明环洞庭湖区域以及湘水沅水流域，是湖南先民的主要活动地区。

虎爪山旧石器遗址出土石器

旧石器时代（距今约50万年）
1988年津市虎爪山遗址出土
湖南省文物考古研究所藏

遗址位于津市老城区东澄水右岸。石器出土于河岸台地网纹红土中，有石球、石锤、砍斫器、薄刃斧、切割器、刮削器、尖状器等，主要用来狩猎、剥皮、切砍肉食、砸取坚果、挖取地下食物等，表明当时这里的人们以采集、狩猎为生。砾石尖状器具有一定的地域性，被称为“澧水文化类群”。

球状器

砍斫器

尖状器

道县福岩洞现代智人牙齿化石

旧石器时代（距今约12万—8万年）
2011—2013年道县福岩洞遗址出土
中国科学院古脊椎动物与古人类研究所

遗址共出土了47枚人类牙齿化石，还有貘、大熊猫、剑齿象等哺乳动物，以及叶猴、猕猴和长臂猿等灵长类动物化石。据检测，人类牙齿化石距今12万—8万年，呈现出典型的现代智人特征，属于世界最早的具有完全现代形态的人类化石，比目前已发现的具有相同现代人特征的欧洲现代人还要早3万到7万年。

石门县燕儿洞遗址出土“石门人”牙齿、下颌骨化石

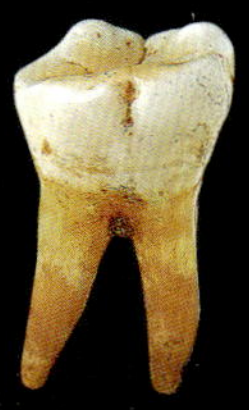

旧石器时代（距今约16000年）
1982年石门县燕儿洞遗址出土
湖南省文物考古研究所藏

石门燕儿洞古人类属旧石器时代的晚期智人，被命名为“石门人”，过着狩猎、采集的生活，已经会用挖陷阱等方法诱捕犀牛、剑齿象等大型动物。动物骨头化石上具有的火烧痕迹，表明“石门人”已会用火。

玉人首

新石器时代（石家河文化时期，距今约4600—4000年）
高5.18厘米，上宽3.4厘米，底宽1.78厘米，厚1.12厘米
1986年石门县易家渡丁家山出土
石门县博物馆藏

青白玉雕刻。头戴冠，后插梳形饰，双耳戴环，梭形眼，外眼角上挑，内眼角下钩，眼眶、眼珠凸出，唇厚颈长，被认为是“三苗”形象。

陶面具

新石器时代（屈家岭文化时期，约前3300—前2600）
残高4.3厘米，最宽处4.5厘米，最厚处1.4厘米
1986年澧县宋家台遗址出土
湖南省文物考古研究所藏

灰陶质。采用雕刻手法表现面部特征，双眼斜立，鼻子凸出，张口露齿，被认为是“三苗”神像。《战国策·魏策》载：“昔者三苗之居，左彭蠡之波，右洞庭之水，文山在其南，而衡山在其北。”表明今湖南地区是古三苗的活动区域。

第二单元

早期族群

商周时期，湖南地区并未归入中原王朝管辖范围，文献对境内多族群居民有“三苗”“南蛮”“荆蛮”等不同概称。考古发现有古越人、濮人和巴人等族群的实物资料。

一、越人

越人，是商周时期广泛分布于江南地区的古老族群，泛称“百越”，湖南境内主要属于“扬越”支系，湘东北、中部和南部是其重要活动区域，大致与“三苗”所居的“左彭蠡”“右洞庭”相重合。靴形钺、外撇足鼎等，为古越人的代表性器物。

越人形柄铜匕首

战国（前475—前221）
长21厘米，宽4厘米
1974年长沙树木岭出土
湖南省博物馆藏

“戉（越）”“王”铜矛

战国（前475—前221）
长33厘米，宽4厘米
1953年长沙征集
湖南省博物馆藏

矛身两面两侧各铸有铭文“戉（越）”字，骹上有鸟篆书铭文“王”字，骹内仍残留木质柄。

靴形铜钺

战国（前475—前221）
长9.5厘米，宽13厘米
20世纪60年代衡阳霞流出土
湖南省博物馆藏

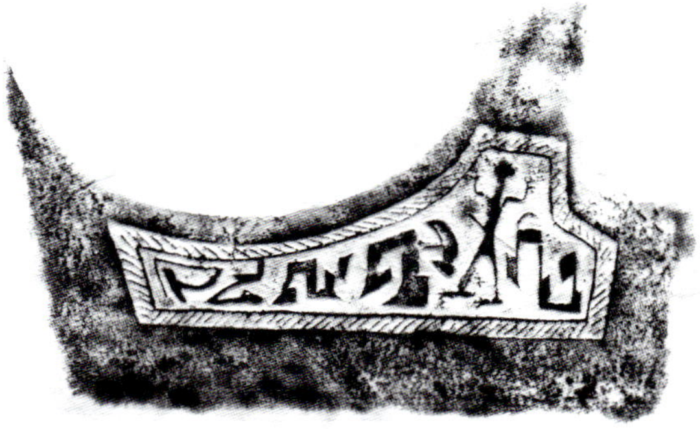

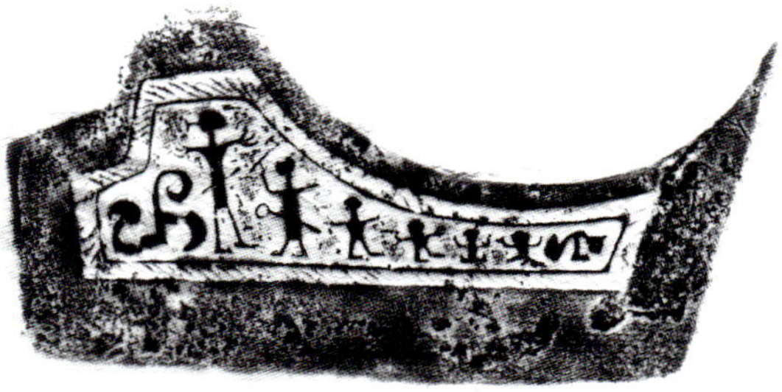

铜钺

战国（前475—前221）
长10.3厘米，銎径3.8×1.6厘米
湖南省博物馆藏

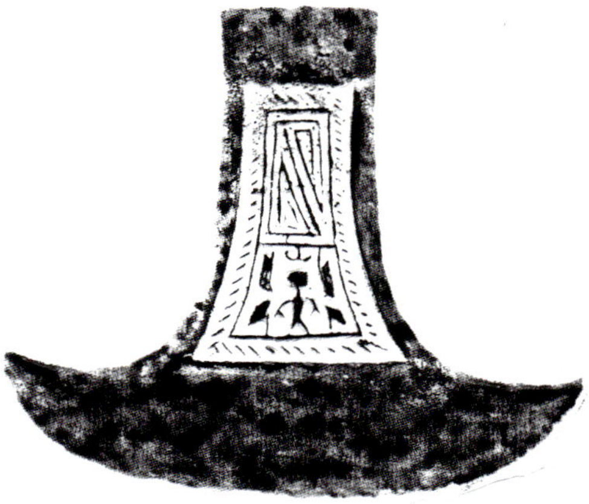

靴形铜钺

战国（前475—前221）
长7.8厘米，宽10.1厘米
湖南省博物馆藏

牛角耳铜盖鼎

春秋（前770—前476）
高22.8厘米，口径19.8厘米
1982年湘乡何家湾1号墓出土
湖南省博物馆藏

二、濮人

濮，或作“卜”，发源于涪水流域，支系繁多，被称为“百濮”。湘西北的澧水、沅水中下游地区，是商周时期濮人主要活动区域。这些地区的濮文化与“三苗”和“荆蛮”文化交织并存。史籍记载，沅水中游一带盛产丹砂，辰州濮人以开采丹砂为业。宽格、扁茎，是战国时期濮人铜剑的重要特征。

宽格扁茎铜剑

战国（前475—前221）
通长25.6厘米，剑长20.5厘米，宽4.3厘米
1988年征集
湖南省博物馆藏

宽格扁茎铜剑柄套

战国（前475—前221）
长13.2厘米，宽4.4厘米，厚1.5厘米
湖南省博物馆藏

三、巴人

巴人崇尚白虎，以“勇锐”著称。虎纽錞于、柳叶形剑、多耳铜矛为巴文化代表性器物。巴人起源于巴蜀地区，商周时期部分进入湖南。从巴文化器物出土地域看，湘西武陵山区为其主要活动范围。巴人与湘西其他族群相互融合，演变为今湘西土家族的主体。

虎纽錞于

战国（前475—前221）
高38厘米，宽27.7厘米
1958年株洲征集
湖南省博物馆藏

器盖虎纽

器腹虎形纹饰

柳叶形虎纹铜剑

战国（前475—前221）
长41.3厘米，宽3.8厘米
湖南省博物馆藏

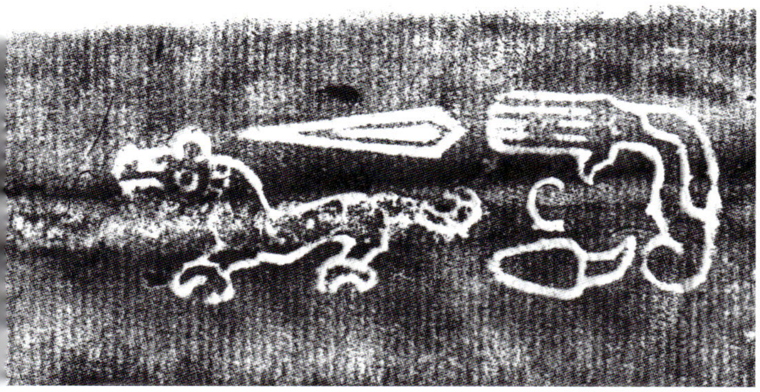

巴式铭文铜戈

战国（前475—前221）
长23.8厘米
1958年常德出土
湖南省博物馆藏

多耳铜矛

战国（前475—前221）
长25.4厘米，宽4.6厘米
1982年长沙征集
湖南省博物馆藏

第三单元 商人南下

商代早期就有中原人越过长江，到达石门皂市。商代晚期，殷人的一些支系和氏族因战乱纷纷离开南土重镇湖北盘龙城，进入湘水和资水中下游。南迁移民带来了先进的青铜铸造技术，开启了湖南的青铜文明。

一、“戈”族铜器

族徽是家族的特殊标志。戈族是夏商时期的中原望族，直至春秋时期的铜器，仍可见其族徽铭文。湖南境内出土多件“戈”族铭文铜器，为“戈”族等商人进入湖南的物证。

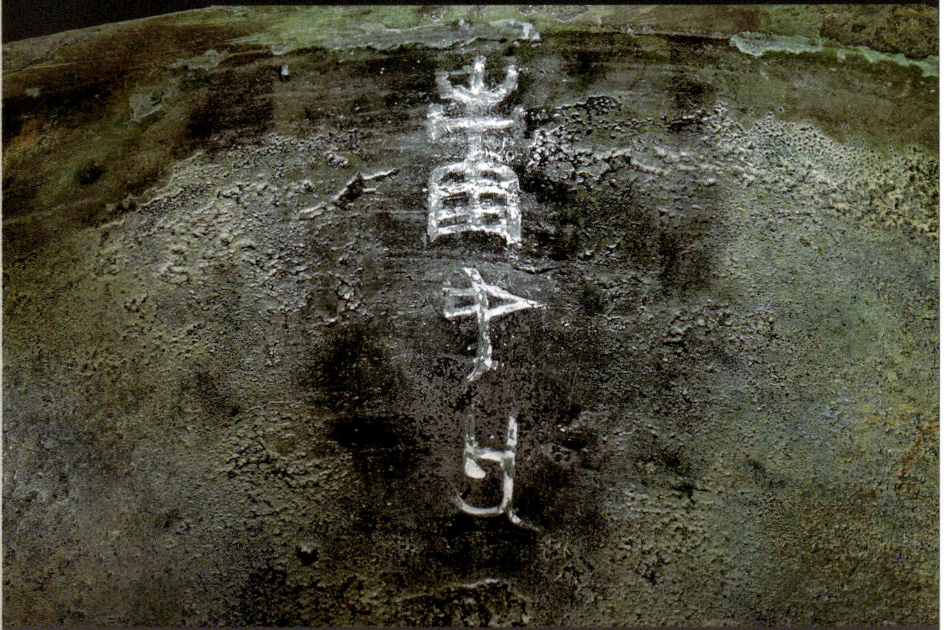

凤鸟纹“庚戈父”铜鼎

商（前1600—前1046）
高38.5厘米，口径29.8厘米
1959年宁乡县黄材镇出土
湖南省博物馆藏

凤鸟纹“戈”提梁铜卣

商（前1600—前1046）
高37.7厘米，口径13.2～15.4厘米
1970年宁乡黄材镇寨子山王家坟山出土
湖南省博物馆藏

酒器。盖、口、腹、足部多处饰凤鸟纹，盖和器内底铸有“戈”字铭文。出土时盛有玉器320余件。其造型、纹饰与中原同类型器基本相同。

盖内“戈”铭文

出土时卣内玉器

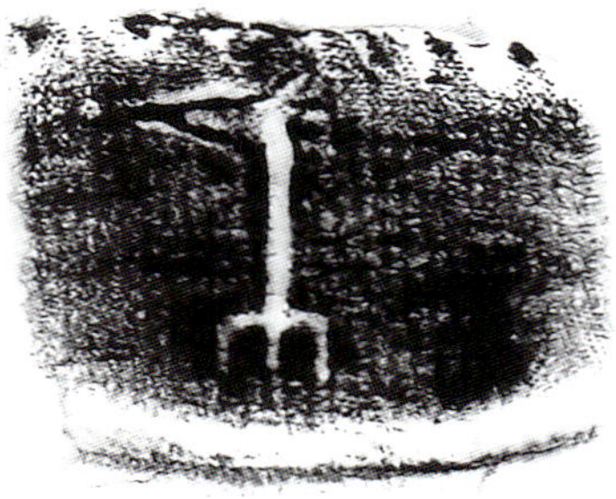

器底“戈”铭文及拓片

凤鸟纹“戈”铜觯

西周（前1046—前771）
高20厘米、口径9.1厘米
1981年湘潭青山桥出土
湖南省博物馆藏

器身凤鸟纹拓片

二、“冉”族铜器

“冉”氏是商代的中原大族，与王室曾有婚姻关系，其族徽多见于商周铜器。从出土地看，“冉”族活动地域较为广泛。商亡后，其中一支进入湖南。

兽面纹“己冉”铜鼎

商（前1600—前1046）
高18厘米，口径14.9厘米
1962年宁乡黄材镇栗山村水塘湾出土
湖南省博物馆藏

器内“己冉”铭文

兽面纹“癸[illegible]”提梁铜卣

商晚期（前1600—前1046）
通高25.9厘米，口径12.5×15厘米
1963年宁乡黄材镇寨子村炭河里遗址出土
湖南省博物馆藏

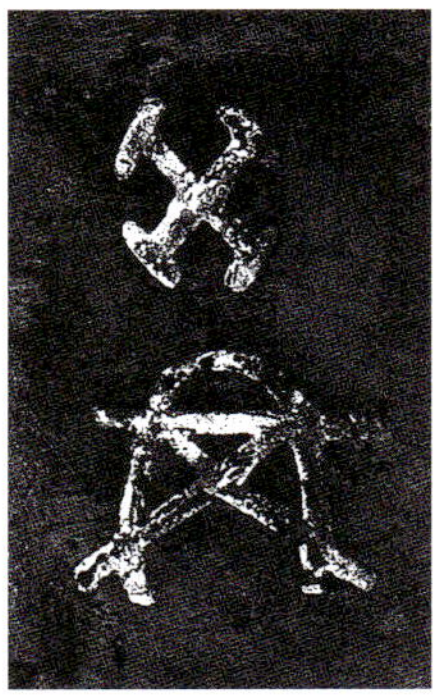

器内“癸[illegible]”铭文

出土时卣内玉器

涡纹“宋父乙”铜罍

西周（前1046—前771）早期
通高44厘米，口径13厘米，底径14厘米
宁乡黄材镇炭河里附近出土
益阳市博物馆藏

三、“父甲”“父乙”铭文铜器

“父甲”“父乙”，多见于殷墟甲骨卜辞和中原商代青铜器，是做器者对生父的称呼。湖南出土的这类铭文青铜器，其造型与纹饰均为中原风格，应来自中原。

兽面纹“旅父甲”尊

西周（前1046—前771）
高28厘米，口径22.2厘米
1981 年湘潭青山桥出土
湖南省博物馆藏

盛酒礼器。器内有“旅父甲”铭文，应是西周早期“旅”氏家族器物。花纹繁缛瑰丽，主纹为兽面纹，两侧有倒立夔纹，下有凤鸟举首而立，具有典型的中原风格。

器内“旅父甲”铭文拓片

夔龙涡纹“父乙”铜簋

商晚期至西周早期（前11或前10世纪）
高16.8厘米，口径22.9厘米
1956 年石门出土
湖南省博物馆藏

腹内“父乙”铭文拓片

第四单元 楚人入湘

随着势力的不断强大，楚人在春秋早期到达洞庭湖南岸，春秋晚期进入湘中地区，春秋末期进入湘南。楚人与原住民相互融合，并逐步孕育出独特的湖南区域文化。

一、早期楚式铜器

蹄足蟠虺纹铜鼎

春秋（前770—前476）
通高25厘米，口径25厘米
1993年汨罗市高泉山M1出土
湖南省博物馆藏

根据文献记载并结合考古材料可知，楚人分东西两路进入湖南，首先由西路自郢都（今湖北江陵）进入洞庭湖西北岸、澧水中下游及沅水下游地区，即今常德地区，时间约在两周之际；东路春秋中期从今湖北鄂县入湘江中下游，即今岳阳和长沙地区。

蟠虺纹铜簠

春秋（前770—前476）
通高19.5厘米，盖口29×22厘米
1993年汨罗市高泉山M1出土
湖南省博物馆藏

二、楚式兵器与剑饰

（一）剑

楚人好剑，有佩剑之习、赠剑之尚、葬剑之俗。根据剑茎、刃部的不同功能，采取不同的配方铸造成双色铜剑，并通过镀锡等防锈工艺保持剑的锋利；同时出现了比铜剑更加锋利、坚韧的铁剑和钢剑，秦昭王盛赞"楚之铁剑利"，体现了楚人高超的铸剑技术。

铁剑上的玉格饰件

玉格铁剑

战国（前475—前221）
长86.7厘米，宽2.3厘米
1985年湖南省文物管理委员会调拨
湖南省博物馆藏

钢剑

春秋（前770—前476）
长38.4厘米，宽4.6厘米
长沙杨家山M65出土
湖南省博物馆藏

双色铜剑

战国（前475—前221）
长54.2厘米，宽5 厘米
1952年长沙黄泥坑M64出土
湖南省博物馆藏

带鞘铜剑

战国（前475—前221）
长41.5厘米，宽5.1厘米
1953年省文管会拨交
湖南省博物馆藏

玉首龟纹铜剑

战国（前475—前221）
长54.3厘米，宽4.5厘米
1949年前长沙郊区楚墓出土
湖南省博物馆藏

（二）剑饰

楚剑广泛运用金银、玉、绿松石或玻璃装饰，体现楚人佩剑的审美风尚。

谷纹玻璃剑首

战国（前475—前221）
直径4.5厘米
1953年长沙东塘出土
湖南省博物馆藏

嵌绿松石玻璃剑首

战国（前475—前221）
直径4.7厘米
1960年长沙杨家山M1出土
湖南省博物馆藏

玉剑格

战国（前475—前221）
长4.2厘米，宽1.9厘米
1965年长沙地质局M2出土
湖南省博物馆藏

谷纹玻璃剑璏

战国（前475—前221）
长6.6厘米，宽1.9厘米
1964年长沙九尾冲M3出土
湖南省博物馆藏

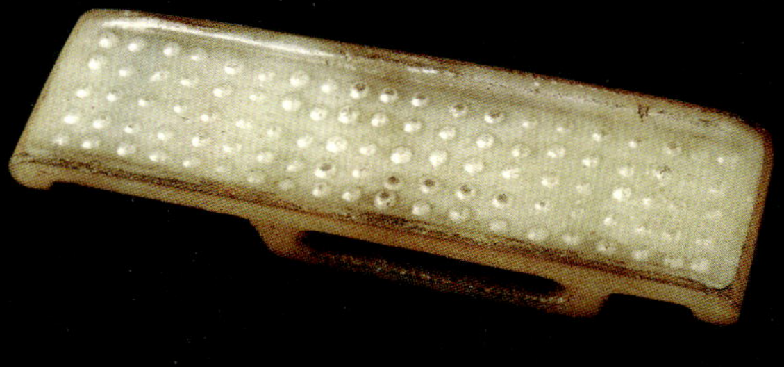

龙纹玻璃剑璏

战国（前475—前221）
长10.3厘米，宽1.95厘米
1960年长沙杨家山M1出土
湖南省博物馆藏

兽面纹玉剑珌

战国（前475—前221）
长3.4厘米，宽5.2厘米
1954年长沙魏家堆M10出土
湖南省博物馆藏

云纹玉剑珌

战国（前475—前221）
长5.1厘米，宽6.2～7.4厘米
1973年长沙溁湾镇铜盆湖M1出土
湖南省博物馆藏

（三）戈

戈由头、柲、镈组成。戈头横刃，能勾能啄，可推可掠，杀伤性极强。柲的长度根据实际需要而不同，车战用长柲，步战用短柲。部分戈有刻铭、错金银、镶嵌、细线刻镂等装饰。

“楚公冢”铜戈

西周（前1046—前771）
长21.4厘米，宽9.1厘米
湖南省博物馆藏

错金铭文铜戈

战国（前475—前221）
长20厘米，宽12.5厘米
湘乡铝厂出土
湖南省博物馆藏

“敚作楚王戟”铜戈

战国（前475—前221）
长29.2厘米，宽12.9厘米
1978年益阳赫山庙M4出土
湖南省博物馆藏

“武王”铜戈

战国（前475—前221）
长28.6厘米，宽14.7厘米
1991年益阳赫山庙M2出土
湖南省博物馆藏

“玄镠”银斑铜戈

战国（前475—前221）
长19.5厘米，宽3厘米
长沙丝茅冲营建工地A区出土
湖南省博物馆藏

“王孙袖”浮雕铜戈

战国（前475—前221）
长25.2厘米，宽14厘米
湖南省博物馆藏

戈为巴蜀式，文字为楚式。据文字内容推测，可能是巴蜀一个首领赠给楚国派到巴地进行监管的楚人王孙袖之物。王孙袖，楚王之孙，战国中期楚占巴地的监使。楚国强大后，对于周边少数民族采取安抚政策，其统治基础得到进一步稳固，并建立起一个强盛的积极进取的多民族国家。

错金银云纹铜戈镈

战国（前475—前221）
长11.5厘米
1949年前长沙北郊穿眼塘出土
湖南省博物馆藏

（四）矛

矛是一种用于直刺和扎挑的长柄格斗兵器，矛头有窄叶、阔叶、长叶以及刃部带系等形制，楚人广泛使用棱脊、窄叶式；矛头或铸有铭文、错金银饰。柄普遍较长，下接锥尖形镈用于插地。

铜矛

战国（前475—前221）
长32.8厘米，宽6厘米
1965年长沙甘棠坡M3出土
湖南省博物馆藏

多字铜矛

战国（前475—前221）
长27.3厘米
1953年长沙子弹库M37出土
湖南省博物馆藏

（五）箭镞

箭镞俗称箭头，形制上有铤式和銎式之分，双翼箭镞和三翼箭镞之别，材质有青铜、铁两类。

铤式铜箭镞

战国（前475—前221）
长10.1厘米
1980年长沙市学宫门引铺巷征集
湖南省博物馆藏

銎式铜箭镞

战国（前475—前221）
长4厘米，宽2.4厘米
1980年湖南日杂废旧物资公司回收
湖南省博物馆藏

北人南迁

第五单元

秦汉以来，每逢中原动荡都导致北方居民大量南迁，两晋之交、唐末、北宋末年，是北人南迁的三个重要时段，湖南是南迁的重要留经地。北人带来了先进的生产技术与文化，促进了湖南经济文化的快速发展。

一、带有北方因素的铭文兵器

湖南出土一批铭文兵器，其中“郑左库”为郑国左库铸造兵器，“六年格（梧）□命韩臾工师□公冶良”为三晋兵器。“上郡”在今陕西榆林，为秦国重要冶铸地；“武安”为封号，秦封白起为武安君；“相邦冉”为秦国丞相魏冉。表明这些兵器由南迁的北人带入湖南境内。

“上郡武”铜矛

战国（前475—前221）
长15.8厘米，宽3厘米
征集
湖南省博物馆藏

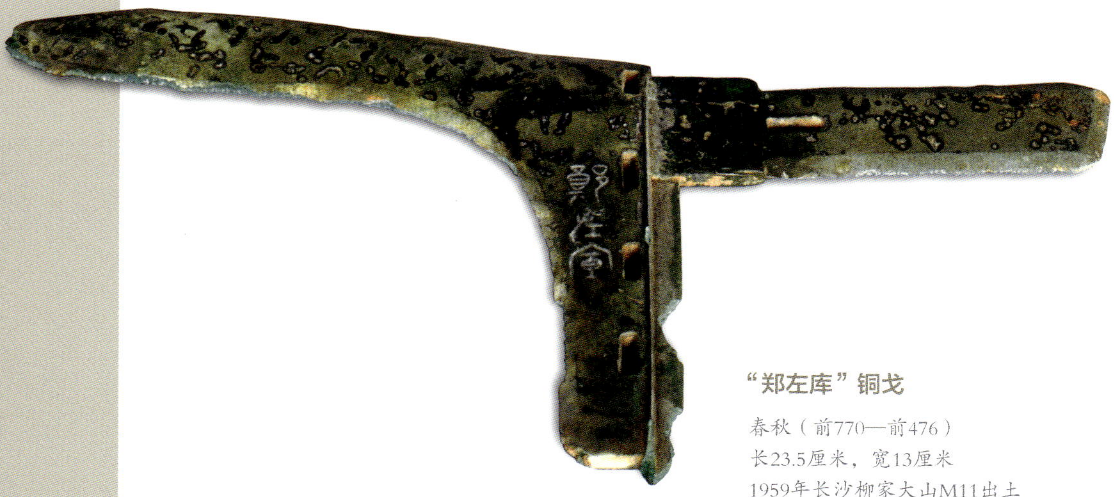

“郑左库”铜戈

春秋（前770—前476）
长23.5厘米，宽13厘米
1959年长沙柳家大山M11出土
湖南省博物馆藏

"武安"铜戈

战国（前475—前221）
长21.7厘米，宽12厘米
征集
湖南省博物馆藏

"廿年相邦冉"铜戈

战国（前475—前221）
长23.2厘米
1971年岳阳城陵矶出土
湖南省博物馆藏

“六年”铜戈

战国（前475—前221）
长23.9厘米，宽14.3厘米
1951年长沙新河北岸M5出土
湖南省博物馆藏

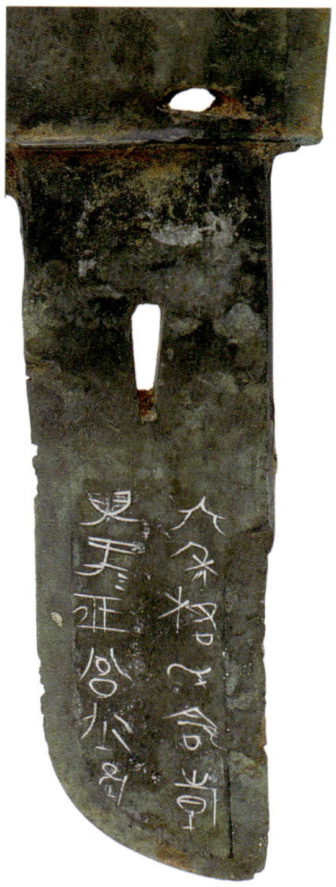

“廿三年”铜戈

战国（前475—前221）
长19.8厘米，宽5.5厘米
征集
湖南省博物馆藏

二、记载北人落户湖南的秦简

秦并六国后，湖南成为平定南越的军事前沿，有来自阳陵等地的中原秦兵戍守湖南，之后部分定居下来。也有记录南阳人移居湖南的户籍简等。

里耶秦简

秦（前221—前206）
2002年湖南龙山县里耶古城遗址出土
湖南省文物考古研究所藏

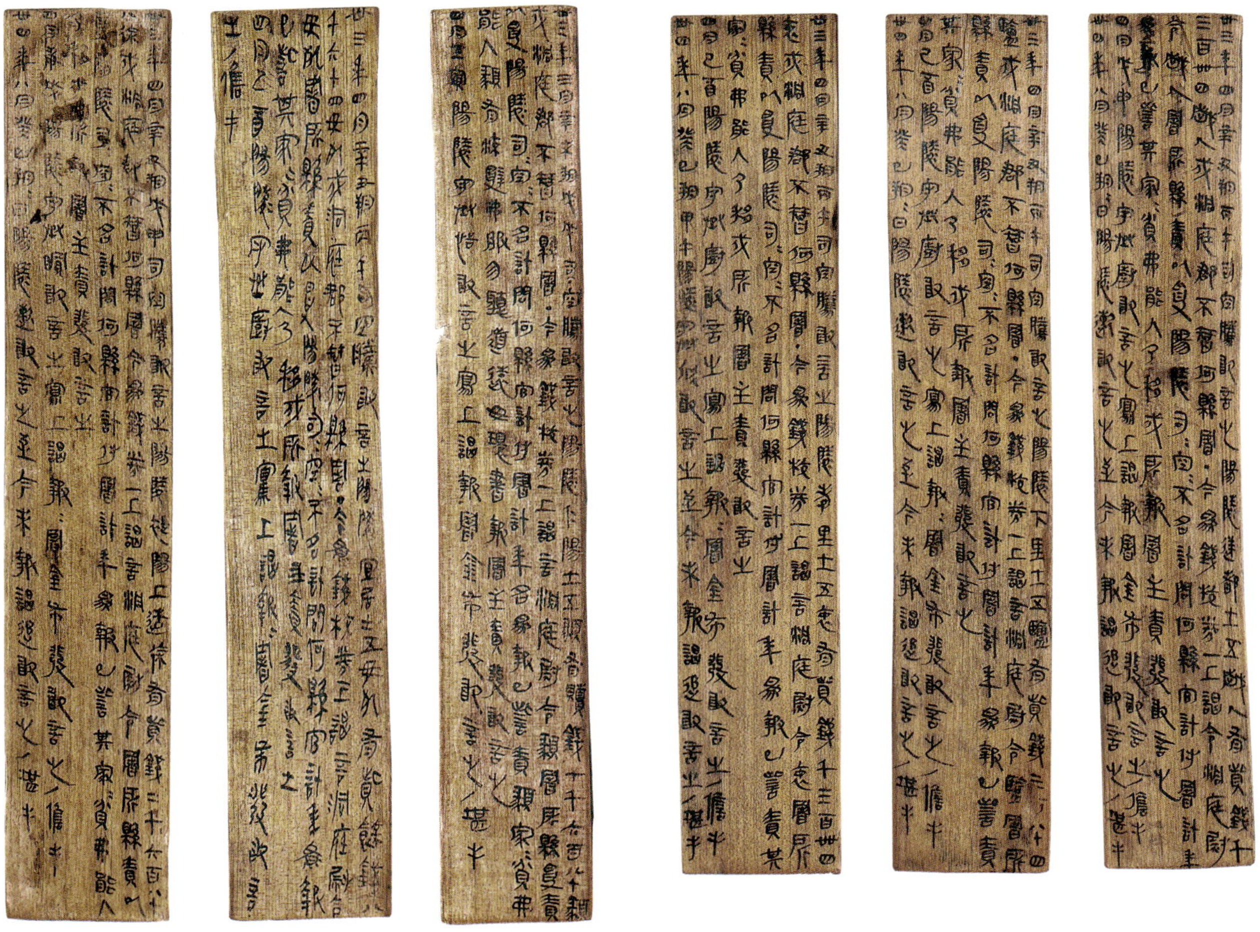

三、北人南迁带来制瓷工艺

长沙窑崛起于安史之乱后，其窑工多来自北方地区，带来唐三彩模印贴花、多彩釉及其他制瓷工艺，并结合南方烧造技术，创新出长沙窑特有的装饰技法。岳阳地区几座宋墓出土耀州窑瓷器，当是有支北方移民定居于此。

长沙窑青釉褐斑贴花“张”字款瓷执壶

唐（618—907）
高22.5厘米，口径8厘米
1958年长沙铜官挖泥墩出土
湖南省博物馆藏

长沙窑三彩釉瓷碗

唐（618—907）
高2.5厘米，口径8.5厘米
长沙子弹库M9出土
湖南省博物馆藏

长沙窑三彩釉瓷杯

唐（618—907）
高5.3厘米，口径7.5厘米
长沙子弹库M9出土
湖南省博物馆藏

耀州窑青釉印花敞口盘

北宋（960—1127）
高4厘米，口径17厘米
2014年岳阳茆山宋墓出土
岳阳市博物馆藏

耀州窑青釉刻花深腹碗

北宋（960—1127）
高7.3厘米，口径12.8厘米
2014年岳阳茆山宋墓出土
岳阳市博物馆藏

岳阳茆山宋墓墓室为青砖砌成的三层券顶仿木结构，流行于宋金元时期的北方地区。墓中出土八件宋代耀州窑青瓷碗、盘和斗笠盏。从墓葬形制及出土器物看，墓主当是北宋末年南迁的北方移民。

元末明初和明末清初的“江西填湖广”是历史上的重大移民事件。大批江西人及取道江西的苏、浙、皖、闽人迁入湖南，至今仍有湖南人十之八九来自江西之说。清初，部分湖南人及进入两湖的部分移民，再西迁至川、黔地区，故又有“湖广填四川”之说。

一、记载江西移民进入湖南的方志

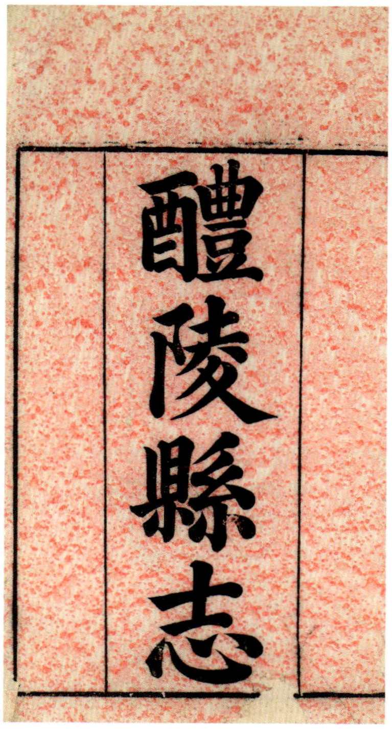

清同治《醴陵县志》

清同治（1862—1874）
湖南省博物馆藏

据《醴陵县志》卷六记载：“历朝鼎革，荼毒生灵，惟元、明之际为惨，湘潭土著仅有数户，后之人多自豫章来。”“古老相传土著亦仅存十八户，余皆无复存在，洪武初招集流亡，皆来自他省，而豫章（今江西）人尤多。”

民国《益阳县志》

民国（1912—1949）
湖南省博物馆藏

据民国《益阳县志·氏族志》，益阳移民共447族，其中明代迁入的271族，洪武时移入的又占109族。

民国《沅陵县志》

民国（1912—1949）
湖南省博物馆藏

据《沅陵县志》卷六记载：“邑中老籍有开封者，有江南者，尤以江西为最多。其来自开封者，盖宋时之游宦，其来自江南者，盖明初之屯卫，其来自江西者，则明时宦与屯卫……流转迁于此者也，父老相传，有‘江西填湖广，湖广填四川’之说。今所指土著十之九皆江西人，可见其说之非无据也。”

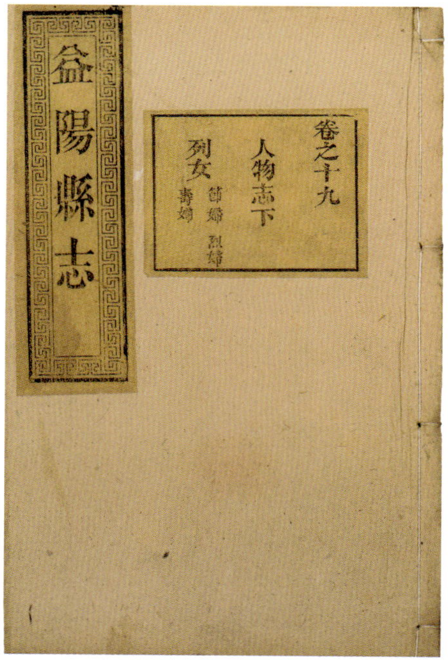

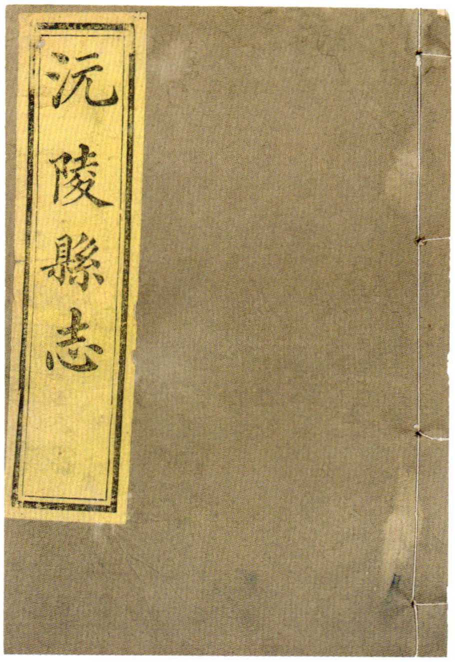

二、记载江西移民进入湖南的族谱

据诸多族谱记载，其先祖于元末明初自江西徙居，其中又以泰和、庐陵、吉水、丰城、南昌诸县为多。湘赣之间的幕阜山、武功山等山脉之间的长廊谷地构成了江西以及广东、福建、浙江等省移民进入湖南的天然交通孔道。

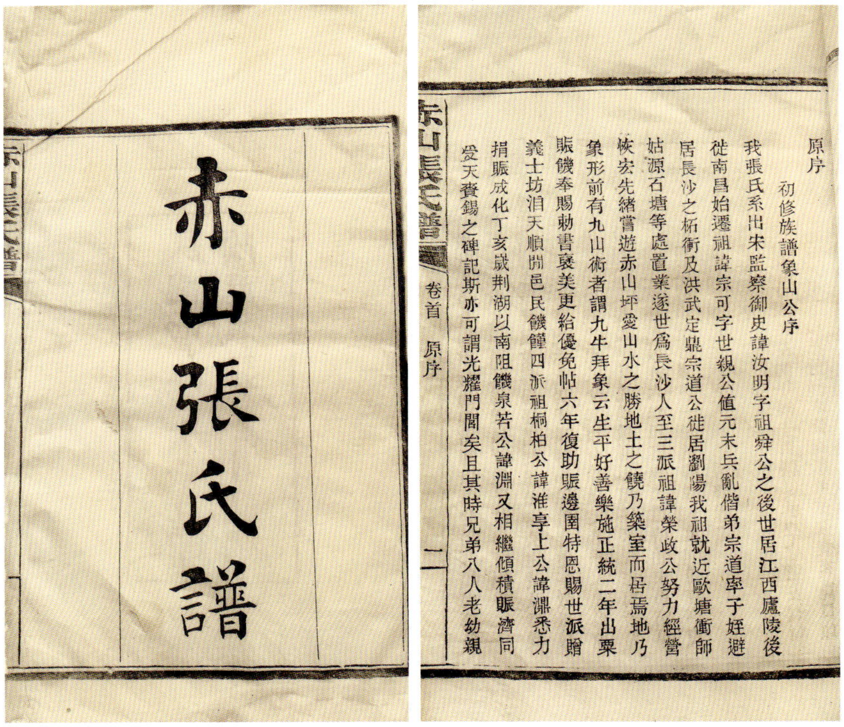
赤山張氏譜

原序

初修族譜象山公序

我張氏系出宋監察御史諱汝明字祖舜公之後世居江西廬陵後徙南昌始遷祖諱宗可字世親公值元末兵亂偕弟宗道率子姪避居長沙之柘衝及洪武定鼎宗道公徙居瀏陽我祖就近歐塘衝師姑源石塘等處置業遂世爲長沙人至三派祖諱榮政公努力經營恢宏先緒嘗遊赤山坪愛山水之勝地土之饒乃築室而居焉地乃象形前有九山術者謂九牛拜象云生平好善樂施正統二年出粟賑饑奉賜勅書褒美更給優免帖六年復助賑邊圉特恩賜世派贈義士坊洎天順間邑民饑饉四派祖桐柏公諱淮亨上公諱灝悉力捐賑成化丁亥歲荆湖以南阻饑泉若公諱淵又相繼傾積賑濟同受天賚錫之碑記斯亦可謂光耀門閭矣且其時兄弟八人老幼親

赤山張氏譜 卷首 原序 一

民国《赤山张氏谱》

民国四年（1915）

湖南省博物馆藏

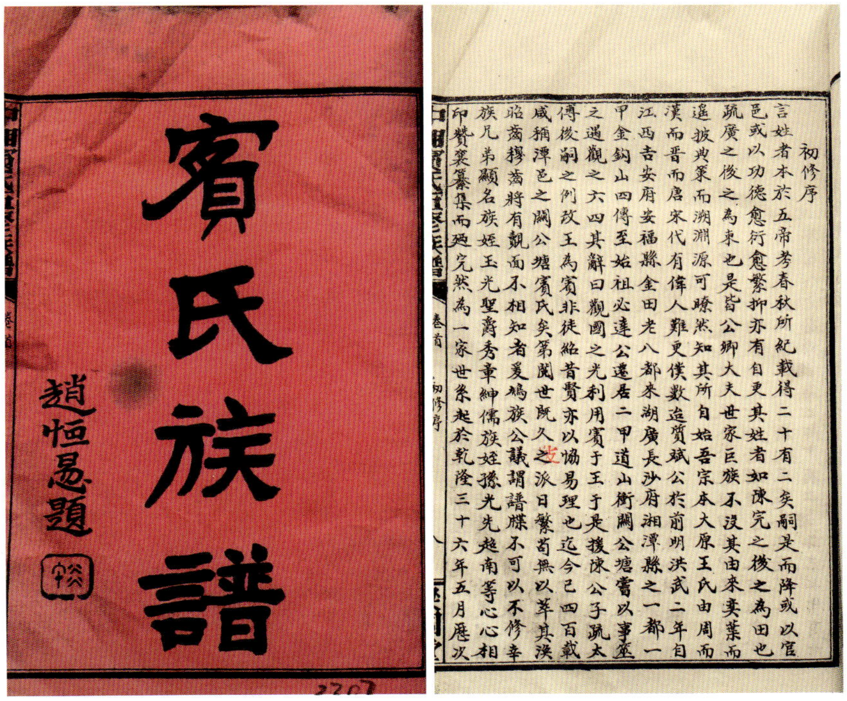
賓氏族譜

趙恒惕題

初修序

言姓者本於五帝考春秋所紀載得二十有二矣嗣是而降或以官邑或以功德愈衍愈繁抑亦有自更其姓者如陳完之後之爲田也疏廣之後之爲束也是皆公卿大夫世家巨族不沒其由來奕葉而遙披典冊而溯淵源可瞭然知其所自始吾宗本太原王氏由周而漢而晉而唐宋代有偉人難更僕數迨賓斌公於前明洪武二年自江西吉安府安福縣金田老八都來湖廣長沙府湘潭縣之一都一甲金鈎山四傳至始祖必達公遷居二甲道山衝闕公塘嘗以事筮之遇觀之六四其辭曰觀國之光利用賓于王于是援陳公子疏太傳後嗣之例改王為賓非徒紹昔賢亦以協易理也迄今已四百載咸稱潭邑之闕公塘賓氏矣第閱世既久之派日繁苟無以萃其渙昭齒穆齒將有覿面不相知者爰鳩族公議謂譜牒不可以不修幸族凡弟顯名族姪玉光聖裔秀章紳儒族姪孫光先越南等心心相印贊襄纂集而延完然為一家世系起於乾隆三十六年五月歷次

卷首 初修序

民国湘潭《宾氏族谱》

民国三十七年（1948）

湖南省博物馆藏

三、湖南客家

客家人是北方移民与南方原住民相融合而形成，集中于赣、闽、粤三省交界处，明末清初部分客家人迁至湘东的罗霄山区，浏阳是湖南客家人主要聚居地之一，保留着汉民族的基本属性，具有鲜明的地域特征，通行客家方言。

雕花梳妆台

民国（1912—1949）
高140厘米，桌面长87厘米，宽44厘米
浏阳大围山镇征集
湖南省博物馆藏

雕花漆床楣

民国（1912—1949）
长200厘米，宽150厘米
浏阳大围山镇征集
湖南省博物馆藏

雕花漆床楣（局部）

原住民与不断迁入的移民相互融合，又各自保留其文化特征，促成了以汉族为主体包括土家、苗、侗、瑶等56个民族和谐共处的大家庭，形成了绚烂多姿的多元文化。

一、族群演变

（一）錞于与铜鼓

秦汉时期，湖南境内的土著族群统称为“蛮”，并以所居地域分别名为“武陵蛮”“长沙蛮”等。从出土錞于的分布区域看，部分“武陵蛮”为巴人后裔。

双虎纽铜錞于

汉（前206—220）
高45.9厘米，口径18厘米，
重6.9千克
1980年长沙征集
湖南省博物馆藏

虎纽人像铜錞于

东汉（25—220）
高44.7厘米，口径20厘米
常德征集
湖南省博物馆藏

器顶纹饰

马纽铜錞于

东汉（25—220）
通高47厘米，口径17厘米
长沙第九中学出土
湖南省博物馆藏

蛙纹铜鼓

南朝（420—589）
高49.8厘米，口径75.5厘米
征集
湖南省博物馆藏

（二）“蛮夷”族长印

六朝时期，朝廷对少数民族采取相对自治的管理模式，通过册封当地蛮夷首领为王、侯、君等不同等级的官爵，赐予驼、蛇等纽官印，使之管理所率族群。“率善”意为率部归顺，此类官印中，族群大者，族名放在“率善”之前，小者置于“率善”之后。由此可见，当时湖南“蛮夷”族属众多，多已入朝廷管辖。

蛇纽“蛮夷侯印”金印

西晋（265—317）
长2.3厘米，宽2.3厘米，高2厘米
1990年平江县梅仙镇钟家村出土
平江县文物管理所藏

驼纽“板盾夷长”铜印

三国蜀（221—263）
边长2.2厘米，通高2.4厘米
征集
湖南省博物馆藏

（三）土司文物

土司制度是一定历史时期在少数民族地区通过“树其酋长，使自镇抚，以达其以夷治夷”目的的一项政治制度。始于唐五代的羁縻制，历宋至清，长达八百余年。湖南的土司管理区域主要集中在湘西地区，先后设立了十八个土司，以永顺、保靖两大彭氏土司势力最大。土司制度较大程度地保护了区域民族文化的多样性。

瓷碗及残片

明（1368—1644）
高5厘米，口径5.5厘米
残长14.5厘米，底径9.2厘米
永顺老司城遗址出土
老司城博物馆藏

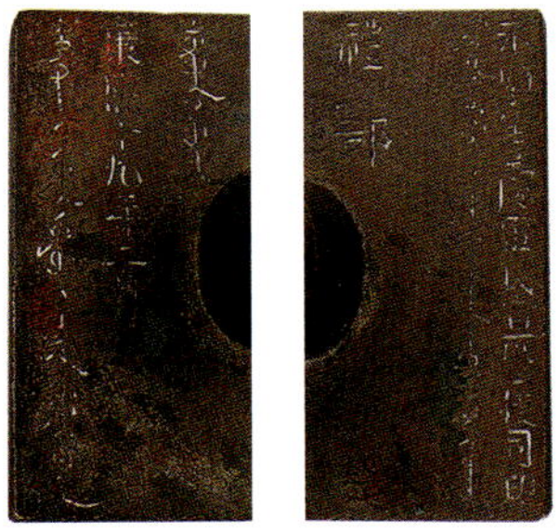

“永顺等处军民宣慰使司印”铜印

康熙十九年（1680）
印面8×8厘米，厚1×1厘米，柄长7.5厘米
征集
老司城博物馆藏

（四）少数民族风俗画

元至清时期的文献已将湖南族群细分为“土蛮”“苗”“傜”“峒蛮”或“侗家”等，他们由早期族群发展而来，也融合了部分迁入的汉族，其分布已与现各民族的聚居区域基本相同。这些画幅再现了不同族群的生活习俗。

少数民族风俗画

清（1616—1911）
纵31厘米，横25厘米
征集
湖南省博物馆藏

二、当代民族及文化风情

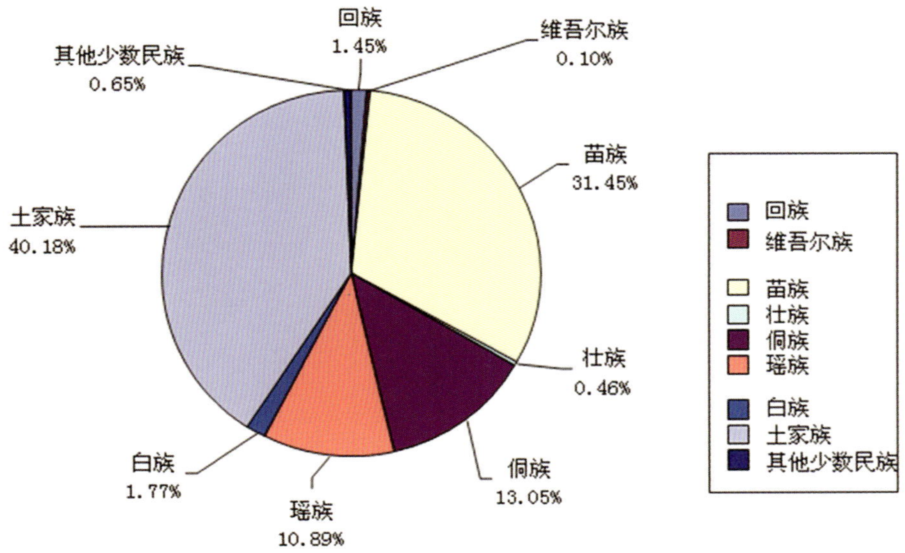

湖南主要少数民族人口统计图
（根据2010年湖南省人口普查数据绘制）

（一）土家族

土家族自称“毕兹卡”。在唐代之前的汉文典籍中，均以“蛮”概称，宋代开始称“土人”，1957 年 1 月，被正式确定为土家族。2010 年，湖南土家族有 263 万余人，主要分布于湘西张家界、常德石门以及怀化沅陵、溆浦等地。

八宝铜铃

现代（1949年至今）
长31厘米，宽19厘米，高15厘米，布条长60厘米
2017年征集于龙山县
湖南省博物馆藏

土家法师“梯玛”所用法器有八宝铜铃、司刀，牛角号等。做法事时，梯玛跳八宝铜铃舞，唱梯玛神歌，歌词诉说本族起源迁徙、信仰禁忌与生活习俗等。八宝铜铃也是土家节庆活动中的节奏乐器，铃有二、六、八颗之分，各有不同寓意。

打花铺盖

民国（1912—1949）
长126厘米，宽107厘米
征集
湖南省博物馆藏

（二）苗族

苗族奉“九黎”“三苗”为始祖之一。在其迁徙过程中有一支苗族先民沿沅江进入湘西地区。2010 年湖南苗族有 206 万余人，主要分布于湘西邵阳城步、绥宁，怀化麻阳、靖州、会同、沅陵等地。

银披肩

20世纪后半期
颈圈围长44.5厘米，披肩长74.5厘米，宽57厘米，布宽16厘米
征集
湖南省博物馆藏

苗族素有“无银无花不成姑娘”之说。银饰是苗族审美、身份和信仰的符号象征，佩戴部位分为头、项、胸、手等，造型图案多样，反映了苗族起源、迁徙及信仰等历史文化。

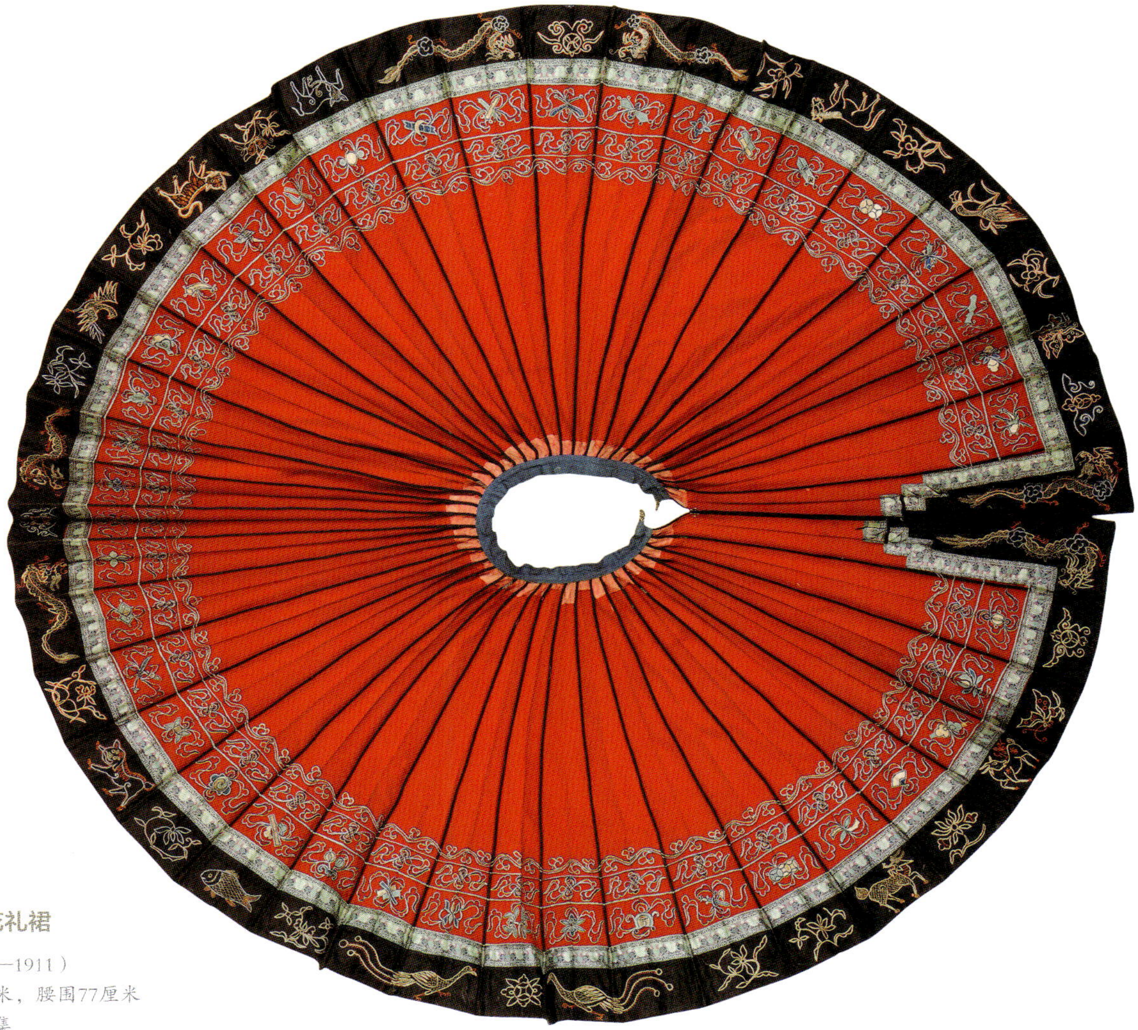

红呢绣花礼裙

清（1616—1911）
裙长73厘米，腰围77厘米
1982年征集
湖南省博物馆藏

银项圈

20世纪后半期
最小内径12.5×15厘米，外径17.78×21厘米
最大内径22.3×25.5厘米，外径29×32.3厘米
征集
湖南省博物馆藏

（三）侗族

湖南侗族自称“gaeml”“jaeml”，历史上有“仡伶”“飞山蛮”“侗獠”“峒”等多种称呼。2010年湖南侗族有近86万人，主要分布于怀化通道、新晃、芷江、靖州、会同和邵阳绥宁等地。

立领对襟青缎镶花边绣凤凰团花夹衣

清（1616—1911）
衣长66厘米，通袖长109.5厘米
1953年征集
湖南省博物馆藏

（四）瑶族

瑶族支系繁多，湖南主要有“盘瑶”“顶板瑶”“花瑶”“过山瑶”等。其族源有“苗瑶同源”“源自山越”等说法。2010年湖南瑶族有71万余人，主要分布于永州江华、江永、蓝山、宁远，郴州北湖区、汝城、资兴、桂阳，邵阳隆回、洞口，怀化通道、辰溪，衡阳常宁以及株洲炎陵等地。

长鼓

清（1616—1911）
长218厘米
征集
湖南省博物馆藏

瑶族长鼓以细长为特征。每逢祭祀盘王或其他节庆，跳长鼓舞以示庆贺。

（五）女书

江永流传一种只在女性范围内使用的神奇文字，用纸书写，或绣于布帕，用汉语音节表音，内容多从女性视角描写婚姻家庭、个人情感等，是目前所见唯一的女性专用文字。

《结下好情谊》扇面

清（1616—1911）
上宽39厘米，下宽16厘米
1992年江永县文化馆征集
湖南省博物馆藏

Part III Wealth of Lake Dongting

Hunan has a subtropical monsoon climate, which is suitable for the growing of crops. Around 15,000 years ago, our forebears began to cultivate rice paddies as well as make pottery for cooking and storing food. These advancements made settlement possible. With the development of arable land and improvements in farming technology over many generations, starting from Tang and Song Dynasties, Hunan began exporting grain in large quantities, and by Ming and Qing Dynasties, Hunan was known as "the granary of China". For the people of Hunan, robust agricultural development had provided the material foundation for a better quality of life and the development of culture and education.

第三部分

洞庭鱼米乡

湖南属于亚热带季风气候，适宜农作物的种植与生长。约在一万五千年前，先民便开始人工栽培稻，并创烧陶器用于粮食的烹煮与储藏，使定居成为可能。随着历代耕地的开发与耕作技术的进步，唐宋以后湖南粮食开始大量外输，到明清时期发展为「天下粮仓」，为湖南人生活品质的提升与文化教育的发展提供了物质基础。

汉画像 · 拾粪
区田，以粪气为美，非必须良田也。诸山、陵，近邑高危、倾坂及丘城上，皆可为区田。
——《氾胜之书》
汉 铁犁头
唐 铁犁头
宋 铁犁头

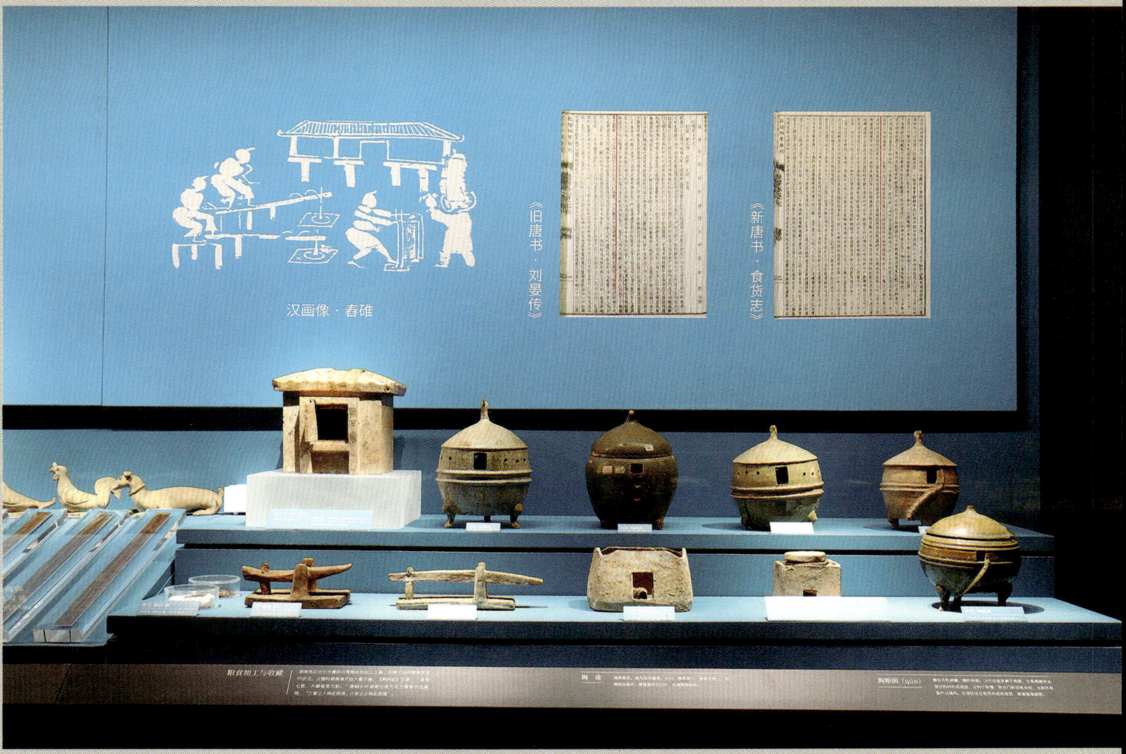
汉画像 · 舂碓
《旧唐书 · 刘晏传》
《新唐书 · 食货志》

稻之源

第一单元

距今两万至一万年左右，寒冷的冰河时代过渡到温暖的全新世，原始农业出现，湖南地区率先种植水稻、烧制陶器，开始了定居生活，并由小型聚落逐渐发展到城池。以澧阳平原为代表的稻作农业，是长江中游地区新石器时代发展高度的标杆。

一、古栽培稻

湖南道县玉蟾岩发现了世界最早的古栽培稻，澧阳平原发现了世界上最早的水稻田及灌溉系统，并存在多处距今8000年以上的稻作文化遗址，稻作种植已形成规模。无论从年代还是文化谱系上都非常清晰、连续，考古专家认为这里是稻作文化的起源地。

古栽培稻标本

距今约15000年
1995年道县玉蟾岩遗址出土
湖南省文物考古研究所藏

稻谷标本，同时具有野生稻、籼稻、粳稻的综合特征，经碳十四检测，距今约15000年，是目前发现的世界最早的人工栽培稻标本。

炭化稻标本

距今约8000年
1988年澧县八十垱遗址出土
湖南省文物考古研究所藏

遗址出土了9800多粒炭化稻谷及大量炭化稻草、稻壳，在陶片中也发现稻壳。这些稻谷具有栽培稻的基本特征，种类多、变异幅度大，是一种兼备野、籼、粳特征的小粒型古栽培稻，还发现了与自然河道贯通的人工环壕，表明稻作农业在澧阳平原已经进入到新的发展阶段。

水稻田遗址

距今约6500年
1997年澧县城头山古城遗址

在遗址东城墙内发现了距今约6500年的古稻田、炭化稻粒、田埂和水塘，这是世界上迄今发现的最早的稻田，后被城址覆盖。城址距今6300年至4500年，是迄今发现的时代最早、保存最完整的古城遗址，被称为“中国最早的城”。澧阳平原由于原始农业的发展，出现了大规模的聚落城池，人类已看到文明的曙光。

二、稻作文明

稻作农业出现后，经历了逐渐成熟的过程。为了种植和守护稻谷，人们放弃了迁徙生活，从洞穴走向开阔的河谷平原，搭房建村定居下来。稳定的食物来源使人口增加，聚落扩大，也促进了手工业的分工、剩余产品的出现和权力分配的形成。随着耜耕农业向犁耕方式的发展，生产力进一步提高，人群与聚落的分化越来越明显。于是，城池出现了，私有制产生，人类开始迈向文明社会。

（一）原始耕作

原始农业生产粗放，农具材料以石、骨、蚌、木为主，有耕作类的斧、铲、耒、耜，收割类的刀、镰。木或动物肩胛骨加工制成的耒耜更适宜南方水田耕作。石器工具从打制到磨制的改良，提高了生产效率。澧阳平原史前遗址还发现了原始犁使用的痕迹，可能是开沟排灌时留下的。

石锄形器

旧石器时代（距今15000—13000年）
道县玉蟾岩遗址出土
湖南省文物考古研究所藏

尖状器

新石器时代（距今8000—7000年）
澧县八十垱遗址出土
湖南省文物考古研究所藏

石锛

新石器时代早期（距今9000—8000年）
澧县彭头山遗址出土
湖南省文物考古研究所藏

骨铲

旧石器时代（距今15000—13000年）
道县玉蟾岩遗址出土
湖南省文物考古研究所藏

1. 炊煮器

鼎、釜、锅，用于炖煮食物；甑用于蒸饭食等。城头山遗址出土了大量的陶质炊煮器，不仅有煮、蒸器物的分类，同时炖煮也有不同的器型，反映了以稻米为主食的先民日常生活的复杂化和精细化。

陶釜

旧石器时代（距今15000—13000年）
高29.8厘米，口径32.5厘米
道县玉蟾岩遗址出土
湖南省文物考古研究所藏

用于烹煮食物，类似于今天的锅。制作相当原始，胎体厚达2厘米，泥片叠筑而成，烧成温度低。这是迄今为止世界发现的最早的陶器。

陶鼎

新石器时代（距今6500—4500年）
高6厘米，口径5.5厘米，腹径7厘米
澧县城头山遗址出土
湖南省文物考古研究所藏

陶釜

新石器时代（距今7000—6500年）
高22厘米
1978年安乡汤家岗遗址出土
湖南省文物考古研究所藏

2. 盛食器

先民根据不同的需求，烧制了簋、碗、盘、豆、碟、钵、杯、三联罐等各式盛食器，反映当时食品种类的增多。腹有深、浅之分，深腹如簋、碗等，主要盛饭食或羹类；足有高、矮、平之别，高足如豆等可持柄而食；盘、碟等浅腹平足器，置于地面取食；三罐联体，类似于后世的调味罐。

兽面神徽陶簋

新石器时代（距今8000—7000年）
高12厘米，口径24厘米
1991年黔阳高庙遗址出土
湖南省文物考古研究所藏

陶碗

新石器时代（距今7000—6500年）
高10厘米，口径23厘米
1978年安乡汤家岗遗址出土
湖南省文物考古研究所藏

红陶鬶

新石器时代（距今4500—4000年）
高27厘米，口径7厘米
湘乡岱子坪遗址出土
湖南省博物馆藏

彩绘红陶瓶

新石器时代（距今7000—6000年）
高15.6厘米，口径6.5厘米
1979年安乡划城岗遗址出土
湖南省博物馆藏

异形陶罐

新石器时代（距今6500—4500年）
高7.5厘米，宽16.6厘米
澧县城头山遗址出土
湖南省文物考古研究所藏

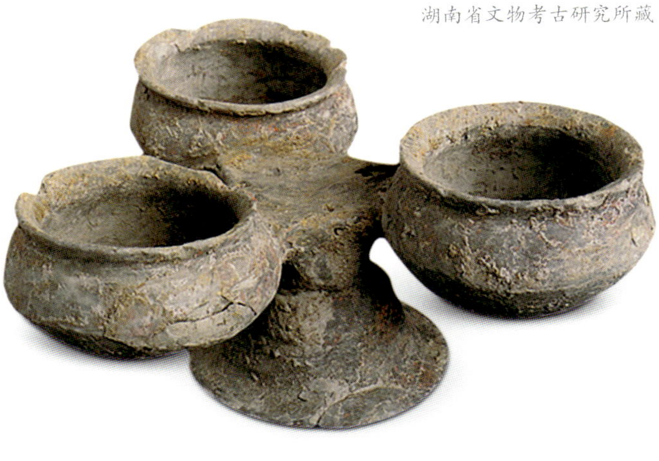

3. 盛储器

用于盛水，也可储存粮食等。有的罐器内外均有黑烟炱。

陶壶

新石器时代（距今8000—7000年）
高13.5厘米，口径2.2厘米，底径6.7厘米
澧县八十垱遗址出土
湖南省文物考古研究所藏

陶双耳罐

新石器时代（距今8000—7000年）
高29厘米，口径13厘米，腹径33厘米
澧县八十垱遗址出土
湖南省文物考古研究所藏

凤鸟纹陶罐

新石器时代（距今8000—7000年）
高22.5厘米，口径15厘米
1991年黔阳高庙遗址出土
湖南省文物考古研究所藏

多足陶盘

新石器时代（距今9000—8000年）
高6.8厘米，口径19厘米，腹径22.5厘米
澧县彭头山遗址出土
湖南省文物考古研究所藏

兽面纹陶盘

新石器时代（距今8000—7000年）
高5.5厘米，口径17厘米
1991年黔阳县高庙遗址出土
湖南省文物考古研究所藏

印纹白陶盘

新石器时代（距今7000—6500年）
高7.1厘米，口径20厘米
1978年安乡汤家岗遗址出土
湖南省博物馆藏

陶圈足盘

新石器时代（距今6500—4500年）
高13.5厘米，口径17厘米，底径16厘米
澧县城头山遗址出土
湖南省文物考古研究所藏

鹰嘴乳突陶罐

新石器时代（距今6000—5000年）
高27.7厘米，口径35.8厘米
1979年安乡划城岗遗址出土
湖南省博物馆藏

进入文明社会后，稻作方式由原始栽培发展到精耕细作。金属农具和牛耕的出现，促进了生产效率的提高；中原人口的南迁，加速了耕地的开发与耕作技术的进步；南方相对安定的政治局面，为农业生产提供了较好的社会环境，粮食产量逐步提升，到了隋唐时期湖南出现了仓廪充盈的盛况。

一、改进生产工具

先秦时期，人们不仅借助休耕改良土壤，而且逐渐掌握了各种作物的最佳生长期，根据时节合理安排农事。生产工具从石器、青铜器到铁器不断演变，同时出现了牛耕，大大提高了耕作效率。

（一）铜器锄耕

先秦时期稻作处于石、铜器并用的刀耕火种阶段。铜器农具主要用于开沟排灌、除草培土等，其中锸、镐、铲，掘土工具；斧、锛或斤，砍削木料工具；刮刀又称削，可以刮麻、削竹篾等。

铜削

商（前1600—前1046）
长6厘米，刃宽1.4厘米
征集
湖南省博物馆藏

铜镐

战国（前475—前221）
残长7.2厘米，銎径2.4～3.5厘米
征集
湖南省博物馆藏

铜斧

商（前1600—前1046）
长8.4厘米，刃宽5.9厘米
宁乡寨子山铜瓿内所出
湖南省博物馆藏

铜锛

周（前1046—前256）
长10厘米，宽2.6厘米
征集
湖南省博物馆藏

铜锸

战国（前475—前221）
长6.1厘米，刃宽8.8厘米
征集
湖南省博物馆藏

（二）铁器牛耕

春秋战国时期铁制农具和牛耕逐渐出现，对农业生产起到巨大推动作用。据文献记载，西周时一人耕不过十亩，战国时可耕田百亩，产量达一百五十石。从出土的大量铁制农具看，铁器已在湖南开始普及。与铜制农具相比，铁器更加锋利、坚硬，有利于山地的开发。

铁锸

战国（前475—前221）
长8.8厘米，宽10.5厘米
1952年长沙冬瓜山出土
湖南省博物馆藏

铁锄

战国（前475—前221）
长12厘米，宽22厘米
1955年长沙森林局工地出土
湖南省博物馆藏

铁锛

战国（前475—前221）
长15厘米，宽4.5厘米
长沙楚墓出土
湖南省博物馆藏

铁钁

战国（前475—前221）
长14.5厘米，銎径5厘米
1952年长沙罗汉山出土
湖南省博物馆藏

二、耕作技术进步

随着生产工具的改进，农业生产逐渐走向精耕细作。汉代发明犁壁，铁犁牛耕技术得到改进和推广。唐代发明江东犁，在湖南地区得到完善与推广。汉唐时期湖南耕作技术的发展与进步，为明清时期“湖广熟、天下足”奠定了坚实的基础。

（一）土壤改良

人们掌握了肥料与农作物生长期的匹配关系，南方地区摸索出一套以谷壳、稻秆饲养家畜家禽，以粪肥田、稻田养鱼达到产量增加的良性生态链，形成了种植与养殖相结合的小农经济体。湖南地区出土大量模型明器便是当时小农生产模式的见证。

绿釉陶厕猪圈

东汉（25—220）
高19.7厘米，长26厘米，宽23厘米
1956年长沙电影学校出土
湖南省博物馆藏

猪是汉代小农家庭肉食和粪肥的主要来源。为了积肥，汉代设计了厕所与猪圈相连的建筑，时称为“溷”（hùn）。

绿釉陶双厕猪圈

东汉（25—220）
高24.7厘米，长29.8厘米，宽28.5厘米
1953年长沙杨家公山出土
湖南省博物馆藏

绿釉陶鸡舍

东汉（25—220）
高14厘米，长25厘米，宽13.5厘米
湖南省文物管理委员会拨交
湖南省博物馆藏

鸡是人类饲养最普遍的家禽之一，可提供蛋、肉食。鸡粪是一种优质有机肥料，含有较高的氮、磷、钾。鸡舍畜养，便于鸡粪集中利用。

（二）牛耕的推广与犁的改进

牛耕技术在湖南地区进一步推广，一些山区如永州、道州等地已普遍采用牛耕。唐代出现的曲辕犁（江东犁），可调节深浅，省力省工，更适宜南方水田。考古发现了唐代的铁犁，说明至迟在唐代湖南已普遍推广犁耕。

铁犁头

汉（前206—220）
长17.5厘米，宽5厘米
征集
湖南省博物馆藏

铁犁头

唐（618—907）
长21厘米，残宽14.1厘米
湘乡征集
湖南省博物馆藏

铜犁壁

唐（618—907）
长37.2厘米，宽17.8厘米
征集
湖南省博物馆藏

犁头是破土工具；犁壁是一种较弯曲的铁板，接装在犁铧上方，与犁铧工作面共同形成一个向外向后的大弯面。耕作中，犁头前尖破开土壤，犁壁使起土向一边翻卷。

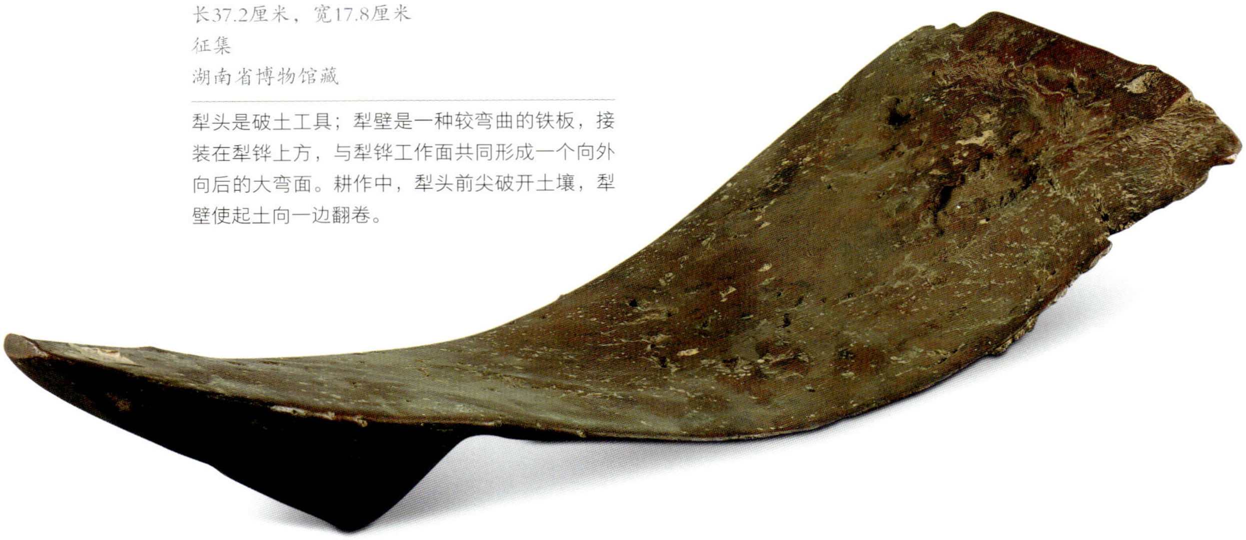

（三）粮食加工与收藏

湖南地区出土大量的汉晋粮仓和加工工具，反映了当时粮食充足的状况。汉魏时期粮食开始大量外输，《荆州记》记载："湘洲七郡，大艑所出，皆受万斛。"唐朝中叶湖南已成为北方粮食供应基地，"三秦之人待此而饱，六军之众待此而强"。

"万石仓"滑石仓

西汉（前206—25）
高22.5厘米，屋顶长24.5厘米，宽19.6厘米
1974年长沙阿弥岭出土
湖南省博物馆藏

储藏粮食的仓库模型。由顶和身两部分组成，可以拆卸，顶部每面有凸起的瓦棱，身部正面中部设有一可关闭的仓门，在一侧的框边上刻有"万石仓"三字。古人储谷用房曰仓，储米曰廪。

陶粮囷（qūn）

东汉（25—220）
高18.5厘米，腹径18厘米
1978年长沙地质局子弟学校出土
湖南省博物馆藏

粮仓方形称廪，圆形称囷。汉代仓底多高于地面，也有底部完全架空的干栏式造型，以利于防潮，故仓门前设有台阶。仓房开有窗户以通风。仓顶往往立有凤鸟或鸡造型，寓意驱鬼辟邪。

陶磨

晋（265—420）
高8.4厘米，长10.2厘米，宽9.9厘米
1971年湘阴桐子山出土
湖南省博物馆藏

随葬模型。磨为粉碎粮食之类的器具。通常是采用反复碾压、挤压摩擦来使粮食碾成粉末。

陶碓

唐（618—907）
高7.5厘米，长19厘米，宽11厘米
1956年长沙黄土岭出土
湖南省博物馆藏

随葬模型。碓为捣米器具，分臼、锥两部分，锥装于杆上，用脚驱动碓杆，碓锥落在石臼中，去掉稻谷的壳。

第三单元

天下粮仓

宋元明清时期，人口快速增长，加快了耕地的开发，耕地面积不断扩大，高产作物的引入与推广，水利工程的兴修，使粮食产量快速提高，湖南成为全国重要的粮食生产基地与贸易中心，从明代“湖广熟、天下足”，到清代“湖南熟、天下足”，湖南的农业地位日趋凸显。

一、引入高产作物

水稻一直是湖南地区的主要粮食作物，随着品种的不断改良，特别是占城稻的引进，产量不断提升。同时还种麦、粟等其他杂粮。明代玉米、马铃薯、红薯等耐旱高产作物引进，加速了山地的开发，大大提高了粮食的总产量。原种植于越南的“占城稻”宋代时传入湖南。其后不断加以改良，培育了“象牙占”“蓝田占”“百日占”等新品种，并有早熟种和别种，今统称之为粘稻，即粳稻。

罐内残存的稻谷

绿釉罐

宋（960—1279）
高13～14厘米，腹径11厘米
征集
湖南省博物馆藏

影青瓷仓

宋（960—1279）
高12.4厘米，口径8.3厘米
征集
湖南省博物馆藏

二、湖南熟、天下足

唐宋经济重心南移，湖南粮食地位日渐突出，北宋长沙“巨舰漕米，一载万石”。明清时耕地扩大，特别是洞庭湖区的开发，粮产量剧增，成为全国粮食的主要供应地。康熙三年，被冠以“天下第一出米之区”，乾隆时新出现“湖南熟、天下足”的民谚。粮食外运之船络绎不绝，长沙、湘潭等地“仓库栉比，米袋塞途”，“堆则如山，销则如江”。

“正泰码头”碑

19世纪中叶

正泰码头位于湘潭易俗河涓水边上，是专门装运谷米的码头。19世纪中叶由易俗河谷米市场中最大的粮行郭正泰行修建。易俗河河边，出现了多处运粮的码头。易俗河是当时最大的谷米市场，为湖南四大米市之一。

“义仓永定章程”石碑

清光绪十四年（1888）

长142厘米，宽51厘米

湘潭县文物局藏

清末湖南仓储体系完备，各地设有常平仓、储备仓、社仓等，后均称义仓。光绪年间全省仓储达235万石。该碑立于1888年，记述了粮仓管理事项与措施，印证了湘潭号为“小南京”和“米市”的富庶繁荣。

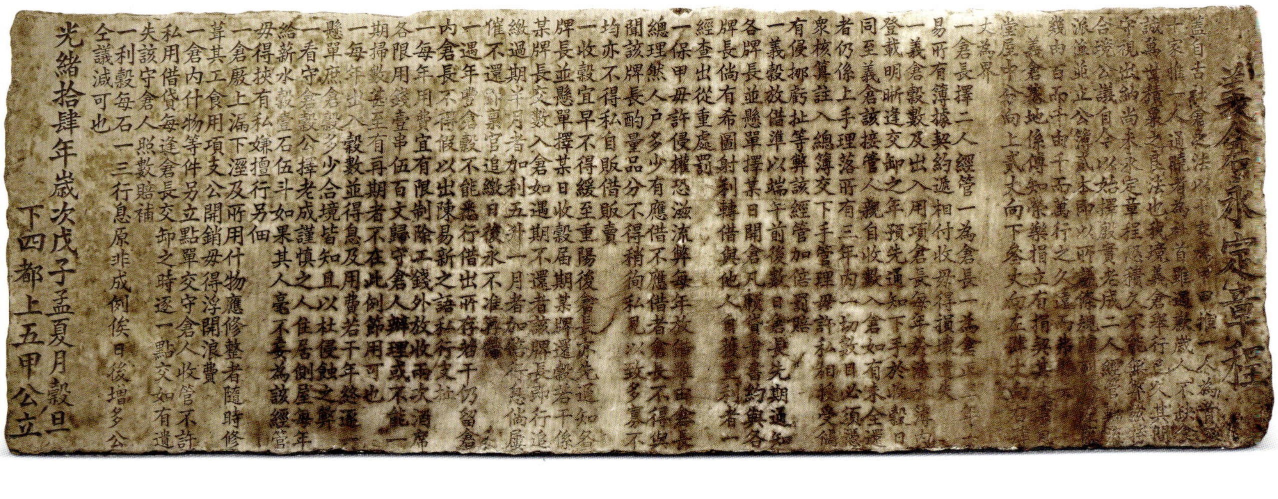

1904—1934年长沙与岳阳海关出口粮食统计表

年份	长沙	岳阳	合计（单位：石）
1904	121561	257673	379223
1905	301075	31473	332548
1907	353208	47994	401202
1908	911124	788672	1699796
1909	668632	307215	975847
1910	35952	4907	45859
1911	1079392	304357	1383749
1912	1023556	557568	1581124
1913	314712	849968	1164680
1914	600200	64197	664417
1915	107391	32792	140183
1916	186481	73608	260089
1917	191921	31925	223846
1920	2279413	63491	2342904
1921	685744	46770	732514
1922	615643	75591	691234
1923	1065851		
1924	2311387	3210	2314597
1925	600254		
1927	705021	150	705171
1928	1672769	11483	1684252
1933	613895	4206	618101
1934	1090304	4193	1094497

注：本表采自张人价《湖南之谷米》（长沙商务印书馆，1936年）

木斛

近代（1840—1949）
高40～44厘米，口径24～25厘米；高32厘米，口径24厘米
征集
湖南省博物馆藏

竹米升

近代（1840—1949）
高24厘米，底径11厘米
高21.2厘米，底径11厘米
征集
湖南省博物馆藏

汉白玉公议平桶

近代（1840—1949）
高41厘米，长60.5厘米，宽61厘米
征集
湖南省博物馆藏

Part IV Traces of Everyday Life

As the common saying goes: one is shaped by the conditions in which he or she has grown up. Hunan's distinctive way of life has been shaped by its geography and material resources, as well as by the lifestyles and cultures of a constant stream of immigrants. Scenes of ancient life in various periods were pieced together using archaeological materials and the artifacts that are available, showing us just how far society had developed at that point in time while also serving as realistic pictures of life in Hunan at various points in history. These scenes tell us about the diligence and mutual cooperation practiced by the Hunanese and their humanistic values that have been molded by agricultural work, all of which have coalesced into a distinctive regional culture.

第四部分

生活的足迹

一方水土养育一方人。独特的地理环境与物产形成了湖南地区特有的生活方式，并不断融入外来人群的生活方式与风俗习惯。各历史时期考古资料和传世实物组成的一个个生活画面，既反映了当时社会的发展水平，也是湖南不同时期生活方式的真实写照，衬托出稻作农业造就的勤劳精干与互助协作的人文精神，凝固成富有地方特色的区域文化。

文风初盛
THE RISE OF WRITING
简牍，是纸张普及前文字的主要载体。湖南地区发现了战国至西晋的大量简牍，内容有文书档案和各类文献。纸张取代简牍后，文化传播更为便捷。隋唐后不断增多的镇纸、砚台等文房用品，反映文化普及的推广。
The jiandu (bamboo slips) were the main medium for writing prior to the popular use of paper. Large numbers of jiandu dating to Warring States Period to Western Jin Dynasty have been found in Hunan. These included various records and various kinds of writing. Cultural dissemination became even easier after jiandu were replaced by writing on paper. The number of writing instruments, such as paper weight and ink stone that can be dated to periods from Sui and Tang Dynasties increases steadily with time. This tells us that the spread of culture was extending farther and farther.
汉壁画 · 砚台
汉画像石 · 簪白笔 削刀

汉代居室

据文献记载，湖南产砚石：
潭州谷山砚，色淡青，纹如乱丝理；
长沙绿石砚，又名洮石；
宁乡龙牙石，色稍紫润，亦发墨，土人重之。
图》· 辟雍砚
浓郁胡风

瓷俑话服饰

青铜时代的南方礼乐

第一单元

商人南下带来的青铜铸造技术，使湖南地区进入了青铜时代。中原青铜礼乐器与本地信仰礼俗的结合，形成了地域特色鲜明的南方青铜文化。湖南青铜器的出土地以宁乡黄材为中心，铜器大多单个出土于山川、河畔，少见成套组合，应是祭祀天地、山川神灵时埋藏。虽用于祭祀，也是现实生活的折射，结合宁乡炭河里遗址发现的大型宫殿建筑、城墙基址，以及出土的玉器、青铜器和陶器等，表明此地可能是独立于商周中原王朝之外的地方青铜文化或方国中心。

一、鼎彝以礼神

古人以礼器盛酒食祭祀神灵、祖先。湖南礼器多沿用中原器型，食器以鼎、簋、鬲、甗等为主；酒器以尊、罍、卣为多，器形较食器高大，纹饰精美，尤以动物造型最具特色，反映祭祀当中更注重酒器，或可间接佐证湖南稻作农业的优势。

（一）鼎

主要用于煮肉或盛肉，由陶鼎演变而来。商周时期既是生活用器，也是祭祀、朝聘、宴飨、丧葬等各种仪礼的核心重器。湖南出土的鼎有圆、方、分裆等形制，其中以人面纹方鼎最为著名。

人面纹“大禾”铜方鼎

商（前1600—前1046）
高35.5厘米，口径28.6厘米
1959年宁乡黄材寨子山出土
湖南省博物馆藏

商、西周青铜器多以兽面作主题纹饰，此鼎是目前全国唯一以人面为饰的青铜鼎，结合其兽角、鸟爪特征，被认为是传说中“有首无身”、贪吃的饕餮类怪神；腹内有“大禾”铭文，可能寓意祈祷谷物丰收。

兽面纹铜鼎

商（前1600—前1046）
高26厘米，口径22厘米
1996年望城高砂脊AM1出土
湖南省文物考古研究所藏

夔龙涡纹铜鼎

西周（前1046—前771）
高25.8厘米，直径26厘米
1981年湘潭青山桥出土
湖南省博物馆藏

（二）簋（guǐ）

用以盛放饭食。商周时期尤其是西周，簋是重要的礼器，祭祀或宴飨时偶数簋与奇数鼎组合使用，然湖南出土簋与鼎的组合关系并不明确。

乳丁纹铜簋

商（前1600—前1046）
高18厘米，口径24厘米
1955年征集
湖南省博物馆藏

四马方座铜簋

西周（前1046—前771）
高32厘米，宽34厘米
1981年桃江连河冲出土
湖南省博物馆藏

器形及兽面纹饰，与中原相近，而上下两层的马纹与立马独具特色。胎壁较薄，纹饰凸出，器内随之内凹，地方特色显著。

兽面纹方座铜簋

西周（前1046—前771）
高26厘米，口径22厘米
1979年株洲南阳桥出土
株洲市博物馆藏

器腹内底铸“作宝尊彝”四字铭文。

四系铜簋

西周（前1046—前771）
高19厘米，口径14厘米
1979年征集
湖南省博物馆藏

造型似竹编器，南方风格明显，器形少见。

（三）鬲（lì）

煮或盛粥器。袋形腹，能扩大受火面积。商代晚期后，袋腹逐渐退化，演变为盛粥器，饰有精美花纹。

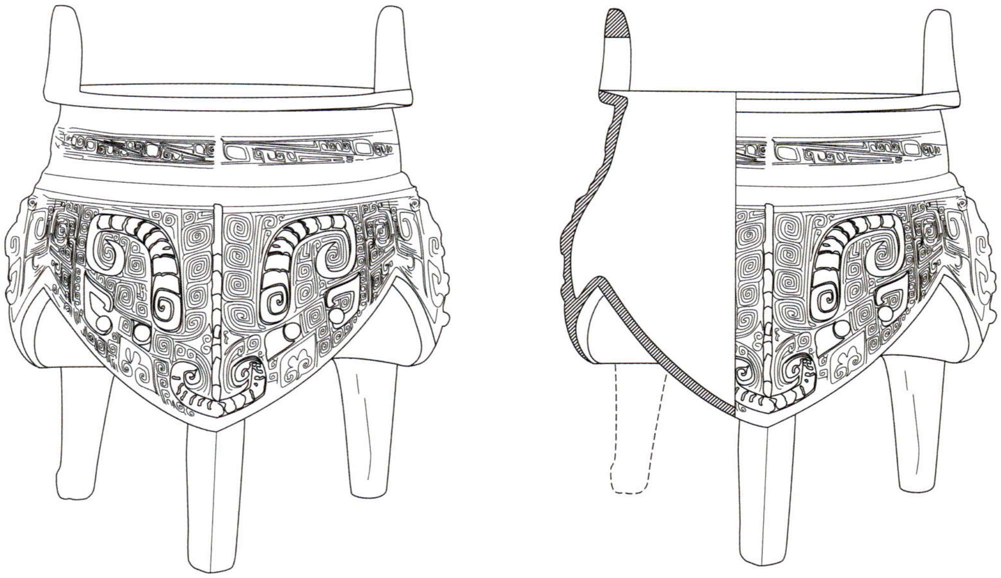

三羊纹铜鬲

商（前1600—前1046）

高22.8厘米，口径15厘米

1958年征集

湖南省博物馆藏

（四）甗（yǎn）

蒸煮器。分为上下两部分，上部叫甑，用于盛放蒸煮的食物，甑底为带孔的箅（bì），以通蒸汽；下部为鼎或鬲，用以盛水。整体相当于今天的蒸锅。

兽面纹铜甗

西周（前1046—前771）
高51.2厘米，通宽32.7厘米
1975年望城高砂脊遗址出土
湖南省博物馆藏

（五）尊

容酒器。湖南出土尊的种类和数量较多，有方、圆之分，尤以羊尊、象尊、猪尊等最为著名。

牺首兽面纹铜尊

商（前1600—前1046）
高73.2厘米，口径61厘米
1966年华容东山出土
湖南省博物馆藏

牺首兽面纹铜尊

商（前1600—前1046）
高22.2厘米，口径18.8厘米
20世纪50年代征集
湖南省博物馆藏

豕形铜尊

商（前1600—前1046）
高40厘米，长72厘米
1981年湘潭九华船形山出土
湖南省博物馆藏

商代以豕为造型的酒尊目前所见仅此一件。自重30多公斤，可容酒13升。前后肘部有横穿的圆孔，可穿系绳索以抬运。口部两侧有獠牙，形似野公猪。器身饰有鳞甲、龙纹和兽面纹。器身有历代修复痕迹，应是长期使用的表现。

象形铜尊

商（前1600—前1046）
高22.8厘米，长26.5厘米
1975年醴陵狮形山出土
湖南省博物馆藏

（六）瓿（bù）

容酒器。瓿流行于商周，湖南多出土于宁乡。

兽面纹铜瓿

商（前1600—前1046）
高44厘米，口径23厘米，腹径39厘米
1959年宁乡黄材寨子山出土
湖南省博物馆藏

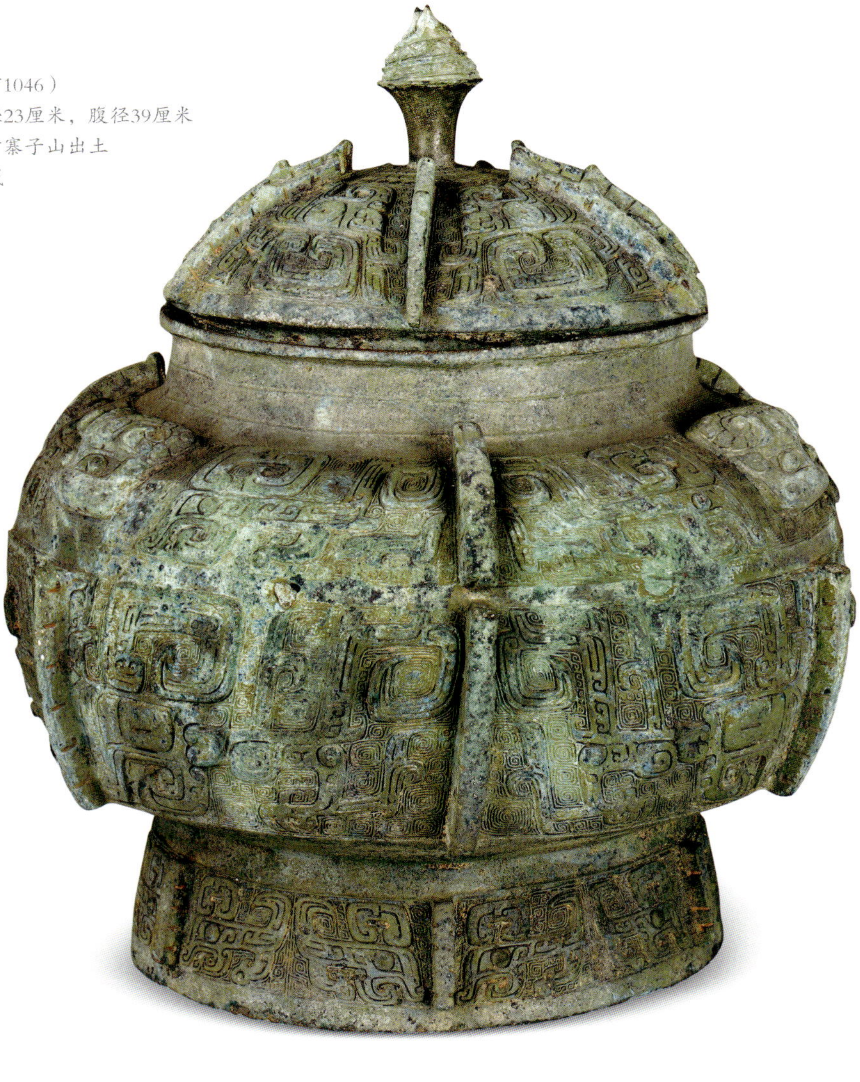

（七）罍（léi）

容酒器。《诗经》：“我姑酌彼金罍，维以不永怀。”青铜罍最早见于商代晚期，流行至春秋中期，主要有方、圆两种造型。

器盖内铭文拓片

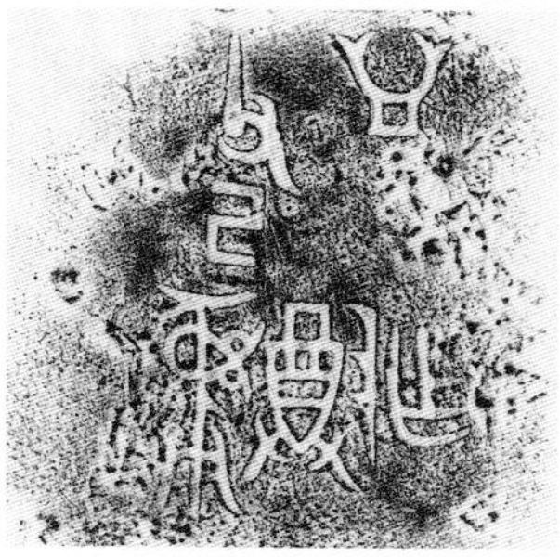

器身内铭文拓片

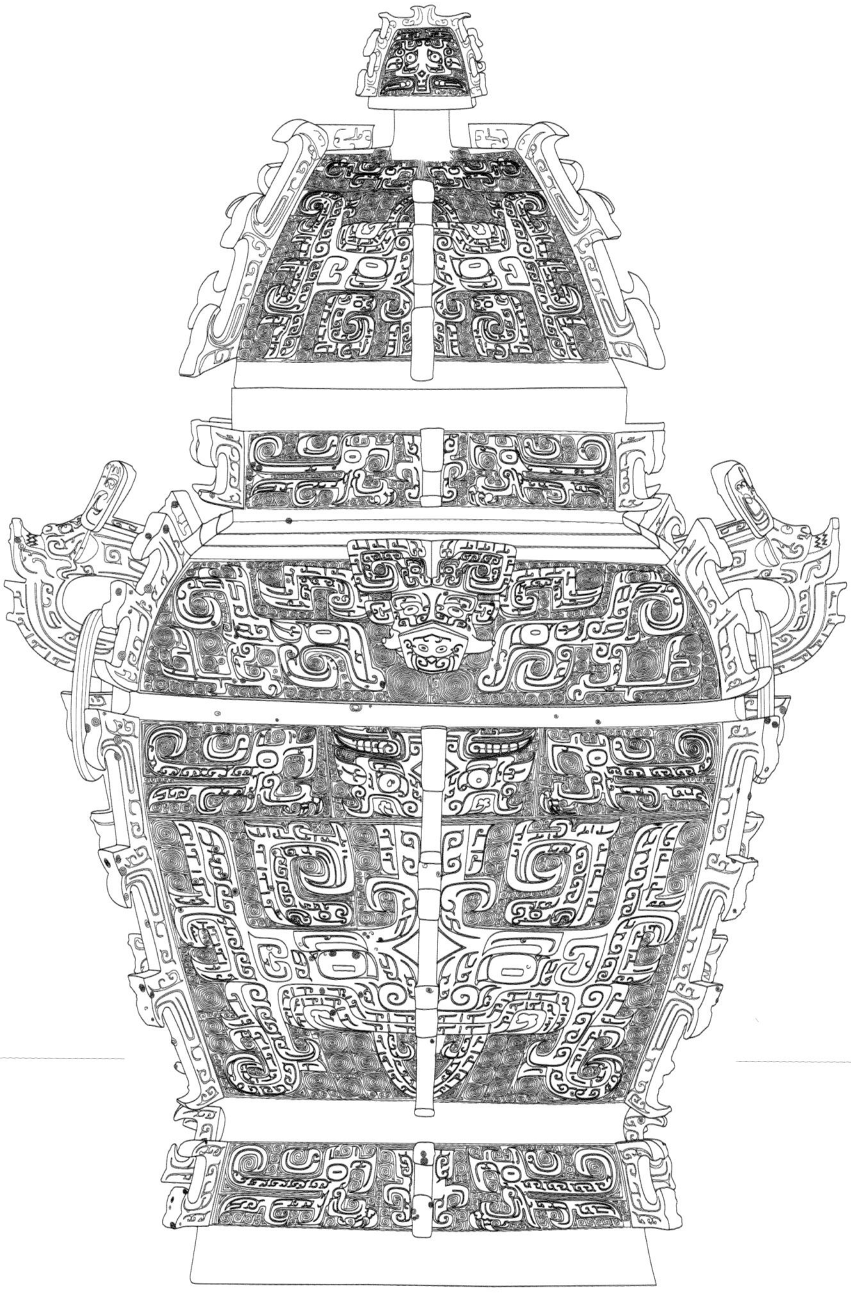

“皿而全”铜方罍

商（前1600—前1046）
通高88厘米，口径26.1×21.6厘米
1919年桃源出土
湖南省博物馆藏

器盖内铸有“皿而全作父己尊彝”铭文，器身内铸有“皿作父己尊彝”铭文。整器集立雕、浮雕、线雕于一身，是迄今所见最高大的方形罍，被誉为“方罍之王”。器身自1919年出土于桃源后，流失海外近百年，2014年洽购入藏，得以盖身合一。

器腹纹饰拓片

夔龙蕉叶纹铜罍

西周（前1046—前771）
高28.7厘米，口径18厘米，宽41厘米
湘阴出土
湖南省博物馆藏

（八）卣（yǒu）

盛酒器。文献及器铭中常见“秬鬯（jù chàng，用黍和香草酿的酒）一卣”。卣除用于祭祀外，还大量用于日常生活。湖南出土商、西周卣数量较多，形制多样，以流传海外的两件虎食人卣最为奇特。有些卣出土时盛装玉器。

鸮（xiāo）形铜卣（附玉器）

商（前1600—前1046）
高37.7厘米，腹径22厘米
1986年双峰出土
双峰县文物管理所藏

（九）壶

盛酒器。商代壶造型有瓠形、圆腹、扁腹等，西周出现方壶。

兽面纹铜壶

商（前1600—前1046）
高49厘米，宽24.5厘米
20世纪50年代石门出土
湖南省博物馆藏

（十）盉（hé）

调酒、温酒器。

龙首鋬（pàn）铜盉

西周（前1046—前771）
高28.5厘米，通宽32厘米，口径14厘米
20世纪90年代宁乡黄材出土
湖南省博物馆藏

（十一）觥（gōng）

盛酒器。流行于商周，造型多取材于各类动物，《诗经》载："我姑酌彼兕（sì）觥。"

牛形铜觥

商（前1600—前1046）
高14厘米，长19厘米
1977年衡阳市郊出土
衡阳市博物馆藏

（十二）觯（zhì）

饮酒器。《礼记》载："宗庙之祭……尊者举觯，卑者举角。"

云纹铜觯

商晚期至西周早期（前11或前10世纪）
高17厘米，口径7.4～8厘米
1953年衡阳公行山出土
湖南省博物馆藏

（十三）觚（gū）

饮酒器，通常与爵或斝组合使用。

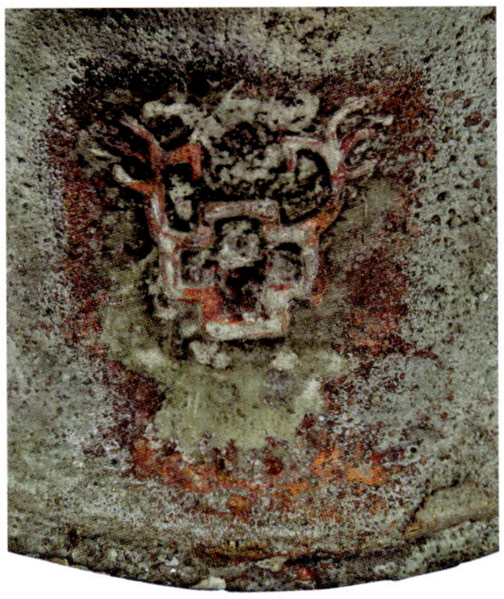

兽面纹铜觚

商（前1600—前1046）
高25厘米，口径 14.7厘米
1960年拨交
湖南省博物馆藏

（十四）爵（jué）

饮酒器。三足，“象雀之形”。《礼记》载，“宗庙之祭，贵者献以爵”，后引申为贵族等级身份的象征，后世“爵位制”即源于此。少量爵在底部发现烟炱痕，似也可温酒。

兽面纹铜爵

商（前1600—前1046）
高30.5厘米，口径12×27厘米
1949年前湘乡出土
湖南省博物馆藏

（十五）斝（jiǎ）

盛酒或温酒器。造型类爵，流行于商晚期至西周中期。

兽面纹铜斝

商（前1600—前1046）
高25.2厘米，口径 16.8厘米
1960年拨交
湖南省博物馆藏

二、铙镈以娱神

楚地好巫，“沅湘之间，其俗信鬼而好祠，其祠必作歌乐鼓舞以乐诸神”，但其渊源更早。在商周时期祭祀礼仪中，本地乐器重于礼器，以铜铙最具特色，高大厚重，有自己的演变体系；绝大多数铜镈出土于湘江流域，湖南可能是其发源地，并影响到其他地区。

（一）铜铙（náo）

打击乐器，流行于商代晚期，周初沿用。敲击时铣口朝上，声音洪亮上扬，以通达上天神灵。铜铙集中出土于湘江流域及其周边地区，多达 40 余件，且形体高大厚重，最重者达 221.5 公斤。1993 年宁乡师古寨出土了一组 9 件编铙，可知铙还可成套使用。

象纹铜铙

商（前1600—前1046）
通高70厘米，甬长26厘米，铣宽46.2厘米，重67.3公斤
1959年宁乡老粮仓出土
湖南省博物馆藏

四虎兽面纹铜铙

商（前1600—前1046）
高87厘米，甬径13厘米，铣间宽63.5厘米
1978年宁乡老粮仓出土
湖南省博物馆藏

齿纹铜铙

西周（前1046—前771）
高41.5厘米，铣间宽31厘米
1988年株洲兴隆出土
湖南省博物馆藏

云纹铜铙

商晚期至西周早期（前11或前10世纪）
高66.3厘米，甬径9.5厘米
1973年宁乡黄材出土
湖南省博物馆藏

（二）铜钟

打击乐器。始于西周，有由铙演化而来之说。单件使用的为特钟，按大小、音阶成组使用的为编钟。湖南出土铜钟多为单件。

乳丁纹铜钟

西周（前1046—前771）
高48.5厘米，舞部30.1×22厘米，甬径5～6厘米
1976年湘潭青山桥出土
湖南省博物馆藏

乳丁纹铜钟

西周（前1046—前771）
高46厘米，铣间宽27.7厘米
1968年湘乡马龙出土
湖南省博物馆藏

乳丁纹铜钟

西周（前1046—前771）
高46.3厘米，舞部17×23厘米，于部19.3×26.5厘米
1965年湘潭洪家峭出土
湖南省博物馆藏

乳丁纹铜钟

西周（前1046—前771）
高45.5厘米，舞部20×27厘米，于部20×26.9厘米
1982年湘乡金石出土
湖南省博物馆藏

（三）铜镈（bó）

打击乐器，与钟的区别主要为平口，有扉棱。迄今所见商、西周铜镈不过十余件，大多集中出土于湘江流域及其邻近地区，器表通常以粗犷的兽面纹或其变体为主纹，扉棱由行进的两虎或简化的高冠鸟组成，显示出湖南礼乐的区域特色。

虎饰铜镈

商晚期至西周早期（前11或前10世纪）
高42.8厘米，舞部18.3×13.1厘米，于部26.5×19.5厘米
1985年邵东民安村出土
湖南省博物馆藏

鸟饰铜镈

西周（前1046—前771）
高33厘米，舞部8.9×12.6厘米，于部12×20.2厘米
1981年浏阳黄荆出土
湖南省博物馆藏

兽面纹铜镈

西周（前1046—前771）
高38.5厘米，舞部8.1×13.1厘米，
于部13.3×21.4厘米
征集
湖南省博物馆藏

（四）磬（qìng）

打击乐器。

豕形铜磬

商（前1600—前1046）
高28厘米，长52厘米，宽29厘米
2012年汨罗出土
湖南省博物馆藏

目前所见豕形磬数量不多，多为湖南出土。

湘楚风情

第二单元

春秋战国时期湖南纳入楚国版图，形成了以楚文化为主，与越等多元文化广泛共存的格局，地域文化特色鲜明。随着这时期人的意识觉醒，生活重心由礼神转向娱己，日常用器精美考究，楚人灵动的特质得到张扬，开始追求生活情趣。

一、列鼎而食

东周时期，礼器开始生活化，鼎、敦（或盒）、壶、豆等，既是楚国常见的礼器组合，又是日常的炊煮、饮食器具。相比于商、西周，为满足实用需求，器物体量变小，种类增加。宴飨时，高级贵族常配有相应规格的乐舞，过着“钟鸣鼎食”的生活。

（一）青铜食器

这时期鼎的功能开始分化，有烹煮的镬鼎，盛放熟食的升鼎，盛放配料的羞鼎等。此外，炊具还有蒸饭食的甗，食具有盛饭食的簠、敦，以及盛腌菜、肉酱或调味品的豆。材质除陶、铜外，新出现铁、漆木等。

云纹铜鼎

春秋（前770—前476）
高30.2厘米，口径22.2厘米
20世纪80年代征集
湖南省博物馆藏

龙纹铜鼎

战国（前475—前221）
高20.1厘米，口径18.5厘米
1980年临澧九里M1出土
湖南省博物馆藏

“正阳”铜鼎

战国（前475—前221）
高32.5厘米，腹径24厘米
1958年常德德山出土
湖南省博物馆藏

蟠虺纹铜簠

战国（前475—前221）
高25.5厘米，长36.5厘米，宽23厘米
1959年益阳市郊出土
湖南省博物馆藏

蹄足铜敦

春秋（前770—前476）
高25.7厘米，口径22.5厘米
1982年湘乡何家湾M1出土
湖南省博物馆藏

勾连云纹铜豆

战国（前475—前221）
高24厘米，口径17.5厘米，腹径17.8厘米
1965年湘乡新坳M31出土
湖南省博物馆藏

（二）青铜酒器

楚人好酒，皆用粮食酿制，有带糟的粍酒，有苞茅过滤的清酒，品质高者被称为“瑶浆蜜勺”。酒具分储酒、盛酒、温酒、饮酒器等类。

动物纹提梁铜卣

春秋（前770—前476）
通高50厘米，口径24.4厘米，腹径38厘米
1988年衡阳赤石出土
衡阳市博物馆藏

镶嵌绿松石铜方壶

战国（前475—前221）
高27厘米，口径8.9厘米
1965年湘乡城关出土
湖南省博物馆藏

云纹提链铜壶

战国（前475—前221）
高41厘米，腹径18厘米
1957年湖南省博物馆办公楼前坪M3出土
湖南省博物馆藏

蟠虺纹铜鉴

春秋（前770—前476）
高14.3厘米，宽38.3厘米
1965年湘乡牛形山M2出土
湖南省博物馆藏

云纹铜樽

战国（前475—前221）
高16厘米，口径21.6厘米
1952年长沙砚瓦池M790出土
湖南省博物馆藏

龙首虺纹提梁铜盉

春秋（前770—前476）
高25.5厘米，腹径14.3厘米
湘乡出土
湖南省博物馆藏

蛇纹铜尊

春秋（前770—前476）
高21厘米，口径15.5厘米
衡山霞流出土
湖南省博物馆藏

（三）青铜乐器

东周时期，乐舞不仅是礼制等级的标志，也是提升个人修养、追求享乐的方式。湖南地处南楚边陲，未发现大型编钟、编磬，但小型编钟和编镈时有所见，此外还有琴、瑟、鼓、竽、箫、篪（chí）等乐器出土，结合《楚辞》对湘楚乐舞的描述，可知湘楚乐舞之好。

蟠虺纹铜编钟

春秋（前770—前476）
高13.5～21.5厘米
征集
湖南省博物馆藏

铜镈

战国（前475—前221）
高22～40厘米
征集
湖南省博物馆藏

按《周礼》，行祭礼前，需斋戒沐浴以示心诚；平常三日一沐，五日一浴，形成一套以缶盛水、以鉴沐浴的礼器。进餐前须净手，行“沃盥”之礼，以匜倾水，以盘承水，称为“奉匜沃盥”。

铜匜、铜盘

春秋（前770—前476）
匜：通高10.9厘米，通长21.4厘米
盘：通高8.6厘米，口径39厘米
1986年岳阳凤形嘴山M1出土
岳阳市博物馆藏

蟠虺纹铜浴缶

春秋（前770—前476）
高33.5 厘米
1965年湘乡大茅坪M1出土
湖南省博物馆藏

（五）漆木食器、酒器

东周时期，铜作为战略物资被大量制作兵器，作为食具的漆木器，以其轻巧、便于清洁以及外表华丽开始流行。漆器制作工序繁复、造价高昂，主要流行于贵族阶层。

彩绘云纹漆耳杯

战国（前475—前221）
高7厘米，长16.3厘米，宽14厘米
1970年长沙道坡山M1出土
湖南省博物馆藏

彩绘云凤纹漆耳杯

战国（前475—前221）
高6厘米，长17.4厘米，宽15.4厘米
1984年常德德山夕阳坡M1出土
湖南省博物馆藏

狩猎纹漆樽

战国（前475—前221）
高12.5厘米，口径11.2厘米
1952年长沙颜家岭M35出土
湖南省博物馆藏

二、美其服，修其容

楚贵族多着深衣长袍。男子戴高冠，多束革带，腰挂佩剑，以侠义好武为时尚；女子则腰系宽丝带，展现其“细腰”之美。战国时期流行佩玉，喻“比德”修心。因湖南不产玉，故多以玻璃替代。楚服从款式到纹饰色彩，典雅秀丽，与佩饰、妆容相互衬托，摇曳生辉。

（一）织锦

楚国是迄今为止出土丝织品最多的地方。从出土织物和图像资料可知，楚服品种多样，色彩艳丽，纹饰灵动飘逸。“女五氏”锦和“中戠（织）室玺”印的出土证明当时已有专门的织造作坊和管理机构，俄罗斯巴泽雷克古墓发现的与长沙楚墓风格相同的龙凤纹刺绣，说明湖南不仅是楚国丝织品的重要产区，且其织物可能传播到域外。

褐地“女五氏”矩纹锦

战国（前475—前221）
长19.2厘米，宽8.5厘米
1957年长沙左家塘M44出土
湖南省博物馆藏

对龙对凤纹锦

战国（前475—前221）
长29.4厘米，宽18.3厘米
1957年长沙左家塘M44出土
湖南省博物馆藏

（二）带钩

腰带多以丝、革制成，男子以带钩相扣，女子系结。腰带出现了多孔，以适应腰围粗细的变化，也出现一带多钩的配置，也有在腰带上另附丝带，以佩挂刀剑、印信及饰物等。带钩造型多样，装饰考究，除实用功能外，更是身份、财富的象征。

错金嵌绿松石铜带钩

战国（前475—前221）
长17.5厘米，宽0.9厘米
1954年征集
湖南省博物馆藏

错金琴面铁带钩

战国（前475—前221）
长9.3厘米，宽1.2厘米
1980年临澧九里M1出土
湖南省博物馆藏

镂空兽形铜带钩

战国（前475—前221）
长5.7厘米，宽1.8厘米
1953年长沙仰天湖M26出土
湖南省博物馆藏

马首云纹玉带钩

战国（前475—前221）
高1.5厘米，长7厘米，宽2厘米
1964年长沙五里牌M5出土
湖南省博物馆藏

（三）玉佩饰与玻璃饰件

春秋战国时期佩玉被赋予了特定的文化内涵。《礼记》载"古之君子必佩玉"，"君子无故，玉不去身"，故以佩玉为时尚，并雕饰龙凤等吉祥图案。从《楚辞》可见，佩"陆离"也是一种时尚。

镂空双龙首纹玉璜

战国（前475—前221）
长9.5厘米，宽2.2厘米
1980年临澧九里M1出土
湖南省博物馆藏

龙形玉环

战国（前475—前221）
外径4厘米，内径2厘米
1980年临澧九里M1出土
湖南省博物馆藏

玉瑗

战国（前475—前221）
直径4.3厘米
1980年临澧九里M1出土
湖南省博物馆藏

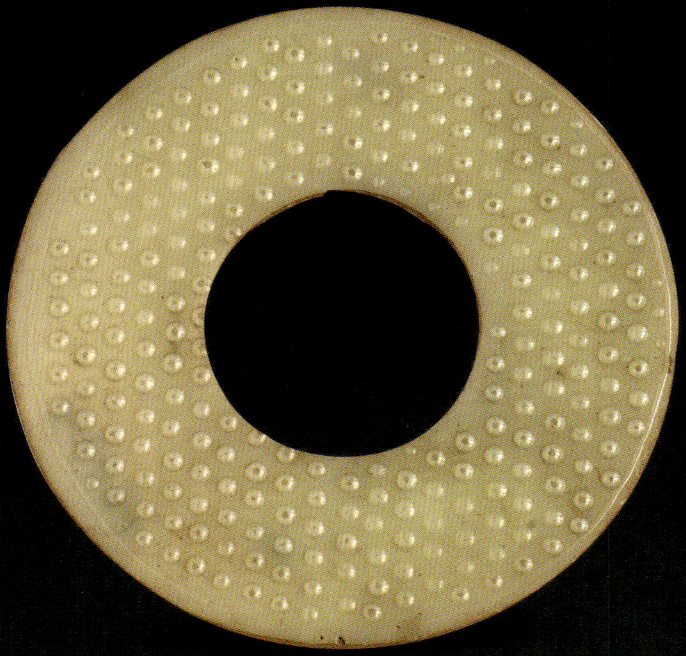

谷纹玻璃璧

战国（前475—前221）
外径11.5厘米，内径4.5厘米
1965年长沙梅子山M6出土
湖南省博物馆藏

琉璃珠 琉璃管

战国（前475—前221）
珠：直径1.7～2.5厘米
管：长4.5厘米，宽1厘米
1975年湘乡牛形山M1出土
湖南省博物馆藏

（四）梳妆用具

楚人爱美，勤梳妆，描黛敷粉，好高髻，追崇稠密而黑的头发，流行假发。湖南地区发现的梳篦、铜镜数量较多。镜以山字纹、蟠龙纹最为典型，造型精致轻巧，反映南楚地区甚好妆容。

木篦

战国（前475—前221）
长8.2厘米、宽4.7厘米、厚1.1厘米
长沙留芳岭M1出土
湖南省博物馆藏

四山纹铜镜

战国（前475—前221）
直径12.2厘米
湘乡牛形山出土
湖南省博物馆藏

五山纹铜镜

战国（前475—前221）
直径19厘米
1958年常德德山棉纺厂出土
湖南省博物馆藏

菱纹铜镜

战国（前475—前221）
直径11.8厘米
长沙廖家湾出土
湖南省博物馆藏

蟠龙纹铜镜

战国（前475—前221）
直径11.9厘米
长沙子弹库出土
湖南省博物馆藏

连弧纹铜镜

战国（前475—前221）
直径16.1厘米
长沙陈家大山出土
湖南省博物馆藏

（五）人物形象的见证

人物跽坐铜灯

战国（前475—前221）
通高45厘米，铜人高28.3厘米，灯盘径23厘米
2002年征集
湖南省博物馆藏

人物龙凤帛画

战国（前475—前221）
长31厘米，宽22.5厘米
1949年长沙陈家大山楚墓出土
湖南省博物馆藏

人物御龙帛画

战国（前475—前221）
长37.5厘米，宽28厘米
1973年长沙子弹库 M1出土
湖南省博物馆藏

三、好巫祈福

楚人好巫淫祀，沅湘之间尤盛，体现了农耕社会的原始信仰和行为特征。借助各种被赋予超自然力量的仪式与道具，沟通鬼神，以达到对生者的庇佑，对死者及财富的守护，并引领灵魂的归途。延续至今的傩文化可能源于此。

透雕龙纹铜戈

战国（前475—前221）
援长11厘米，内长7.5厘米，胡长9厘米
1957年长沙左家塘出土

龙凤纹漆盾

战国（前475—前221）
高64.5厘米，宽45.5厘米
长沙五里牌M406出土
湖南省博物馆藏

《周礼》载方相氏执戈扬盾，以驱鬼疫。受中原文化影响，湘楚地区祭祀仪式中，巫师执戈、盾等法器，驱赶恶鬼邪物。这些法器多从实用兵器演变而来。

木雕镇墓兽

战国（前475—前221）
高97厘米，宽32厘米
1980年临澧九里M1出土
湖南省博物馆藏

楚人特殊的信仰形成了独特的葬具，镇墓兽是其中的一种。镇墓兽有单头、双头、四头之分，有些头插鹿角，面目狰狞怪诞，用以驱赶鬼魅，保护死者灵魂，具有浓郁的巫术色彩。

【南楚贵族生活——以长沙浏城桥楚墓出土文物为例】

战国（前 475—前 221）
1971 年长沙浏城桥 M1 出土
墓主为管理湖南地区的楚国官员，属中大夫级别。墓葬保存完整，出土陶、铜、漆木等质地的器物 260 余件，组合关系明确，从中可知南楚贵族生活范式。

1. 车马器

墓椁西边厢出土两套车马器，有四件车軎、两件车辕、一套车伞盖、六件马衔等，象征墓主出征时所乘战车及平常出行用车。

铜车軎
长9.1厘米，直径8.2厘米
湖南省博物馆藏

漆木车辕
长76.5厘米，宽8.4厘米
湖南省博物馆藏

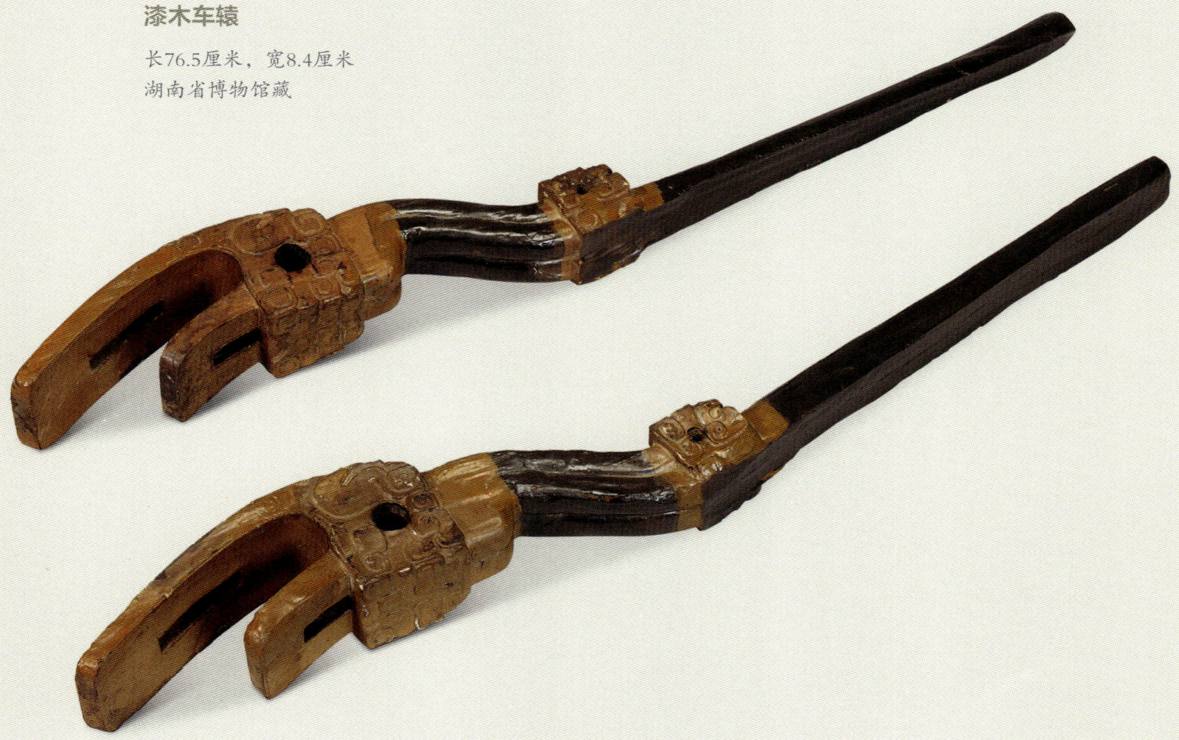

2. 兵器

墓中共出土兵器70余件，有剑、戈、矛、戟、镞、矢箙、弓、皮甲、皮盾等多种类型，其中剑四把，一把为墓主随身佩剑；戈、矛、戟附柄，长短不一，长者用于车战，短者用于步兵战。如此多的长、短兵器，超出个人使用范围，可见墓主不仅是管理一方的行政官员，也是统兵作战的将领。

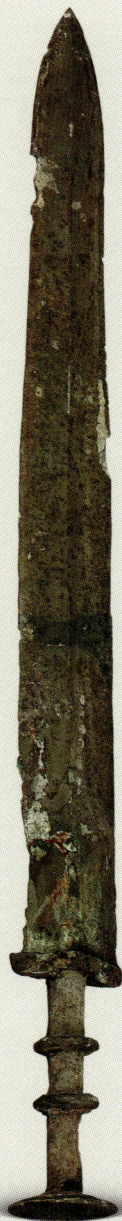

木柄铜矛

通长270.8厘米，矛长22厘米，銎径2.6厘米
湖南省博物馆藏

铜剑

通长47厘米
湖南省博物馆藏

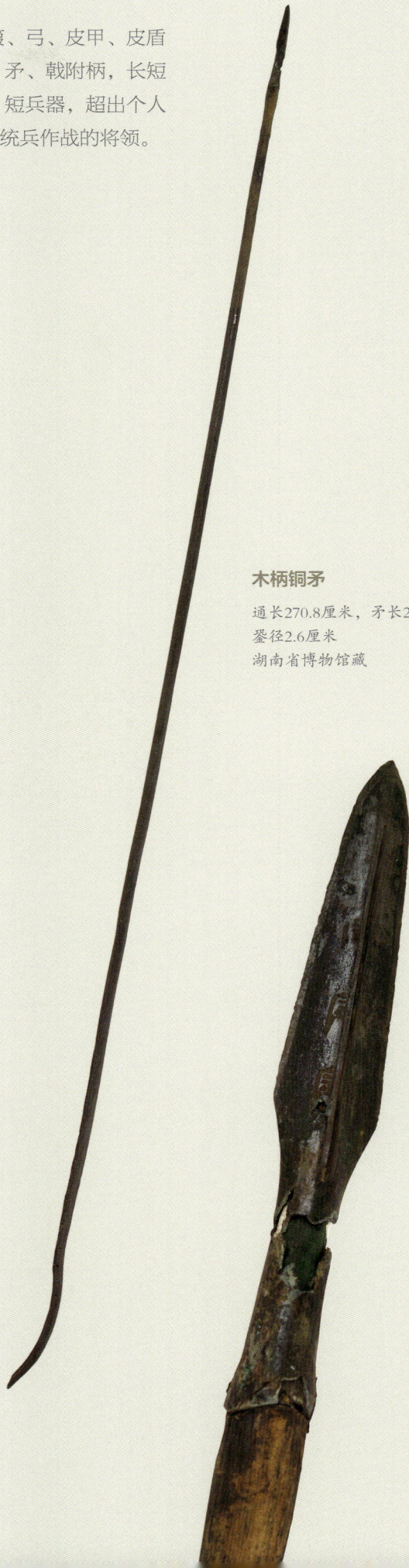

3. 食器及用具

墓中出土铜鼎四件及铜勺一件，是实用器，以及大量仿青铜礼器的陶器，其中镬鼎一件，出土时残存有猪骨；升鼎七件，羞鼎两件；配以六个簋和鬲、簠、敦、豆、方壶、圆壶、尊缶、鉴、鐎壶、盘、匜等，从七鼎六簋的礼制规格看，墓主身份较高。此外，还出土木俎七件，反映了墓主的身份，象征切割或盛放食物的庖厨用具。

铜鼎

通高47厘米，腹径50厘米，口径43厘米，足高25.7厘米
湖南省博物馆藏

陶升鼎

通高17.4厘米，口径25.9厘米
湖南省博物馆藏

陶簋

高14.3厘米，口径17.4～18.1厘米
湖南省博物馆藏

陶鬲

高18.3厘米，口径26.5厘米
湖南省博物馆藏

陶鉴

高20厘米，口径36.7厘米
湖南省博物馆藏

陶盉

高19.6厘米，口径9.5厘米
湖南省博物馆藏

陶方壶

高37.5厘米，口径10.5～10.7厘米
湖南省博物馆藏

陶圆壶

高35.7厘米，口径12.6厘米，圈足径15厘米
湖南省博物馆藏

陶敦

高22.4厘米，口径20.3厘米
湖南省博物馆藏

陶缶

高37.7厘米，口径12.2厘米
湖南省博物馆藏

陶簠

高17.7厘米，口径长23.8厘米，宽17.8厘米
湖南省博物馆藏

4. 丧葬用器

组玉佩

玉环：直径7.9～10.7厘米
玉璧：直径4.9～7.3厘米
玉璜：长13.5～13.6厘米
玉琮：长5.1厘米
湖南省博物馆藏

墓中随葬玉环四件、玉璧四件、玉璜两件、玉琮一件，分别置于墓主身体不同部位，目的在于保护遗体，同时显示墓主的高贵身份。

木雕单头镇墓兽

高69厘米
湖南省博物馆藏

出土于椁室头厢。身、座分别用整木雕成。头顶有插鹿角的两个方孔，鹿角已朽。这是湖南地区所见最早的镇墓兽。

列
楚墓·执勺、铲炊事俑

第三单元

大一统下的小农家居

秦汉时期，湖南开始纳入中原政权统一管辖，在保留南楚社会习俗的同时，生活用具与其他地区呈现趋同现象。汉代提倡以孝治天下，盛行厚葬，墓中出土的各类器具和模型，便是当时小农社会的写照，反映了大一统后湖南的文明进程。

一、汉代居室

民居多依水而建，或掘井取水。汉代以后，砖、瓦成为民居的主要建材，式样也基本定型和成熟。湖南地区形成了主房、厢房与猪圈组合的民居模式，既有中原文化因素，又适合南方气候条件。房屋都有开窗用于采光和通风，并借助熏香以净化空气。灯具的普及，拓展了夜间的活动时间和范围，改变了人们“日落而息”的生活方式。

（一）水井模型

汉代水井广为普及，使人们摆脱了依水而居的局限，扩大了居住范围。井上或附有井架、井亭等设施。井架装有滑轮、绳索，利用力学原理取水。井亭可遮风挡雨，又可保持井水清洁。

绿釉陶井

东汉（25—220）
通高45.5厘米，井28.5×27.6厘米
1954年长沙伍家岭出土
湖南省博物馆藏

绿釉陶井

东汉（25—220）
通高31厘米，口径17厘米
1957年长沙小林子冲出土
湖南省博物馆藏

（二）建筑模型

出土的汉代建筑模型主要有曲尺形、长方形等，房屋结构简单，多为单层，顶覆以瓦，旁有开窗，常伴有作坊、猪圈等附属设施，可见多为小农居所，与中原常见的大型陶楼庄园式样不同。1973 年常德出土的三层院落式陶楼，在南方极为少见。

陶屋

东汉（25—220）
通高20厘米，长21厘米，宽21厘米
1953年长沙月亮山出土
湖南省博物馆藏

陶楼

东汉（25—220）
通高61厘米、宽23厘米，底层28.2厘米
1973年常德东江出土
湖南省博物馆藏

（三）灯具

秦汉时期的灯具出土量明显增多，反映人们日常活动时间的延长。材质有铜、陶、铁和石等。灯主要由盘、座组成，盘呈圆形，中间有一立柱，用以插烛；灯座造型多样，有侍者、胡人、力士等人形灯，也有牛、羊、雁等动物形灯。有的附有灯罩及输烟管，具有防风、环保作用。按功能可分为座灯、行灯和吊灯，又有日常照明与祭祀专用之别。

胡人形铜吊灯

东汉（25—220）
通高29厘米，长28厘米
1974年长沙征集
湖南省博物馆藏

七人奏乐铜吊灯

东汉（25—220）
通高49厘米，盘直径10.6厘米
1965年长沙五里牌出土
湖南省博物馆藏

“刺庙”牛形铜灯

西汉（前206—25）
通高50厘米，长40厘米，宽25厘米
1953年长沙桂花园出土
湖南省博物馆藏

器身有铭文“刺庙牛镫四礼乐长监治”。

（四）香炉

熏香用以洁室、杀虫、清洁衣被，或祭祀以通神明。汉初流行豆形镂空香炉，以茅香、辛夷等香料直接点燃，香气馥郁，但烟火气大。后因沉香、龙脑等香料传入，形成了树脂与本草的混合香，并受神仙思想的影响，开始流行博山炉，盖镂空呈重叠山形，雕有飞禽、走兽、云气，下有承盘装水，象征传说中烟雾缭绕的海上仙山。汉代乐府诗云："博山炉里百和香，郁金苏合及都梁。"

铜博山炉

西汉（前206—25）
通高28.6厘米，盘径29厘米
1995年永州鹞子岭泉陵侯墓出土
湖南省博物馆藏

“长沙王后口”铜博山炉

西汉（前206—25）
通高18.6厘米，足径11.4厘米
征集
湖南省博物馆藏

器身有铭文“长沙王后口”。

器身铭文

铜鎏金龙纹博山炉

西汉（前206—25）
通高14.2厘米
征集
湖南省博物馆藏

二、看得见的味道

湖南发现的两汉炊具模型多种多样，反映了炊煮方式从架烧到灶烧的转变，炊具则从鼎釜组合转变为釜甑组合。膳食讲究精烹细制与调和五味。从这些形制各异的炊具中，仿佛能够感受到那个时代的原烹味道。

（一）鼎釜组合

汉初依旧沿袭鼎、釜组合的烹饪模式。鼎，可直接受火煮食，也可与甑结合成甗，蒸煮食物；釜，借助支架受火。

黄釉陶鼎

西汉（前206—25）
通高18.5厘米，腹径19.4厘米
1953年长沙子弹库出土
湖南省博物馆藏

“长沙元年”铜鼎

西汉（前206—25）
高16厘米，口径18.2厘米
1949年长沙桂花园出土
湖南省博物馆藏

器身有铭文：“剌庙铜鼎一容斗五升有盖并重十五斤六两长沙元年造第三。”

器身铭文拓片

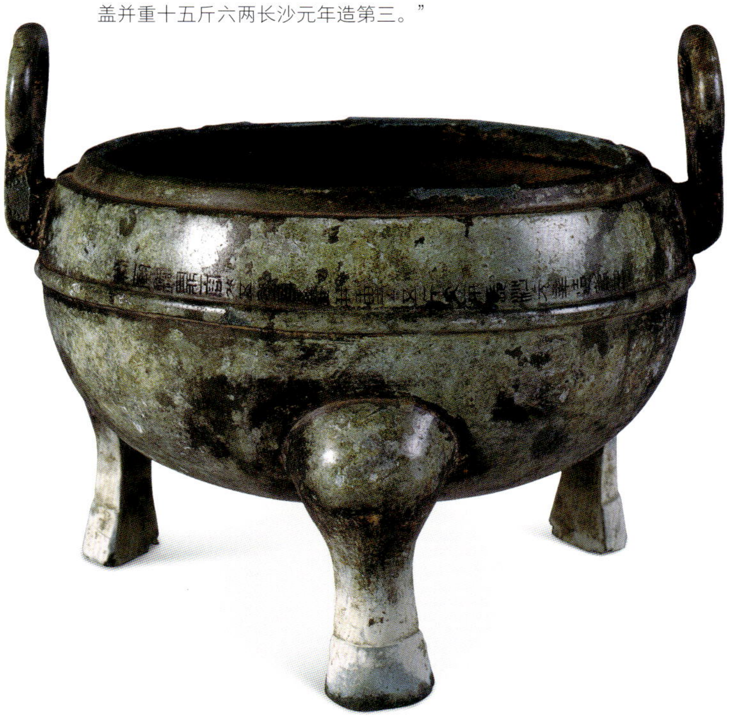

“杨子赣”铜鼎

西汉（前206—25）
高18.5厘米，口径18厘米
征集
湖南省博物馆藏

铁釜

东汉（25—220）
残高19厘米，口径26.5厘米
1960年长沙猴子石出土
湖南省博物馆藏

“杨子赣”铜鍪

西汉（前206—25）
高19.2厘米，口径16.2厘米
征集
湖南省博物馆藏

铁炷

东汉（25—220）
通高18.2厘米，直径24.6厘米
1960年湘潭易家湾出土
湖南省博物馆藏

铁灶

东汉（25—220）
高20厘米，长58厘米，宽29厘米
1960年长沙子弹库出土
湖南省博物馆藏

（二）釜甑组合

由于灶台的出现，鼎丧失了炊具功能而退出了日常生活。灶台由单眼转变为二眼、三眼，以适用釜、甑的组合。这种组合与南方饭稻羹鱼的饮食结构相匹配，釜熬羹，甑蒸饭。烟囱也出现了从无到有的改良，使火力更加集中、更省柴，室内也更清洁。此外，文献称为“炙”的烧烤，是蒸煮以外的补充烹饪法。

绿釉陶灶

东汉（25—220）
灶高13.2厘米，长34.9厘米，宽19厘米
1971年长沙地质局子弟学校出土
湖南省博物馆藏

铜灶（附甑）

西汉（前206—25）
通高17厘米
长沙王后冢出土
湖南省博物馆藏

绿釉陶灶

东汉（25—220）
高13厘米，口径6.5厘米，长30.4厘米
1953年长沙月亮山出土
湖南省博物馆藏

铜甗

东汉（25—220）
釜：高20厘米，腹径24.6厘米
甑：高15厘米，口径25厘米
1959年长沙五一路出土
湖南省博物馆藏

白瓷鍑

东汉（25—220）
高17厘米，腹径21.5厘米，口径22厘米，
底径13.2厘米
20世纪40年代长沙地区出土
湖南省博物馆藏

炊器，大口锅。

（三）储食器

秦汉时期，多以陶器和青瓷储存粮食与食品，并根据储存需求的差异，使用造型及大小不同的器物。

湘阴窑青釉四系罐

东汉（25—220）
高18.6厘米，口径9.2厘米，底径10.6厘米
征集（传为2016年长沙风帆广场地铁站工地出土）
湖南省博物馆藏

青釉陶瓿

西汉（前206—25）
通高30厘米，口径11.6厘米，底径15.9厘米
征集
湖南省博物馆藏

三、分案而食

秦汉时期食具用材处于革新阶段，西汉铜器衰减，漆器兴盛；东汉新出现的青瓷食具普及迅速。此外，杂以陶、金银、玉石等材质食具，或显富贵奢华，或见质朴粗淡。就餐时铺筵、席于地，食者跽坐于席上，前置低矮的食案，案上摆放餐具和食品，盛食器置于席外。后世称宴会为“筵席”由此而来。这种分食制一直延续到隋唐。

（一）食谱简

《美食方》竹简

西汉（前206—25）
长46厘米，宽0.8厘米
1999年沅陵县虎溪山M1出土
湖南省文物考古研究所藏

墓主吴阳为长沙王吴臣之子，第一代沅陵侯（前187—前162年在位）。墓中出土竹简1000余枚，其中食谱简记载了多种食物的选料与制作方法，如“为中浆饭方”“为中黄饭方”“为稻黍方”“大养茨酸羔方”等。

（二）盛食器

“天凤元年”铜簋

东汉（25—220）
通高20厘米，口径28厘米，底径19厘米
1949年以前长沙市郊出土
湖南省博物馆藏

白瓷豆

东汉（25—220）
高10.4厘米，口径17厘米
1955年长沙丝茅冲出土
湖南省博物馆藏

（三）进食器

富贵之家，进餐时一人一案，案上置食盘、耳杯、卮、竹箸、魁等餐具，其中魁可作汤勺，也可盛羹食用。寻常百姓，则相对简单，无筵席、无案，餐具种类较少，以碗、钵为主，一器多用。

陶碗

东汉（25—220）
高5.1厘米，口径10.2厘米
1965年长沙梅子山出土
湖南省博物馆藏

铭文漆盘

汉（前206—220）
高3.4厘米，直径15厘米
1995年永州鹞子岭泉陵侯墓出土
湖南省博物馆藏

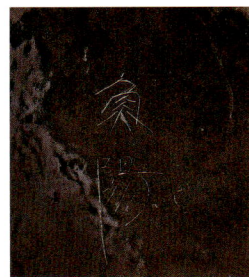

“渔阳”漆盘

西汉（前206—25）
直径28厘米
1993年长沙望城坡出土
长沙市文物考古研究所藏

（四）调味器

古时人们常以酱、豉、盐等佐料调味，调味品称为“染”。染置于架在炉上的杯中，合称染器。多种调料集于多联罐一器，使用方便。

铜染器

西汉（前206—25）
通高16.4厘米，底盘19×13.6厘米，耳杯口径18×15.8厘米
1966年长沙子弹库出土
湖南省博物馆藏

（五）储酒器

秦汉时期，湖南冬天多以稻米酿酒，春季饮用。汉时有君山酒、松醪酒、酃渌酒等享有盛名。根据马王堆汉墓遣册记载，温酒盛以锺，过滤后的白酒储以钫。相对而言，盛酒器比储食器更为精美，不仅有华丽的漆器，还有鎏金铜器。

“闵翁主”铜锺

东汉（25—220）
高36.2厘米，足径16.6厘米
长沙出土
湖南省博物馆藏

提梁铜锺

东汉（25—220）
高21.7厘米，腹径14.1厘米
1953年长沙征集
湖南省博物馆藏

鎏金铜钫

西汉（前206—25）
口径11.3厘米，腹径20.8厘米
1993年常德武陵区护城乡出土
湖南省博物馆藏

（六）盛酒器

饮酒时，将酒从储酒器装入瓶、壶、樽等盛酒器，再以勺分酒。其中带系扁壶、竹节形樽等可携带远行。

禽兽纹铜扁壶

东汉（25—220）
通高15.8厘米，口径5.4厘米
1969年长沙废铜站收集
湖南省博物馆藏

铜鋞

西汉（前206—25）
高24.2厘米，直径10.3厘米
1978年长沙杨家山出土
湖南省博物馆藏

兽纹铜樽

东汉（25—220）
高17厘米，口径23.2厘米
1956年长沙左家公山出土
湖南省博物馆藏

（七）温酒器

温酒器有鐎、锜等器型，三足，长柄，可在器下生火加热。鐎，有流，原为军中士兵炊具，夜间可用于敲击报更，后延用于日常生活，除铜质外，新出现陶瓷质地。

铜锜

东汉（25—220）
高26.2厘米，口径10.3厘米，柄长11.4厘米
1971年长沙地质局出土
湖南省博物馆藏

铜鐎

东汉（25—220）
口径16.6厘米，腹径19.5厘米，柄长9.8厘米
1974年零陵（今永州市）和尚岭出土
湖南省博物馆藏

绿釉陶盉

东汉（25—220）
高16.9厘米，口径7.4厘米
1973年常德郭家铺出土
湖南省博物馆藏

（八）饮酒器

饮酒器主要有铜、漆、陶、瓷、玉质地的卮、杯、盏等。卮，既可盛酒，也与耳杯配套使用，小卮还可直饮。展品中的“大官”漆卮、杯，可能为长沙王赏赐泉陵侯府之物。耳杯，或作鹦鹉形，唐诗“汉代金吾千骑来，翡翠屠苏鹦鹉杯”即指此。

青釉瓷碗

东汉（25—220）
高5.1厘米，口径10.2厘米
1965年长沙梅子山出土
湖南省博物馆藏

“大官”漆卮

西汉（前206—25）
高11.6厘米，盖径10厘米，口径8.4厘米
1995年永州鷂子岭泉陵侯墓出土
湖南省博物馆藏

正面

背面

“大官”漆耳杯

西汉（前206—25）
高5.8厘米，长17厘米，宽12.9厘米
1995年永州鹞子岭泉陵侯墓出土
湖南省博物馆藏

外底部有“大官”铭文。

鹦鹉形陶杯

东汉（25—220）
高10厘米，直径6.5厘米
1972年耒阳出土
湖南省博物馆藏

四、巧梳弄美妆

两汉时期男女皆重视梳妆，用具有梳篦、镜、镊、粉扑、胭脂、粉黛等，盛于多子奁。汉镜铸造精美，纹饰多兽面、博局等，新出现铭文镜、透光镜。佩饰包括头饰、耳饰、项饰、手饰、腰饰等，有的具有异域风格，反映了湖南与外来文化的交流。

锥画纹漆盒

西汉（前206—25）
通高12.6厘米，盖口径19.3厘米，奁口径18.3厘米
蒋剑文先生捐赠
湖南省博物馆藏

描金云纹漆奁盒

西汉（前206—25）
通高7.3厘米，口径9.5厘米
1973年长沙杨家山出土
湖南省博物馆藏

漆奁镶动物形金箔

西汉（前206—25）
长2～3.5厘米
1973年长沙杨家山M1出土
湖南省博物馆藏

龙纹铜镜

西汉（前206—25）
直径15.2厘米
1952年长沙蓉园出土
湖南省博物馆藏

“见日之光”铜镜

西汉（前206—25）
直径14厘米
1978年长沙杨家山出土
湖南省博物馆藏

神兽纹“吾作”铜镜

东汉（25—220）
直径14.1厘米
1956年长沙砚瓦池出土
湖南省博物馆藏

鎏金博局纹铜镜

汉（前202—220）
直径13.8厘米
1978年长沙杨家山出土
湖南省博物馆藏

玛瑙项链

西汉（前206—25）
大珠长约1.5厘米，小珠长1.1厘米
1959年长沙五一路出土
湖南省博物馆藏

玛瑙珠共38颗。

蟠螭纹鸡心玉佩

东汉（25—220）
长6.9厘米，宽4.6厘米
1953年衡阳蒋家山出土
湖南省博物馆藏

龙纹玉佩

东汉（25—220）
长9.1厘米，宽3.8厘米
1959年长沙五一路出土
湖南省博物馆藏

玛瑙珠串

东汉（25—220）
大珠长2.1厘米，小珠直径0.9厘米
1957年长沙仰天湖出土
湖南省博物馆藏

镂空花金珠金手链

东汉（25—220）
金珠：直径1～1.5厘米
金手链：长19.4厘米，直径0.3厘米
1959年长沙五里牌出土
湖南省博物馆藏

五、滑石器见证生活

滑石模型器，为湖南地区汉墓的重要特色。皆仿自现世生活中的各类用品，包括厨房用具、饮食器皿、室内陈设等等，反映了时人事死如生的丧葬习俗，是现实生活的见证。

滑石厨房

西汉（前206—25）
高27厘米，长35.6厘米，宽29.5厘米
1974年长沙阿弥岭出土
湖南省博物馆藏

“滑石器”展柜实景

滑石水井

西汉（前206—25）
高26.3厘米，井口18.8×18.8厘米
1974年长沙阿弥岭出土
湖南省博物馆藏

滑石烤炉

西汉（前206—25）
高7厘米，长18.7厘米，宽12.8厘米
1966年长沙子弹库出土
湖南省博物馆藏

滑石鼎

西汉（前206—25）
通高9.2厘米，口径13.6厘米
1978年长沙杨家山出土
湖南省博物馆藏

滑石鼎

西汉（前206—25）
通高18.1厘米，口径13.8厘米
1953年长沙子弹库出土
湖南省博物馆藏

滑石双鱼盘

西汉（前206—25）
高3厘米，口径23.1厘米，底径14.8厘米
1973年常德东口出土
湖南省博物馆藏

滑石方壶

汉（前206—220）
通高22.1厘米，壶口6.6×6.7厘米
1978年长沙杨家山出土
湖南省博物馆藏

滑石扁壶

西汉（前206—25）
通高15.8厘米，口径5.4厘米
1969年长沙杨家山出土
湖南省博物馆藏

滑石案

西汉（前206—25）
高3.2厘米，长24.9厘米，宽16.8厘米
1973年常德东口出土
湖南省博物馆藏

滑石豆形灯

汉（前206—220）
高18.5厘米，口径8.9厘米，底径9.8厘米
1973年常德郭家铺出土
湖南省博物馆藏

滑石博山熏炉

汉（前206—220）
高13厘米，口径6厘米，底径6厘米
1976年长沙杨家山出土
湖南省博物馆藏

滑石博山熏炉

汉（前206—220）
高17.8厘米，口径6.9厘米，底径6.7厘米
1975年长沙火车南站出土
湖南省博物馆藏

晋唐时期由南北分裂走向大一统。中原人口大量迁入，湖南经济快速发展，又因地处广州通商口岸与都城连接的必经之处，“物参外夷之货”，多元文化演绎出丰富多彩的社会生活。这一时期，瓷器日渐成为生活用具的主流，岳州窑（湘阴窑）、长沙窑、衡州窑相继发展，与生活需求无缝对接。

一、饭稻羹鱼的衍变

（一）六朝时期

这一时期灶具沿袭汉代两眼的基本形态，说明“饭稻羹鱼”的饮食结构没有变化。人们在提升粮食产量的同时，还通过优育提升稻米质量，魏文帝《与朝臣书》载，长沙“有好米……上风炊之，五里闻香”。菜羹的食材也较原来丰富，家禽家畜成为人们肉食的主要来源。此外，果品和副食的品种越来越多，餐具用的盘碟也相应增多，反映人们生活质量的改善。

1. 炊煮器

庖厨青瓷俑

孙吴（222—280）
长9.3厘米，宽8.2厘米
2002年益阳梓山湖出土
湖南省文物考古研究所藏

靴形青瓷灶

晋（265—420）
高10.2厘米，长14.8厘米，宽13.4厘米
1955年长沙蓉园M25出土
湖南省博物馆藏

2. 盛贮器

魏晋时期，人们大量使用湘阴窑烧制的青瓷罐贮物，多四系，大器为六系，文献中或称为罂、瓮等。大器主要用于贮水、酒，《论衡》：“酿酒于罂，烹肉于鼎”；矮小者用于贮酱，魏晋沿袭汉代“食之有酱”的习俗。

四系酱釉罐

三国（220—280）
高18.6厘米，口径9.1厘米，底径10.2厘米
2015年李浩先生捐赠
湖南省博物馆藏

四系青瓷罐

晋（265—420）
高19.2厘米，口径12.3厘米，底径10.6厘米
1972年长沙出土
湖南省博物馆藏

六系青釉盖罐

南朝（420—589）
高22厘米，口径7.6厘米，底径13厘米
传为江永县桃川镇出土
湖南省博物馆藏

3. 饮食器

六朝早期碗钵主要用于盛饭或喝羹，平底，胎质厚重，以保温、防烫手；弧腹，口沿内敛，减缓羹入口的流速。也有饼底小碗，主要用于饮酒。

碟用于盛放饼、果、槟榔等食物。南朝时流行吃槟榔。碟上常见刻莲花，反映佛教对湖南地区的影响。

槅为本时期出现的新食具，可以盛放多种食品。食品趋向多样化，表明人们生活品质的提升。

刻莲青瓷碗

南朝（420—589）
高5.2厘米，口径10.8厘米，足径4.5厘米
1955年长沙雨花亭速成中学M10出土
湖南省博物馆藏

莲花青瓷碟

南朝（420—589）
高3.1厘米，口径13.8厘米，足径6厘米
1959年国粹珠宝店征集
湖南省博物馆藏

点彩青瓷钵

三国—西晋（220—317）
高6.2厘米，口径15.7厘米，底径8.2厘米
1954年浏阳一中M2出土
湖南省博物馆藏

高足青瓷碟

南朝（420—589）
高6.9厘米，口径12.5厘米，足径7.5厘米
1954年长沙岳麓山桃园村M1出土
湖南省博物馆藏

青瓷槅

东晋（317—420）
高5.2厘米，口径20.8厘米，足径21厘米
长沙南托力山村征集
湖南省博物馆藏

（二）唐五代时期

1. 炊煮器

这一时期灶台模型均为岳州窑产品。仍保持着汉以来的造型，甑釜为炊具基本组合，说明饮食结构仍未改变，如五代李珣所说，“鱼羹稻饭常餐也”。但灶台有所改良，呈前低后高状，出烟口高于火门，提升抽火力，燃烧更为充分；火门上部增设挡板，避免烟灰对食物的污染。

青瓷灶

唐（618—907）
高5.5厘米，长13.3厘米，宽8.5厘米
1958年长沙赤峰山M3出土
湖南省博物馆藏

素胎灶

唐（618—907）
高16.3厘米，长24.5厘米，宽12.7厘米
1971年湘阴城北桐子山M1出土
湖南省博物馆藏

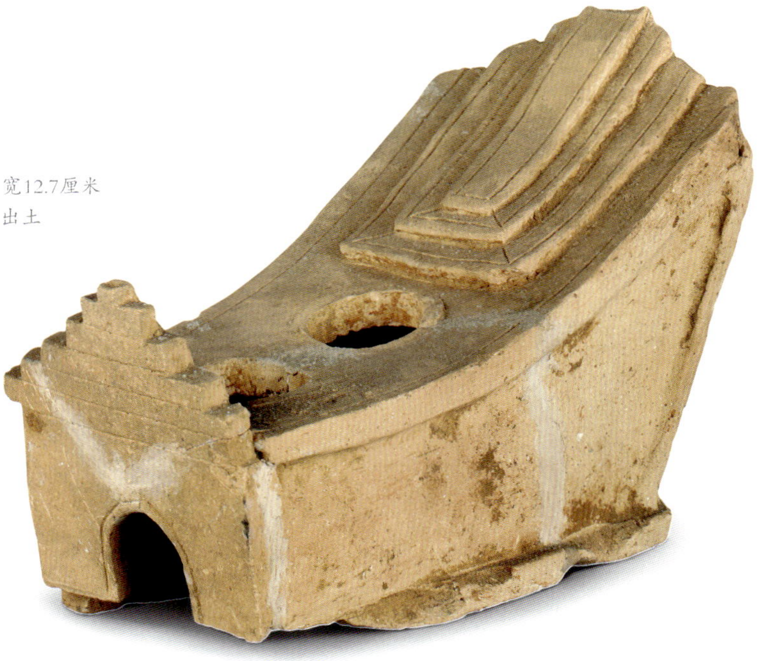

2. 盛贮器

岳州窑产品，用于存贮食品或制作腌菜。加盖后，两沿间的沟槽注水以隔绝空气，使坛内食物长时保鲜而不变质。时过近两千年，腌菜、酱菜的制作方式及坛的造型并没太大变化。

双沿青瓷盖坛

唐（618—907）
高16.7厘米，底径11.1厘米
1964年长沙下麻园湾M11出土
湖南省博物馆藏

瓜棱形穿带青釉盖罐

唐（618—907）
高24.5厘米，底径11.5厘米
1957年长沙烈士公园M21出土
湖南省博物馆藏

（1）碗钵

唐代碗也称盂、盏等。造型开始多样化，反映需求的多样化，这时期分餐制变为围桌而食，碗分同桌共用、个人单用两种，尺寸大小或相差数倍，功能除盛饭羹外，也可喝茶品酒，故腹部有深浅、弧直之别，口部有敛、敞之分。底部由饼底慢慢演变为圈足。彩绘、刻纹的出现，体现了人们对饮食器具美的追求。

长沙窑青瓷碗

唐（618—907）
高5厘米，口径14.6厘米，足径6.3厘米
湖南省博物馆藏

衡州窑曲腹青瓷碗

五代（907—960）
高7.1厘米，口径17.4厘米，足径5.4厘米
1953年长沙蓉园M28出土
湖南省博物馆藏

衡州窑莲瓣口青瓷钵

五代（907—960）
高6厘米，口径13.5厘米，足径5.4厘米
1958年湖南省文物管理委员会拨交
湖南省博物馆藏

越窑青瓷碗

唐（618—907）
高3.8厘米，口径14.4厘米，底径6.3厘米
1955年长沙丝茅冲M031出土
湖南省博物馆藏

邢窑葵口白瓷碗

唐五代（618—960）
高3.8厘米，口径14.3厘米，足径7.8厘米
1958年长沙子弹库M11出土
湖南省博物馆藏

定窑花口白瓷碗

唐五代（618—960）
高4.7厘米，口径15.3厘米，足径4.7厘米
长沙伍家岭M6出土
湖南省博物馆藏

（2）盘碟

用于盛放饼类、果品等。随着家具的升高，跽坐变垂足坐，中晚唐时高足豆形器逐渐为盘碟取代。长沙窑瓷碟有彩绘、印花等装饰。造型多样，多仿金银器，制作精细，反映对生活情趣的追求。

长沙窑印花酱釉瓷碟

唐（618—907）
高3厘米，口径11.7厘米，
底径7.5厘米
1978年长沙杨家山出土
湖南省博物馆藏

长沙窑荷叶纹褐彩瓷碟

唐（618—907）
高3.1厘米，口径15厘米，
底径4.7厘米
1979年长沙袁家岭出土
湖南省博物馆藏

方形白瓷碟

五代（907—960）
高1.35厘米，口沿边长8.3厘米，底径3.85厘米
1979年长沙M5出土
湖南省博物馆藏

唐中晚期以后，湖南作为重要的粮食产区，其地位日趋明显，“三秦之人待此而饱”。朝廷为笼络地方政权，赏赐必多，故一些高质量的邢、定窑白瓷，越窑青瓷、秘色瓷在湖南地区多有发现。五代“马楚”一直对中原朝廷称臣，多次纳贡，并贩茶中原，北方高档白瓷也相应流入湖南。

三角形印花白瓷碟

五代（907—960）
高1.3厘米，长9.3厘米，宽7.8厘米
1964年长沙下大垅物资局M17出土
湖南省博物馆藏

二、花间一壶酒

瓮（罐）、壶、盏（杯）为三组合，用舀勺从贮酒罐取酒，倒于分酒壶或温酒壶，最后分酒于盏杯。六朝至盛唐酒具多为岳州窑产品，中晚唐坊市制被打破，茶楼酒肆遍及城乡，“江南一路酒旗多”，长沙窑酒具应此而生，酒具上题诗绘画以助兴，或书有酒家、酒肆的广告，已有市民文化的雏形。衡阳州窑酒具造型的变化，反映温酒、分酒习俗的变化。

（一）六朝至盛唐时期

捧壶青瓷侍俑

晋（265—420）
高18.1厘米，宽4.9厘米
1976年友人公社仁和大队庄家州队出土
湖南省博物馆藏

青瓷方壶

东晋（317—420）
通高24.5厘米，宽16.2厘米，口径5.6厘米，足高2.8厘米
2016年汉寿茶铺村出土
汉寿县文物局藏

分酒器。

龙首青瓷盉

隋（581—618）
高14.2厘米，宽18.4厘米
1964年长沙市野坡M3出土
湖南省博物馆藏

温酒器。

青瓷耳杯托盘

西晋（265—317）
高4.7厘米，杯长5.5厘米，盘径11.7厘米
湘阴窑出土
湖南省博物馆藏

饮酒器。

刻莲瓣纹青瓷碗

南朝（420—589）
高4.7厘米，口径8.2厘米，足径3.2厘米
湘阴窑出土
湖南省博物馆藏

褐釉印花高足瓷杯

唐（618—907）
高8厘米，口径6.9厘米，足径4.2厘米
1954年长沙涂家冲M1出土
湖南省博物馆藏

执杯侍女陶俑

隋大业六年（610）
高12.5厘米
湘阴城南公社出土
湖南省博物馆藏

带盖青瓷唾盂

隋（581—618）
高12.3厘米，口径8.1厘米，底径10.2厘米
1956年长沙红莲塘地质局M6出土
湖南省博物馆藏

“唾盂”又名“唾壶”“唾器”，六朝开始流行，可能与当时清谈、嗜酒之风有关。用于吐痰或进餐时盛放残骨，餐后漱口，常配以盖、托盘，更显卫生。为家居、宴享必备之物。《世说新语》注引裴景仁《秦书》曰：“时贤并用唾壶。”《葬经》亦有载，唾壶是常用随葬物之一。

（二）中晚唐时期

1. 贮酒器

中晚唐社会风尚较盛唐有很大变化，酒具亦如此。湖南地区贮酒器由岳州窑高大的盘口瓶式，变为长沙窑矮肥的双系罐式，口多卷唇，便于密封，肩部双系可穿绳提携。当时文献多称为“酿瓮（罋）”或“酒瓮”，由于文人嗜酒之风盛行或在瓮上题诗作画，如白居易《题酒瓮呈梦得》，长沙窑酒瓮上的诗画便是实证。

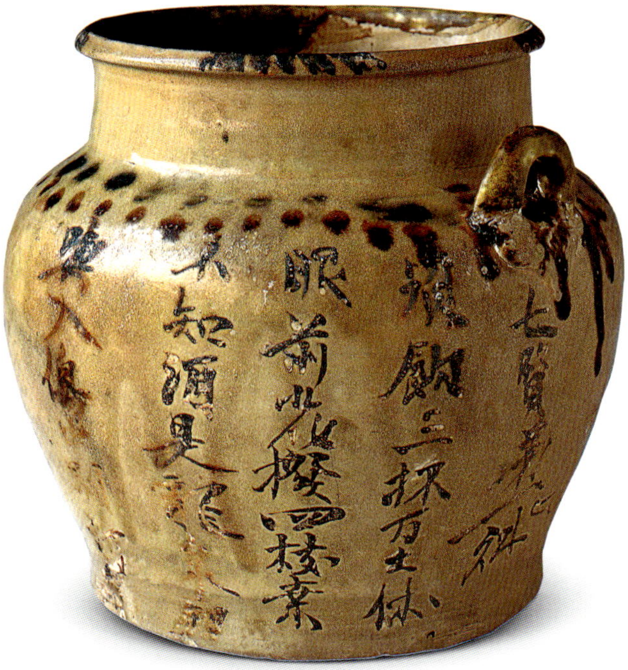

“竹林七贤”瓷罐

高17厘米，口径13.5厘米，腹径18厘米
长沙市博物馆藏

器身诗文为：“七贤第一组：须饮三杯万士（事）休，眼前花撥（发）四枝叶。不知酒是龙泉剑，喫（吃）入傷（肠）中别何愁。”

青釉褐绿彩山水纹瓷罐

高20.8厘米，口径11.5厘米，底径12.8厘米
湖南省文物考古研究所藏

2. 分酒器

据李匡乂《资暇集》载，唐代酒具有几次演变，元和年间仍沿用前代樽、杓，之后出现有流及横柄的酒注，造型如无足的鐎壶；大和九年后，中贵人恶其名同郑注，乃去柄安系，“若茗瓶而小异”。从长沙窑产品中可见，茶酒壶已基本相同。为助酒兴，长沙窑往往题写与酒相关的诗文，或饰绘画。诗文皆位于流下腹部，正与饮客相对，可见窑工匠心。

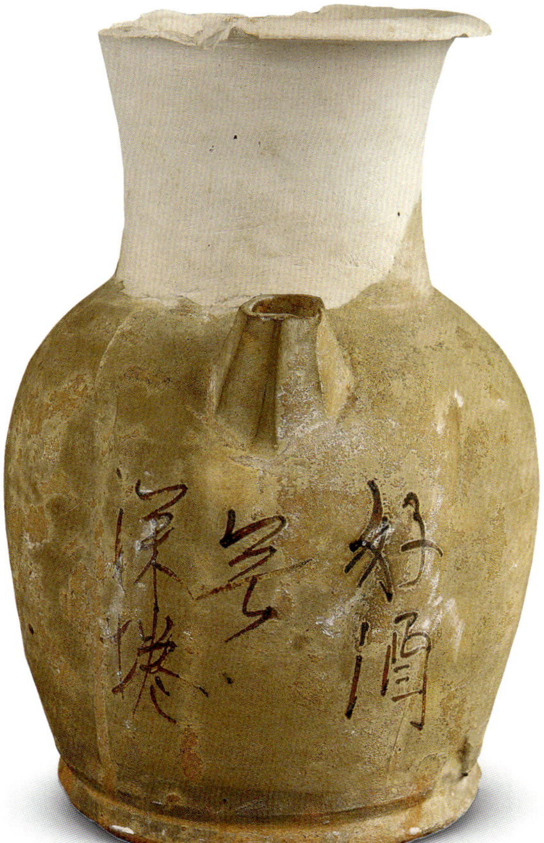

青釉褐彩“好酒无深堪（巷）”诗文瓷执壶

底径9.7厘米
1983年望城县书堂乡古城村蓝岸嘴窑址出土
湖南省博物馆藏

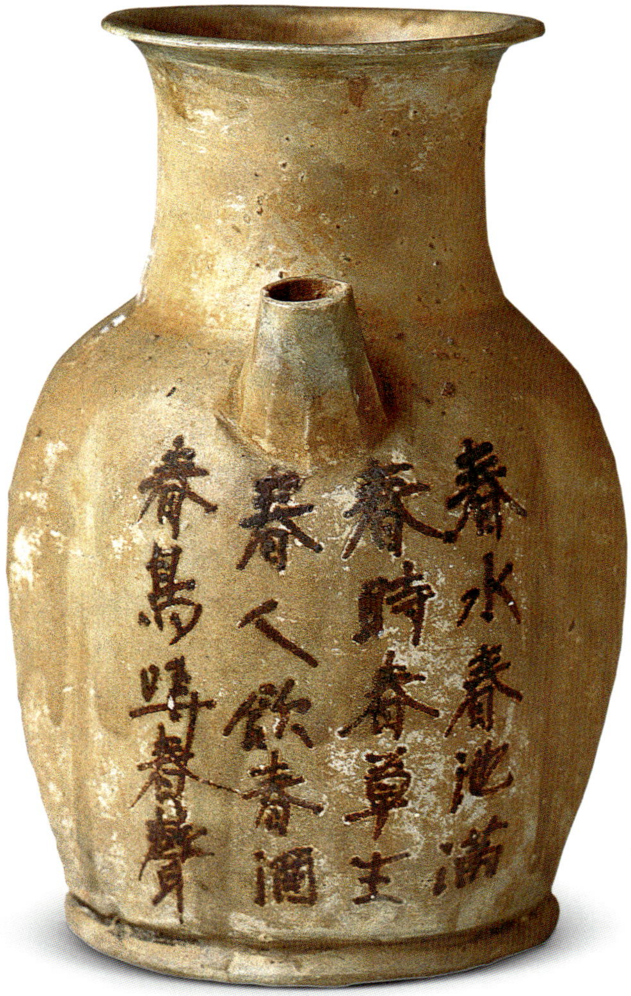

青釉褐彩“春水春池满”诗文瓷执壶

通高19厘米，口径9厘米，底径10厘米
湖南省博物馆藏

诗文：春水春池满，春时春草生。
春人饮春酒，春鸟哢春声。

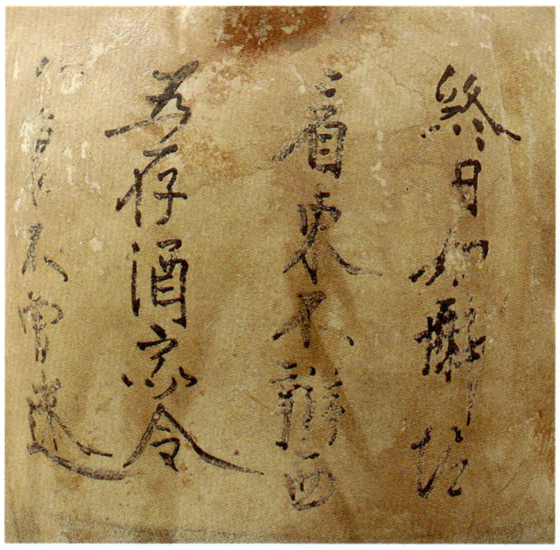

青釉褐彩“终日如醉泥”诗文瓷执壶

高18.3厘米，口径9.3厘米，底径10.2厘米
1983年望城县书堂乡古城村蓝岸嘴窑址出土
湖南省博物馆藏

诗文：终日如醉泥，看东不辨西。
为存酒家令，心里不曾迷。

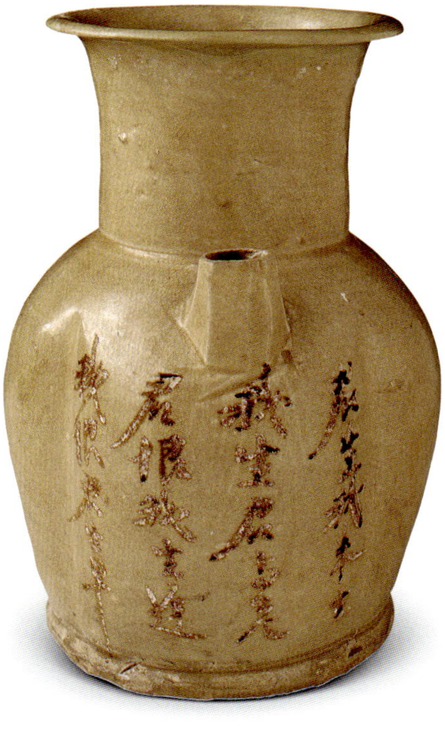

青釉褐彩“君生我未生”诗文瓷执壶

高17.5厘米，口径9.1厘米，底径10厘米
1983年望城县书堂乡古城村蓝岸嘴窑址出土
湖南省博物馆藏

诗文：君生我未生，我生君已老。
君恨我生迟，我恨君生早。

青釉绿彩塔纹瓷酒榼

高24.8厘米，口径3.4厘米，底径11.3厘米
湖南省博物馆藏

此类背壶亦称“酒榼”，即可携带的酒壶。唐皎然诗：“今日惠然来访我，酒榼书囊肩背荷。”

绿釉瓷酒榼

高23.3厘米，口径4.6厘米，底径9.6厘米
1958年长沙出土
湖南省博物馆藏

3. 饮酒器

中晚唐饮酒器造型丰富，以碗为多见。《唐摭言》载文宗赏赐翰林学士承旨王源中，“命赐酒二盘，每盘贮十金碗，每碗各容一升许。宣令并碗赐之”。长沙窑小碗多为酒茶器，有的碗心书有“酒盏”“酒碗”“美酒”等文字，表明其功用，也说明当时碗、盏往往混称。

青釉褐彩“好酒”铭文瓷盏

高4厘米，口径10.9厘米，底径4.2厘米
2009年征集
湖南省博物馆藏

青釉褐彩“美”铭文瓷盏

高4.2厘米，口径11.6厘米，底径4.8厘米
2009年征集
湖南省博物馆藏

印花海棠青瓷杯

高5.9厘米，口径13.2×8.9厘米，足径5.2厘米
湖南省博物馆藏

（三）五代时期

五代时期出现了贮酒新器型，即梅瓶，小口深腹，便于密封贮藏。分酒壶开始兼具温酒功能，与温碗配套使用，即将壶置于碗内，在碗中加热水。这种温酒法在五代及宋的绘画、墓葬壁画中都很常见。同时五代分酒出现了盘口酒瓶，造型秀美，无执手及流，颈部细长，恰一手之握，这种设计可避免腹中酒类液体因失误倒出。

青瓷梅瓶

五代（907—960）
高36.2厘米，口径8.8厘米，足径11.2厘米
1956年长沙左家公山M36出土
湖南省博物馆藏

青釉褐彩石榴纹瓷温壶

五代（907—960）
高14.4厘米，口径5.3厘米，足径7.3厘米
湖南省博物馆藏

影青釉温壶 白瓷温碗

五代至北宋（907—1127）
温壶：高20厘米，口径3.6厘米，足径7.4厘米
温碗：高10.6厘米，口径16.7厘米，底径8.8厘米
湖南省博物馆藏

衡州窑青釉刻莲瓣纹盘口瓷瓶

五代（907—960）
高33厘米，口径10.8厘米，腹径18厘米
1958年长沙子弹库子弟学校M4出土
湖南省博物馆藏

三、竹下半碗茶

湖南是最早产茶、饮茶地区之一。唐代衡山团茶、岳州浥湖含膏，都是当时名茶。长沙窑是唐代茶具产量最大的窑场之一，种类繁多，并饰以书法、绘画，饮茶之余还可欣赏艺术，品评人生。

（一）茶碾

茶叶采集后，需先在甑中蒸熟再捣烂成泥，以铁范装成饼状，再焙干保存。饮用前用轮碾、擂钵、磨子将茶饼碾成末，装入茶盒。

刻划饮茶图素胎碾轮

唐（618—907）
直径6.2～6.6厘米
2010年谭家坡窑址出土
长沙铜官窑管理处藏

印花青釉茶碾

唐（618—907）
通高14厘米，长22厘米
碾槽：1958年湖南省文物管理委员会拨交；
碾轮：2016年征集
湖南省博物馆藏

（二）茶入

茶叶被碾成茶末后，装入封闭性较好的茶入，即茶盒或茶罐。

“竹下半碗茶”展柜实景

小盖青瓷罐

唐（618—907）
高6.8厘米，口径5.6厘米，底径2.7厘米
1958年长沙赤峰山M3出土
湖南省博物馆藏

岳州窑印花青瓷盒

隋（581—618）
高5.7厘米，口径11厘米，底径9.2厘米
1957年长沙南门新生砖厂M5出土
湖南省博物馆藏

（三）茶则

茶入中的茶叶，饮用时以茶则取出。茶圣陆羽曰：“则者，量也，准也，度也。”说明每次茶末的用量均有严格标准。

铜茶则

唐（618—907）
长16.3厘米，宽3.8厘米
1958年长沙赤岗冲出土
湖南省博物馆藏

鸟形执手瓷茶则

唐（618—907）
残长4.8厘米，宽3厘米，残高2.5厘米
征集
湖南省博物馆藏

鸟首已残。

（四）煮茶器

煮茶，以精选佳水置釜、铛中，将开未开时，以茶则加入茶末，并放入少许盐及姜。茶与水交融，茶汤煮好，倒入分茶壶或直接斟入茶碗（盏），分茶包含雨露均施、同分甘苦之意。煮茶讲究茶、水、火、器“四合其美”。

鼎式瓷茶铛

唐（618—907）
高10.3厘米，口径14.6厘米
长沙铜官窑窑址出土
湖南省博物馆藏

绿釉瓷茶铫

唐（618—907）
高6.3厘米，口径12.7厘米
长沙铜官窑窑址出土
湖南省博物馆藏

（五）分茶壶

唐代文献称为茗瓶。茶煮好后，倒入分茶壶，再如斟酒一样，注入茶碗（盏），为快速过茶，分茶壶颈部粗大，流短。为提高饮客的兴致，长沙窑分茶壶腹部往往题写诗文、警句以作谈资，或彩绘各种花纹供欣赏。

青釉褐绿彩莲花纹瓷执壶

唐（618—907）
高19.7厘米，口径9.9厘米，底径11.8厘米
1983年望城县书堂乡古城村蓝岸嘴窑址出土
湖南省博物馆藏

青釉褐绿彩水鸟瓜棱形瓷执壶

唐（618—907）
高23.3厘米，口径12.3厘米，底径12.6厘米
1983年望城县书堂乡古城村蓝岸嘴窑址出土
湖南省博物馆藏

青釉褐绿彩飞凤纹瓷执壶

唐（618—907）
高23厘米，口径10.7厘米，底径12～12.3厘米
1983年望城县书堂乡古城村蓝岸嘴窑址出土
湖南省博物馆藏

（六）汤瓶

中晚唐开始流行点茶法，即将茶末先置于碗中，以釜铫、汤瓶煮水冲泡，当水微沸时冲点，以“茶筅”搅拌，使茶末与水交融一体，宋代在此基础上发展为斗茶。为加大茶汤冲击力度，激发茶性，这时汤瓶的流管逐渐加长，流尖变小。

横柄青釉瓷壶

唐（618—907）
高19.4厘米，口径5.2厘米
1983年望城县书堂乡古城村蓝岸嘴窑址出土
湖南省博物馆藏

衡州窑青釉瓷执壶

五代（907—960）
高20厘米，口径9.1厘米，底径7.5厘米
衡州窑址出土
湖南省博物馆藏

（七）饮茶器

唐代饮茶器造型丰富，有从食碗演变而来的碗形，但腹部由内弧变为斜直，便于茶汤入口；也有为防烫手而从酒托盏演变的茶托盏，但托架更为高深，盏深陷其中，茶筅可以稳当搅拌。

长沙窑青釉褐绿彩花卉纹碗

唐（618—907）
高4.3厘米，口径14.4厘米，足径6.3厘米
蒋剑文先生捐赠
湖南省博物馆藏

青瓷盏托

五代（907—960）
高7.2厘米，口径11.5厘米，底径6.3厘米
1952年3月出土
湖南省博物馆藏

（八）渣斗

陆羽《茶经》中称之为“滓方，以集诸滓”，容器，盛废茶末用。其造型借用于唾盂。

青瓷渣斗

唐（618—907）
高9.6厘米，口径15.2厘米，底径7厘米
1955年长沙左家湾M19出土
湖南省博物馆藏

四、熏香燃灯 传情求子

瓷器自东汉后开始进入生活的方方面面，诸多器具出现瓷化，如熏炉、文房、枕、灯等，瓷玩、摩诃罗等新品种的出现，折射当时社会对求子、育子的关注，“不孝有三，无后为大”的观念已渗入时人血液。

（一）杳霭香炉烟

六朝时期熏香较汉进一步流行，佛事、道家斋仪等必焚香，日常生活也以熏香为时尚，室内香烟缭绕，贵族子弟无不“熏衣剃面”。南朝熏炉流行带托盘，多有三足或四足，盖多透雕各种纹饰图案，顶立瑞兽。唐代香炉分有盖、无盖，行炉、座炉、吊炉等，器身呈豆形、球形或动物形等。

捧熏炉素胎侍俑

晋（265—420）
高18.8厘米，肩宽7厘米
1976年友人公社仁和大队庄家州队出土
湖南省博物馆藏

镂空瓷香炉

晋（265—420）
高9.2厘米，口径13.4厘米，底径10.5厘米
1982年汨罗县征集
湖南省博物馆藏

三足青瓷托炉

南朝（420—589）
高12.6厘米，口径11.5厘米，底径12.3厘米
蔡季襄先生捐赠
湖南省博物馆藏

（二）灯烛照明

六朝至唐代照明用具由青铜为主向瓷器转变，按燃料又分烛台与油灯两类，烛台燃蜡，制作精细，装饰繁华，多用于祭祀、佛道法事、婚礼（花烛）等仪式。《元和郡县志》载，开元年间邵州（今邵阳）贡黄蜡。油灯用于日常照明，长沙窑产有节油灯。

青瓷烛台

唐（618—907）
高9.8厘米，盘径10.4厘米，足径4.4厘米
1958年长沙赤峰山M3出土
湖南省博物馆藏

青瓷莲花烛台

唐（618—907）
高17厘米，口径5.4厘米，底径13.5厘米
湖南省博物馆藏

青釉红绿彩八方瓷烛台

唐（618—907）
高19.3厘米，座径14.6厘米
1983年望城县书堂乡古城村蓝岸嘴窑址出土
湖南省博物馆藏

青釉褐绿彩羊形瓷烛台

唐（618—907）
高13.2厘米，底径9.8厘米
湖南省博物馆藏

辟邪铜油灯

六朝（222—589）
高16.4厘米，长14厘米
1985年湘阴M1出土
湖南省博物馆藏

褐釉双杯形瓷灯

隋（581—618）
高8.5厘米，口径6厘米，足径5厘米
1964年长沙野坡M3出土
湖南省博物馆藏

长沙窑青釉碗形瓷灯

唐（618—907）
高5.8厘米，口径11厘米，足径4厘米
湖南省博物馆藏

长沙窑“油瓶伍文”青瓷壶

唐（618—907）
底径10.5厘米
1983年望城县书堂乡古城村蓝岸嘴窑址出土
湖南省博物馆藏

长沙窑青釉“油盒”瓷盒

唐（618—907）
高5.9厘米，口径6.2厘米
湖南省博物馆藏

（三）日常起居

1. 虎子

溲器。出土于男性墓，或夫妻合葬墓的男性一边，单置一处或置于死者脚边，可见为男性专用。《西京杂记》：“汉朝以玉为虎子，以为便器，使侍中执之，行幸以从。”

湘阴窑青瓷虎子

南朝（420—589）
高19厘米，腹径12.5厘米，长29厘米
2015年征集
湖南省博物馆藏

岳州窑青瓷虎子

唐（618—907）
通高27厘米，长26.5厘米，口径6.6厘米
征集
湖南省博物馆藏

2. 瓷枕

瓷枕流行于唐，是长沙窑的大宗产品。既是纳凉的工具，又是寄情的载体，诗文多以少女口吻描述对情郎的思念，或绘双鸾、双雀，表达对爱情的向往，或以狮、犀等猛兽为座，既有辟邪功能，也含求子愿望。

青釉褐绿彩狮座“日红衫子合罗裙”诗文瓷枕

唐（618—907）
高7.3厘米，长13.1厘米，宽8.1厘米
1983年望城县书堂乡古城村蓝岸嘴窑址出土
湖南省博物馆藏

诗文：日红衫子合罗裙，尽日看花不厌春。
　　　更向妆台重注口，无那萧郎悭煞人。

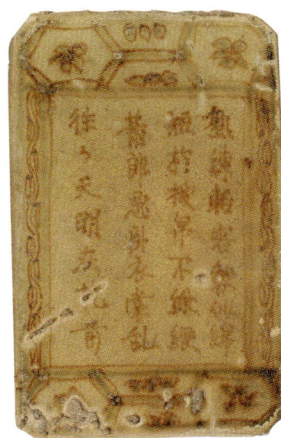

狮座“熟练轻容软似绵”诗文瓷枕

唐（618—907）
高7.3厘米，长13厘米，宽8.1厘米
湖南省文物考古研究所藏

诗文：熟练轻容软似绵，短衫披帛不絨缠。
　　　萧郎急卧衣裳乱，往往天明在花前。

青釉褐绿彩双燕纹瓷枕

唐（618—907）
高8.2厘米，长15.3厘米，宽10.3厘米
20世纪上半叶长沙城郊唐墓出土
湖南省博物馆藏

3. 瓷玩

长沙窑生产大量的瓷质玩具，多塑成动物或人形，形态各异，神态可掬，或可吹奏如埙，说明汉以来倡导尊老尽孝的同时，爱幼之风也悄然兴起。

褐釉瓷鸟

唐（618—907）
高5.5厘米
湖南省博物馆藏

褐釉瓷猪

唐（618—907）
高5.1厘米
湖南省博物馆藏

青釉褐彩瓷狗

唐（618—907）
高3.5厘米
湖南省博物馆藏

青釉褐彩瓷摩羯

唐（618—907）
高6.9厘米，残长11.5厘米
湖南省博物馆藏

4. 摩诃罗

长沙窑也生产许多婴孩形玩具，实为唐宋时流行的摩诃罗，也作摩喝乐。其名称译自梵文Mahoraga，后随粟特人入华而传入，其内涵也发生变化，成为七夕求子的象征物。

青釉褐彩击鼓瓷俑

唐（618—907）
高11.7厘米
湖南省博物馆藏

婴儿抱物瓷俑

唐（618—907）
高9.3厘米，长5.5厘米，宽4.5厘米
湖南省博物馆藏

瓷卧婴

唐（618—907）
高5厘米，长3.5厘米，宽5.5厘米
1986年浏城桥黄泥坑征集
湖南省博物馆藏

五、人俑话服饰

（一）人物俑

六朝时期，南方地区服饰沿袭汉代形制，贵族褒衣博带，平民则着便于劳作的上衣下裤。唐代服饰融合了诸多域外元素，汉服胡风并存，胡服成为一种时尚。唐代服饰男装常服一般是头戴幞头，身穿圆领袍衫，腰系革带，脚穿皮靴或履。女子服饰种类繁多，色彩艳丽张扬，流行款式为三件搭配：上穿衫（或襦、袄）或半臂，外搭各式长帔，下着高束腰拖地长裙，脚穿翘头履。或着男装。配以各式发髻，神态端庄娴雅，彰显出大唐开放、自信的神韵。这时期织物未能保存，可从大量出土的人物俑知其大概。

舞蹈人物青铜俑展示图

舞蹈人物青铜俑

南朝（420—589）
高27.5厘米
1983年津市孽龙岗南朝墓出土
湖南省博物馆藏

舞蹈女子绾发，侧颈作仰望嘻笑状，上衣下裳（裤），小袖短服，胡服特征明显。

浮雕宽衣博带仕女陶砖

隋（581—618）
长33.6厘米，宽15.3厘米
1964年长沙汽修厂M4出土
湖南省博物馆藏

双髻侍女素胎俑

唐（618—907）
高20厘米
湘阴县城出土
湖南省博物馆藏

弹琵琶女素胎俑

唐（618—907）
高19厘米，底座长13厘米，宽8.5厘米
1956年长沙烈士公园出土
湖南省博物馆藏

着男装仕女素胎俑

唐（618—907）
高32厘米，底座长8.4厘米，宽8厘米
1971年湘阴城北桐子山M1出土
湖南省博物馆藏

（二）梳妆用品

《颜氏家训·勉学》载南朝时人们“无不熏衣剃面，傅粉施朱”，隋代仍存南朝遗风。唐人社会风气较为开放，注重妆扮，既沿袭六朝时期剃面敷粉之习，又追求时尚的浓妆艳抹。妆具繁多，粉盒多为瓷质，有的多联盂中间有研磨小砚。制作精细，既有本地烧制的青釉（或加彩）产品，也有中原流入的白釉粉盒。铜镜较前代厚重，出现金银平脱、螺钿镶嵌、涂釉、涂漆等装饰新工艺，纹饰多寓意吉祥，清新活泼，有西亚题材的海兽、葡萄、马球等新纹样，颇具大唐气象。

“官”字款白瓷粉盒

隋唐（581—907）
高6.9厘米，口径6.9厘米
1958年长沙树木岭M9出土
湖南省博物馆藏

白瓷粉盒

隋唐（581—907）
高7.5厘米，口径9厘米，底径5.9厘米
1956年长沙砚瓦池M5出土
湖南省博物馆藏

“张”字款白釉绿彩粉瓷盒

隋唐（581—907）
高4.9厘米，宽5.3厘米
1959年长沙市北郊龙坑子M1出土
湖南省博物馆藏

海兽葡萄纹铜镜

唐（618—907）
直径17厘米
湖南省博物馆藏

玉兔捣药纹方形铜镜

唐（618—907）
长10.4厘米，宽10.3厘米
1955年长沙丝茅冲M29出土
湖南省博物馆藏

鸟兽纹菱花形铜镜

唐（618—907）
直径18.8厘米
2003年湘阴县博物馆调拨
湖南省博物馆藏

双龙戏珠纹铜镜

唐（618—907）
直径12.3厘米
湖南省博物馆藏

嵇康抚琴纹铜镜

唐（618—907）
直径15.6厘米
湖南省博物馆藏

六、文风初盛

简牍，是纸张普及之前的主要文字载体。湖南地区发现了从战国至西晋的大量简牍，内容有文书档案等各类文献。纸张取代简牍后，文化传播更为便捷。隋唐后不断增多的镇纸、砚台等文房用品，反映文化普及度逐渐提高。

（一）对书俑

青瓷对书俑

西晋永宁二年（302）
高17.2厘米，长15.5厘米，宽7.8厘米
1958年长沙市金盆岭M9出土
湖南省博物馆藏

俑头戴进贤冠，身着交领长袍，应为文吏。中间置书案，案上置笔架、长方形砚、小提箱。一人执笔在木牍上书写，另一人手执一板，上置简册，若有所语。从笔吏所执毛笔及笔架上的两支毛笔看，笔端下尖，应可作发簪，便于随时取用。

（二）砚

魏晋以后开始流行瓷砚，造型如太学辟雍，中间隆起，故名辟雍砚。砚堂无釉，以利研磨。底足随着时间推移由三足增至多足。有的尚有墨渍，说明为墓主生前实用物。

中晚唐之际，辟雍砚不再流行，代之而起的是箕形砚，造型如箕而名，多为石质。之后又演变为风字砚。

三足辟雍青瓷砚

晋（265—420）
高4.1厘米，直径13.6厘米
1955年长沙雨花亭速成中学M2出土
湖南省博物馆藏

多足辟雍青瓷砚

唐（618—907）
高6.5厘米，直径20.2厘米
1954年长沙左家塘M36出土
湖南省博物馆藏

褐釉兽首箕形瓷砚

唐（618—907）
高4.9厘米，长15.9厘米，宽11厘米
湖南省博物馆藏

“长兴三年”箕形石砚

五代后唐长兴三年（932）
高1.3～1.5厘米，长12.7厘米，宽7厘米
长沙牛塘墓M23出土
湖南省博物馆藏

（三）砚滴

砚滴，原名水注，号称文房“第五宝”，用来注水入砚台，有流曰水注，无流为水丞。魏晋时期，蛙、兔等动物形水丞较为流行。唐长沙窑烧制许多带流水注。

蟾形青瓷水滴

六朝（222—589）
高5厘米，口径3厘米，底径5.8厘米
湖南省博物馆藏

长沙窑褐绿彩鸟形瓷水注

唐（618—907）
高9厘米，口径3.5厘米，底径5厘米
湖南省博物馆藏

长沙窑龙形提梁瓷水注

唐（618—907）
高10.7厘米，腹径6.2厘米，底径4.5厘米
长沙陈家大山出土
湖南省博物馆藏

长沙窑青釉褐绿彩六鸟瓷水盂

唐（618—907）
高5.7厘米，口径4.9厘米，足径5.4厘米
湖南省博物馆藏

（四）笔洗

青釉褐斑瓷洗

唐（618—907）
高9.5厘米，口径16厘米，底径7.5厘米
1983年望城县书堂乡古城村谭家坡窑址出土
湖南省博物馆藏

青釉褐绿彩瓷洗

唐（618—907）
高9.3厘米，口径14.4厘米，底径13.4厘米
1983年望城县书堂乡古城村蓝岸嘴窑址出土
湖南省博物馆藏

（五）镇纸

宋刘子翚《书斋十咏·压纸狮子》："镇浮须假重，刻石作狻猊。"唐宋时流行狮形镇纸，材质却有瓷到石的变化。镇纸的出现，反映当时书写载体由简牍变为纸本。

青釉褐绿彩瓷狮

唐（618—907）

残高7厘米，长8.4厘米，宽6.5厘米

湖南省博物馆藏

青釉褐绿彩瓷双狮

唐（618—907）

高6.2厘米，底座长7.7厘米，宽7.4厘米

长沙县霞凝区出土

湖南省博物馆藏

青釉褐绿彩瓷象

唐（618—907）

高6.7厘米，底长7.4厘米，宽4.9厘米

湖南省博物馆藏

七、浓郁胡风

作为海上通商口岸广州与中原的连接通道，湖南地区深受域外文化影响。特别中晚唐对外交流由西北陆路转向海路，湖南对外交流更为密切，日常用品及生活习俗打下了西域文化的烙印。与此同时，富有域外文化元素的长沙窑产品，也畅销到海外诸多地区。

（一）长颈瓶

岳州窑产品，仿西亚银器、玻璃器造型，器形优美，多用于装香水或插花供佛。

长颈青瓷瓶

南朝（420—589）
高29.5厘米，口径7.6厘米，底径7厘米
1956年长沙烂泥冲M1出土
湖南省博物馆藏

长颈青瓷瓶

唐（618—907）
通高22.2厘米，口径5.5厘米，足径7.3厘米
湖南省博物馆藏

（二）玻璃器

玻璃器自东周时传入中土后，战国至西汉时期长沙成为玻璃器的制作中心，其后便失传。之后，玛瑙饰品、玻璃器皿等舶来品又陆续进入湖南地区，反映湖南对外经济文化交流之广泛。

贴花玻璃杯

唐（618—907）
高4.2厘米，口径7.4厘米，底径3.8厘米
1987年常德市南坪七里桥出土
湖南省博物馆藏

玻璃钗

唐（618—907）
长16.2厘米，宽2.2厘米
湖南省博物馆藏

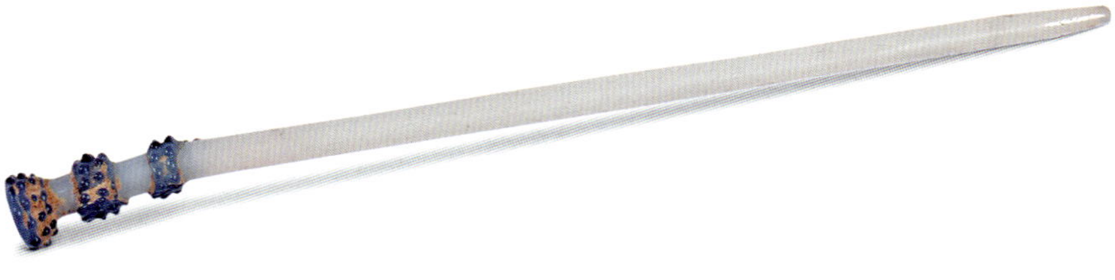

玻璃簪

唐（618—907）
长15厘米
1991年株洲县征集
湖南省博物馆藏

（三）胡人俑

岳州窑烧造大量的胡人俑，深目高鼻，蓄浓密的络腮胡须。其姿态各异，架鹰、骑马，或牵骆驼，反映胡人在中土之多。有的衣着、身份已中土化，如持刀俑、蒿里俑。隋唐时期，南方诸省中出土胡人俑以湖南居多，反映湖南在海上丝绸之路中陆路段的重要性。

胡人架鹰素胎俑

唐（618—907）
高32厘米
1971年湘阴城北桐子山M1出土
湖南省博物馆藏

胡人牵驼素胎俑

唐（618—907）
胡人俑：高18厘米
骆驼俑：高18.5厘米，长17厘米
1958年长沙市赤峰山M3出土
湖南省博物馆藏

胡人牵驼素胎俑

唐（618—907）
胡人俑：高21厘米
骆驼俑：高23.6厘米，长15.8厘米
1958年长沙市赤峰山M4出土
湖南省博物馆藏

“胡人俑”展柜实景

蒿里丈人素胎俑

唐（618—907）
高37厘米，宽10.6厘米
1958年长沙市赤峰山M4出土
湖南省博物馆藏

（四）长沙窑外销瓷器

1998—2000 年在印度尼西亚勿里洞岛海域打捞的唐代“黑石号”沉船，出水 67000 件金银器及陶瓷器，其中 56000 余件为长沙窑外销瓷器，有碗、壶、灯等各种生活用器。壶多饰西亚题材的模印贴花，碗有大、中、小三种规格，碗内以褐、绿彩绘西亚文化元素的纹饰图案。由此可见唐代湖南地区对外经济文化交流之盛况。

青釉褐绿彩水草纹瓷碗

唐宝历二年（826）
高4.3厘米，口径14厘米，底径4.8厘米
2007年印度尼西亚征集
湖南省博物馆藏

青釉褐斑贴花椰枣纹瓷壶

唐宝历二年（826）
高22.2厘米，口径11.5厘米，底径15.8厘米
2007年印度尼西亚征集
湖南省博物馆藏

青釉褐绿彩云纹瓷碗

唐宝历二年（826）
高5.4厘米，口径14.8厘米，底径5.1厘米
2007年印度尼西亚征集
湖南省博物馆藏

青釉褐绿彩莲花纹瓷碗

唐宝历二年（826）
高5.2厘米，口径15.4厘米，底径5.4厘米
2007年印度尼西亚征集
湖南省博物馆藏

【西晋军功贵族生活——以安乡刘弘墓为例】

西晋（265—317）

1991 年安乡县黄山镇出土

刘弘（236—306），西晋名将，曹魏镇北将军刘靖之子，因军功封为“镇南大将军”，爵号“宣成公”。王夫之评说：“晋保江东以存中国之统，刘弘之力也。”墓中出土金银玉器数量较多，工艺精湛，可见乱世时期军功贵族掌握了大量社会财富，生活极尽奢华。

“镇南将军章”金印

通高2.2厘米，边长2.4厘米

湖南省博物馆藏

按晋礼制，只有太子及王侯等高级贵族才能享用龟纽金印。该枚金印，与下“宣成公章”金印，证明墓主身份之高。“镇南将军章”官印不能随葬，只能用仿制明器陪葬。

“宣成公章”金印

通高2.6厘米，边长2.4厘米

湖南省博物馆藏

为墓主爵号印，制作较“镇南将军章”金印稍精致，按礼制大将军印多用“章”。

玉樽

高10.5厘米，口径10.5厘米

湖南省博物馆藏

盛酒器，仿青铜造型。腹部分上下两层，雕刻仙人、龙、虎、熊、芝草等图案，线条流畅飘逸，充满动感；器底三熊足。从造型及装饰图案看，为东汉玉雕的代表作。此期盛行谶纬迷信，流行神仙瑞兽图案。

螭龙纹金带扣

长9.5厘米，宽6.1厘米
湖南省博物馆藏

龙纹心形玉佩

长9厘米，宽7.5厘米
湖南省博物馆藏

其造型与纹饰，属于典型的北方游牧民族风格。使用方式与今带扣基本相同。其工艺令人惊叹，采用锤揲和掐丝方法制作螭龙，龙上镶满小金珠，扣上还镶嵌有菱形、圆形绿松石46颗。

【西晋贵族生活——以长沙金盆岭墓为例】

西晋（265—317）

1958 年长沙市金盆岭出土

此墓为平面呈凸字形的砖室墓，砖上印有“永宁二年五月十日作”的篆字。墓内金属器皿被盗一空，仅存湘阴窑烧造青瓷器，包括各式俑，牛车、羊圈、谷仓等模型器，盘、槅等生活用具。众多的骑马俑反映两晋时中原衣冠南徙带入的北方骑马习俗。一些俑眉间有白毫相，说明佛教已传入湖南地区。

1. 出行仪仗

西晋时贵族出行多有仪仗。前有骑马的鼓吹乐队、具装甲骑开道，后有持盾或背有箭箙的士兵殿后，中间为象征墓主乘坐的牛车、鞍马，旁为男仆女婢随从。这些俑多为部曲。魏晋时期部曲地位卑微化，亦兵亦农。骑马俑及鞍马上见有单马镫，为国内最早的实物见证。

青瓷鞍马

高19厘米，身长19.3厘米

湖南省博物馆藏

青瓷骑马俑

高14.8～24.5厘米
湖南省博物馆藏

2. 日常生活

青瓷对乐俑

高16.5厘米，长14.6厘米，宽6.8厘米
湖南省博物馆藏

奏乐俑眉间有白毫相，头戴尖帽，身着交领长衫，相对而坐。一俑抚琴，一俑吹箫，中间置盛放饼类食物的圆盘。

青瓷槅

高3厘米，长13.8厘米，宽10.6厘米
湖南省博物馆藏

青瓷羊圈

高16厘米，圈10.8×9.1厘米
湖南省博物馆藏

嘉湖唐墓
出行仪仗俑

长沙金盆岭晋墓
THE LIVES OF DISTINGUISHEEL MILITARY FIGURES DURING WESTERN JIN DYNASTY
— 1958年发掘 —
此墓为平面呈凸字形的砖室墓，砖上印有西晋“永宁二年五月十日作”的篆字。墓内金属器皿被盗一空，仅存湘阴窑烧造的青瓷，包括各式俑，牛车、羊圈、谷仓等模型器，盘、槅等生活用具。众多骑马俑反映两晋时中原衣冠南徙带入的骑马习俗。一些俑眉间有白毫相，说明佛教已传入湖南地区。
This tomb is a brick tomb with a layout shaped like an upside-down letter T. The phrase “Made on the tenth day of the fifth month, in the second year of Yongning period” is stamped on the bricks. The tomb has been robbed of all of its metal artifacts, with only the Hunan-made celadon artifacts left, such as human figures of various kinds, and models of bullock carts, sheep pens, and granaries, etc., and household objects like plates and ge, etc. The many riding figures found showed that the dress of the Central Plains had spread to Hunan during Western and Eastern Jin Dynasties and that the northern custom of horse-riding had also been imported. Some of the figures wear the urna mark on their foreheads, indicating that Buddhism had already spread to the region.
北齐壁画 · 备行图
青瓷骑马俑

【初唐贵族生活——以长沙咸嘉湖唐墓为例】

唐（618—907）
1976 年长沙咸嘉湖唐墓出土
此墓早年被盗，清理时仅出土岳州窑青瓷。根据随葬品的规格和数量，对照唐朝礼制，墓主应为初唐刺史级官员。
出土物反映墓主生前出行卤簿、生活起居及死后葬仪等方方面面，不仅包含诸多中原文化习俗，也有西域文化因素，体现了多元文化交融的大唐气象。

1. 出行仪仗俑

汉以后后妃、太子、王公大臣出行皆有卤簿，各有定制。唐制四品以上皆给卤簿，作为刺史的墓主官级四品，死后可享鼓吹、旌旗、文武吏、车驾等共“六十事”随葬。设有帷幔的牛车、鞍马均为墓主座驾，虚位以待。

青瓷牛 青瓷舆
牛：高14.8厘米、身长17厘米
舆：高11.6厘米，长16.3厘米，宽9.4厘米
湖南省博物馆藏

青瓷鞍马
高16.7厘米，身长19.5厘米
湖南省博物馆藏

青瓷武士俑 青瓷文吏俑

高25.6厘米，座长7厘米，宽6.7厘米
高24.1厘米，座长5.9厘米，宽5.6厘米
湖南省博物馆藏

2. 侍俑

侍俑或抄手，或持棒、架鹰、提壶等。服饰上有的保留北方衣着特征，如圆领、长靴等，但已不见北方俑常见的翻领长袍服、长披风、风帽等，可见俑服饰随南方气候而变化。

胡人架鹰青瓷俑

高26.3厘米，座长7.6厘米，宽6.1厘米
湖南省博物馆藏

提壶青瓷俑

高26.1厘米，座长7.2厘米，宽6.2厘米
湖南省博物馆藏

持钵青瓷女俑

高25.4厘米，座长6.8厘米，宽6.2厘米
湖南省博物馆藏

3. 娱乐文房

青瓷奏乐俑

高16.2～18厘米，座长6.2～6.7厘米，宽5.1～6.3厘米
湖南省博物馆藏

唐代奏乐俑与汉大不相同，表演者由男性变为女性；乐器也由传统的竽、瑟合奏，变为拍板、鼓、钹、箜篌、箫多种器乐的合鸣，此套伎俑皆高髻，着窄袖小衫、百褶裙，衣着和乐器受西域文化影响颇深。

青瓷双陆棋盘

长9.3厘米，宽6.3厘米
湖南省博物馆藏

唐代以双陆、围棋最为流行，多位皇帝皆有此好。双陆，又名握槊、长行，始于三国。《唐国史补》载："今之博戏，有长行最盛……围棋次于长行。"翰林院专设棋待诏一职。清乾隆年间，民间多用双陆赌博而遭封杀，双陆由此失传。

4. 阴间守护神

陶质镇墓俑、镇墓兽的葬制源于北朝东部，传入湖南后，多改为瓷质，并饰以釉下褐彩。唐代文献中的“四神”：当圹、当野为镇墓俑；祖明、地轴为镇墓兽，一人面一兽面。按唐早期规制，“四神”高不得过尺（约合今30.7厘米）。此俑高达54厘米，显然已僭越，这种现象在当时较为普遍。

青瓷镇墓俑

高54厘米，宽14厘米
高45厘米，宽14厘米
湖南省博物馆藏

青瓷镇墓兽

高32.5厘米，座长20.2厘米，宽18.5厘米
高34.8厘米，座长21.9厘米，宽19.6厘米
湖南省博物馆藏

青瓷生肖俑

高5.8～16.3厘米，长9.4～10.2厘米，宽5.7～6.4厘米
湖南省博物馆藏

北朝时，民间始用生肖俑（即文献所载的十二时神）随葬，以压胜辟邪。唐代生肖俑纳入丧制规定。

宋摹唐《内人双陆图》
青瓷几

宋代经济重心南移后，湖南的经济、文化地位逐渐上升。在文人审美导向的影响下，人们更加追求生活的品质与情趣。作为茶酒重要产地的湖南，饮茶品酒的方式推陈出新，用具考究。同时棉纺织业在湖南大力推广，元明时期棉布成为衣着主料之一。明末南美作物的引入，改变了传统的饮食结构，辣椒成为湘菜的主要特色，也演绎成湖南人的性格标签。

一、斗茶品酒

随着点茶的普及，宋代茶、酒具由唐代共用变为专器专用，成为湖南各窑口的大宗产品。为满足斗茶的需求，茶具制作日趋考究；随着蒸馏法的推广，酒精度提高，酒具变得精致小巧。现已发现多批窖藏金银茶具、酒具，宋时锡质茶具、酒具也颇为流行。

（一）长沙茶具甲天下

自唐以来，湖南一直是全国茶叶和茶具的重要产地之一。宋时各州县均种茶，产量大，名品多，既有贡品，又远销中原与游牧地区。为满足点茶的需求，茶具制作雅致，汤瓶与盏均有特殊的范式。不同时代、阶层与区域的饮茶方式不同，茶具也有差异，体现了社会生活的时代性与多样性。

1. 急须

执柄瓷壶

宋（960—1279）
高10.7厘米，腹径连柄长16.5厘米
湘乡棋梓桥窑出土
湖南省博物馆藏

2. 汤瓶

天青釉瓷壶

宋（960—1279）
高17.3厘米，口径7.5厘米，底径5.8厘米
湘乡棋梓桥窑出土
湖南省博物馆藏

褐釉瓷壶

宋（960—1279）
高16.7厘米，口径10.3厘米，底径6.3厘米
湘乡棋梓桥窑出土
湖南省博物馆藏

青釉绿彩花卉瓷执壶

宋（960—1279）
高21.8厘米，口径7.5厘米，底径8.8厘米
祁东县唐家窑出土
湖南省博物馆藏

“斗茶品酒”展柜实景

3. 茶盏 茶碗

彩瓷盏

宋（960—1279）
高4.9厘米，口径10.9厘米，底径3厘米
湘乡棋梓桥窑出土
湖南省博物馆藏

青釉刻花瓷碗

宋（960—1279）
高4.65厘米，口径11.5厘米，底径4.8厘米
湘乡棋梓桥窑出土
湖南省博物馆藏

“喫（吃）茶去”瓷碗

宋（960—1279）
高5.5厘米，口径12厘米，底径4.3厘米
湘乡棋梓桥窑出土
娄底市娄星区文物管理所藏

（二）一曲新词酒一杯

宋代酒文化在文人的推动下发展到新的高峰，新词往往在文会品酒中吟唱，或即兴创作。温酒由宋代碗注式，变为元代的匜瓶式。湖南除广泛烧造瓷酒具外，作为银、锡出产地，银、锡酒具的制作与使用，盛于其他地区。

1. 储酒器

磁州窑白地黑花瓷梅瓶

宋（960—1279）
高37.8厘米，口径3.7厘米，足径8.2厘米
湖南省博物馆藏

青瓷梅瓶

北宋（960—1127）
高43厘米，腹径20厘米，足径9.7厘米
湖南省博物馆藏

豆青百褶瓷缸

元（1206—1368）
高23.9厘米，口径27.4厘米，腹径35.5厘米
1956年常德出土
湖南省博物馆藏

“携酒寻芳”图青花瓷罐

明（1368—1644）
高37厘米，口径21厘米，底径20厘米
湖南省文物商店征集
湖南省博物馆藏

2. 分酒器

青釉双系瓷执壶

北宋（960—1127）
高11厘米，口径4.8厘米，底径5.7厘米
湘乡棋梓桥窑出土
湖南省博物馆藏

龙泉窑青釉葫芦形瓷执壶

南宋（1127—1279）
高18.3厘米，腹径12厘米
1953年岳阳市南津港出土
湖南省博物馆藏

磁州窑葫芦形瓷执壶

宋（960—1279）
高16.4厘米，口径2.1厘米，足径6.5厘米
湖南省博物馆藏

青花“蒙恬将军”玉壶春瓷瓶

元（1206—1368）
高30厘米，口径8.4厘米，足径9厘米
1956年湖南常德窖藏出土
湖南省博物馆藏

3. 饮酒器

青釉斗笠瓷盏

元（1206—1368）
高4.5厘米，口径12厘米
1953年桂阳县城关镇东门外六龙书院出土
湖南省博物馆藏

莲瓣形青瓷盏

元（1206—1368）
高4.6厘米，口径7.9厘米，足径2.6厘米
桂阳出土
湖南省博物馆藏

双龙纹银托盏

元（1206—1368）
高17.8厘米，盏口径8.8厘米，托口径16.9厘米
1996年临澧县柏枝乡征集
湖南省博物馆藏

银酒器

元（1206—1368）
玉壶春瓶：高34厘米，口径7.4厘米，底径9.4厘米
盏：高5.5厘米，口径8.9厘米，底径4.7厘米
　　高4.8厘米，口径8.9厘米，底径3.9厘米
托盘：高0.7厘米，直径17厘米，底径18.8厘米
匜：高5.7厘米，最大口径16.7厘米，底径11厘米
1994年涟源石洞村窖藏出土
涟源市文物管理所藏

青釉高足瓷杯

元（1206—1368）
高9.8厘米，口径12.3厘米，足径5厘米
1953年桂阳县城关镇东门外六龙书院出土
湖南省博物馆藏

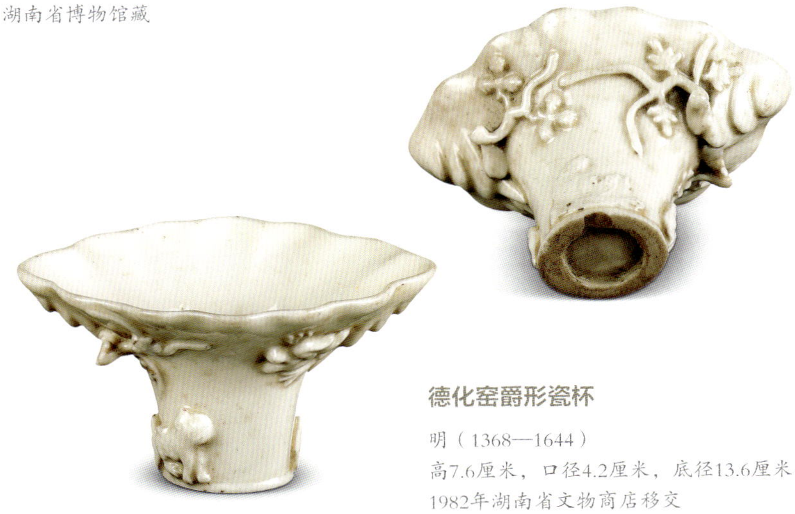

德化窑爵形瓷杯

明（1368—1644）
高7.6厘米，口径4.2厘米，底径13.6厘米
1982年湖南省文物商店移交
湖南省博物馆藏

“寿”字金杯

明（1368—1644）
高3.4厘米，口径6.5厘米，底径3.2厘米
1974年桃江出土
湖南省博物馆藏

青花云龙纹爵形瓷杯

明嘉靖（1522—1566）
高10厘米，口长11.8厘米
湖南省博物馆藏

宋以后饮食餐具愈发精致，且以瓷质为主，本地窑口与景德镇、龙泉窑产品并用，银质餐具也占有一席之地；明清时则流行青花瓷。随着粮食产量的提高，宋时部分地区开始由一日两餐增至三餐，饮食追求色香味俱全。至清代湘菜发展成为独立菜系。

1. 碗

龙泉窑青瓷碗

宋（960—1279）
高7.7厘米，口径15厘米
1966年临湘陆城M1出土
湖南省博物馆藏

景德镇窑白瓷碗

宋（960—1279）
高5.6厘米，口径12.5厘米，
足径5.6厘米
湖南省博物馆藏

青釉粉上褐绿彩瓷碗

宋（960—1279）
高9.5厘米，口径23.8厘米，底径7.2厘米
祁东县归阳镇唐家窑出土
湖南省博物馆藏

青釉牡丹“王”字卧足瓷碗

元（1206—1368）
高4.5厘米，口径12.9厘米
桂阳出土
湖南省博物馆藏

青瓷莲瓣刻花瓷碗

元（1206—1368）
高7.2厘米，口径15.4厘米
岳阳出土
湖南省博物馆藏

枢府釉瓷碗

元（1206—1368）
高4.6厘米，口径12.2厘米
常德出土
湖南省博物馆藏

龙泉窑青釉莲瓣纹瓷盘

宋（960—1279）
高3.6厘米，口径15.8厘米，足径5.7厘米
1966年临湘陆城 M1出土
湖南省博物馆藏

花瓣口白瓷碟

宋（960—1279）
高4.2厘米，口长12.8厘米，宽12.3厘米，足径7厘米
1952年长沙颜家岭出土
湖南省博物馆藏

莲花纹青瓷碟

元（1206—1368）
高3厘米，口径12.1厘米
1953年桂阳县城关镇东门外六龙书院出土
湖南省博物馆藏

宋代龙泉窑瓷碗一组

青花双鱼纹大瓷盘

元（1206—1368）
高7.9厘米，口径45厘米，底径25厘米
1956年常德窖藏出土
湖南省博物馆藏

青花瓷碗

明（1368—1644）
高6～7厘米，口径12～17厘米，足径5～8厘米
1996年湘西溆浦市出土
湖南省博物馆藏

3. 洗

三鱼纹青瓷洗

元（1206—1368）
高3.2厘米，口径12.3厘米
1953年桂阳县城关镇东门外六龙书院出土
湖南省博物馆藏

青瓷洗

元（1206—1368）
高3.2厘米，口径12.1厘米
1953年桂阳县城关镇东门外六龙书院出土
湖南省博物馆藏

龙泉窑瓜楞形瓷洗

明（1368—1644）
高3.4厘米，口径10.5厘米
湖南省博物馆藏

（四）列炉焚香，置瓶插花

焚香、插花与点茶、挂画为宋代文人“四般闲事”。香有多种，炉形也各样，多仿商周青铜、玉器造型，古朴典雅。宋代新采用隔火熏香，用具新增铲、箸等，后世概称“炉瓶三事”。宋人爱花，流行盆养和插花，花瓶多为瓷、铜质，除专门制作外，也常有以酒瓶替代者。

宋代“炉瓶三事”

1. 香炉

龙泉窑弦纹三足瓷香炉

宋（960—1279）
高6.4厘米，口径11.8厘米
湖南省博物馆藏

弦纹三足白瓷香炉

南宋（1127—1279）
高6.7厘米，口径10.8厘米
1960年长沙杨家山墓出土
湖南省博物馆藏

白釉褐彩瓷香炉

宋（960—1279）
高5.6厘米，口径4.5厘米
湖南省博物馆藏

“大明宣德年制”铜香炉

明宣德（1426—1435）
高7.9厘米，口径10.8厘米
湖南省博物馆藏

“宣德十年御赐大学士杨士奇”铜香炉

明宣德十年（1435）
高16.1厘米，口径20.8厘米
湖南省博物馆藏

2. 花瓶

花口青瓷瓶

宋（960—1279）

高27.2厘米，口径12.5厘米，底径10.5厘米

湘乡棋梓桥窑出土

湖南省博物馆藏

龙泉窑青瓷瓶

明（1368—1644）
高23厘米，口径4.5厘米，底径7厘米
湖南省博物馆藏

花口白梅窑瓷瓶

宋元时期
高14厘米，口径6.4厘米，底径6.8厘米
高16厘米，口径6厘米，底径7厘米
2015年白梅窑征集
湖南省博物馆藏

二、丝棉同服

宋代服饰整体简洁质朴，衣襟多配有纽扣，女装较偏于拘谨保守。元代流行窄袖长袍，女装配以云肩。明代恢复汉人服饰体系，圆领，上衣拉长；女子常着短衫长裙，霞帔开始流行。五代时木棉传入湖南，元代设有木棉提举司，棉质服装开始普及。

（一）宋代服饰

宋代服饰多承袭唐代，偏于简洁质朴，舒适得体，典雅大方。

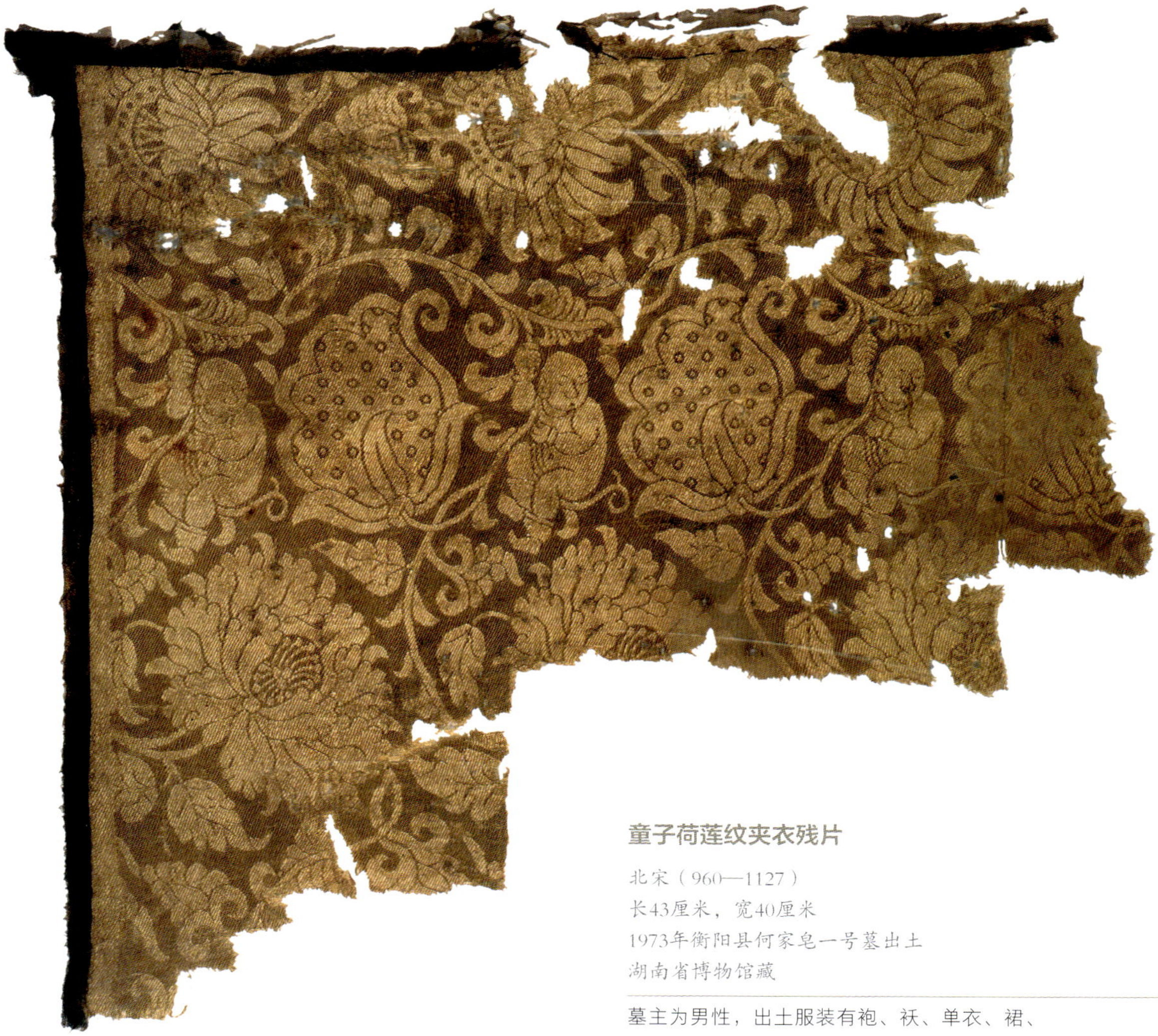

童子荷莲纹夹衣残片

北宋（960—1127）
长43厘米，宽40厘米
1973年衡阳县何家皂一号墓出土
湖南省博物馆藏

墓主为男性，出土服装有袍、袄、单衣、裙、帽、鞋、带等。纹饰主要有串枝菊花、牡丹莲蓬童子、双狮戏球等吉祥图案。

（二）元代服饰

1. 沅陵墓出土服饰

墓主为黄澄存夫妻，共出土76件衣物，质地有丝、麻、棉等。连袜裤形制奇特，多件棉质服饰为湖南现存最早，标志着棉料已成为服装的主要材质之一。

男式棉长衫

宋末元初
衣长143厘米，通袖长250厘米
1985年沅陵黄澄存夫妻合葬墓出土
沅陵县文物管理所藏

云肩

宋末元初
纵33厘米，横54厘米
1985年沅陵黄澄存夫妻合葬墓出土
沅陵县文物管理所藏

男式袜裤

宋末元初
长139厘米，腰围55厘米
1985年沅陵黄澄存夫妻合葬墓出土
沅陵县文物管理所藏

2. 华容元墓出土服饰

墓主为贵族妇女，共出土73件衣物，有袍、裤、裙、抹胸、方巾、荷包等。其中对襟夹衣无纽袢，为系带外罩衣；裙面打满细裥，褶裥宽窄相等，古称“百褶裙”；荷包正反面分别绣以云、松、牡丹、鹤、鹿、蝶、人物等，寓意松鹤延年、富贵长寿。

印金对襟夹衣

元（1206—1368）
衣长100厘米，通袖长164厘米
1988年岳阳华容县元墓出土
湖南省博物馆藏

对襟上的印金纹饰

褶裥夹裙

元（1206—1368）
裙长85厘米，腰围100厘米
1988年岳阳华容县元墓出土
湖南省博物馆藏

绣花荷包

元（1206—1368）
长21厘米，宽14厘米
1988年岳阳华容县元墓出土
湖南省博物馆藏

（三）明代服装

明代服装款式恢复唐宋时期汉装。从各地发掘的明墓看，除丝质服饰外，无论墓主身份高低，均有棉服出土，说明棉质衣服已经普及。

山形纹绸夹衣

明（1368—1644）
衣长92厘米，通袖长162厘米，袖口宽62厘米
1972年邵阳市省林业汽车第四中队发掘出土
湖南省博物馆藏

百褶棉裙

明（1368—1644）
裙长73厘米，腰围104厘米
2008年10月平江城关镇钟粉真墓出土
湖南省博物馆藏

第六单元

从宗族社会到近代化

宗祠是古代宗法制的集中体现。宋时开始倡导建立家族祠堂，明清官府采取宽容态度，宗族势力逐步强化，宗族村落构成社会基层的主要形态，官府对基层管理多借助宗族势力。鸦片战争后，岳阳、长沙开埠，打开了洋货入湘的大门，加上洋务运动的推行，湖南较早于内地其他省份开始了近代化进程。

一、聚族而居

“聚族而居，族必有祠”，祠堂、族谱是维系宗族的纽带。作为家族祭祖、聚会、议事的公共场所，祠堂内多搭建戏台，借助戏曲明人伦、兴教化，凝聚族人。

（一）陶澍家祠祭器

此套宗祠祭器，均有铭文：“资江陶氏宗祠道光六年丙戌十一月戊寅朔兵部侍郎江苏巡抚赏戴花翎嗣孙澍敬制。”为陶澍任从二品江苏巡抚时特制。陶澍，安化人，经世派代表人物，先后任布政使、巡抚、兵部侍郎、两江总督等职。按制，一至三品，家祭享有笾、豆、簠、簋、铏、爵等礼器。

铜豆

清道光六年（1826）

高26厘米，口径16厘米，足径14.3厘米

高26厘米，口径15.8厘米，足径13.9厘米

湖南省博物馆藏

陶澍家祠复原场景

铜豆

清道光六年（1826）
高28.2厘米，口径10.9厘米，足径16厘米
高28.4厘米，口径15.6厘米，足径16.2厘米
湖南省博物馆藏

铜簠

清道光六年（1826）
高8厘米，长27.6厘米，宽22.1厘米
湖南省博物馆藏

铜簋

清道光六年（1826）
高15.9厘米，底长20厘米，宽15.6厘米
湖南省博物馆藏

铜铏

清道光六年（1826）
高17.9厘米，口径15.2厘米
湖南省博物馆藏

铜爵

清道光六年（1826）
高22厘米，口长15.5厘米
高18.3厘米，口长15.2厘米
湖南省博物馆藏

（二）宗庙祠堂布置

鎏金雕花神龛

清（1616—1911）
高46厘米，长54厘米，宽38厘米
郴州征集
湖南省博物馆藏

神龛檐角飞翘，多层叠建，每层浮雕、镂雕飞凤、苍鹰、梅、鹿等，通体髹金、红漆，内置先人神牌。

餘慶堂
我其夙夜惟寅
神所憑依在德

“朱氏宗祠”木匾额

清（1616—1911）
长210厘米，宽70厘米，厚5厘米
临武县征集
湖南省博物馆藏

临武县龙归坪村朱氏共100多户，500余人，明万历年间始迁于此。数百年来后世子孙谨守族规家训，和睦相处。匾上铭文：“大清道光元年岁次辛巳桂月吉旦”，“友飏立”。

“朱氏宗祠”复原场景

木雕龙纹顶花板

清（1616—1911）
长83.2厘米，宽81.5厘米，厚8厘米
郴州征集
湖南省博物馆藏

戏剧人物雕花木板

清（1616—1911）
长98厘米，宽28.5厘米，厚2.5厘米
郴州征集
湖南省博物馆藏

唐家老屋复原场景

清（1616—1911）
会同县高椅乡唐洲村

唐家老屋，位于会同县高椅乡唐洲村。唐洲村为唐氏宗族聚居之地。其祖先从江西迁入会同，康熙五十五年（1716）再迁至此，逐渐形成村落，延续至今三百余年，村中设有宗族祠堂。据族谱和“绩冠群英”匾额题名推断，此房屋应是其先祖唐咨谟于嘉庆年间建造。2013年因修建水库将淹没村落，我馆将其整体搬迁并复原展示。房屋共有两层，一楼由堂屋、卧室、厨房组成；二楼由厅堂、卧室、杂物间、储物间组成。室内各式家具、生活用品、生产工具等，均按原样陈设。

績冠羣英

二、洋风入湘

十九、二十世纪之交，岳阳、长沙相继开埠，随着水路、铁路、公路、电讯等交通与通讯方式的引入及大量机制产品的输入，洋火、洋布、洋油、洋皂等带有“洋”字标签的日用品遍及城乡，固化的传统生活方式开始改变，尤其新学的兴起，极大地冲击着人们的思想观念，湖南成为追求革新、推动社会进步最为活跃的省份之一。

（一）水陆交通

1897 年成立的鄂湘善后轮船局是湖南最早的近代交通企业。1900 年至 1906 年修建的株萍铁路为省内最早的铁路；1936 年通车的粤汉铁路，贯通南北，提升了湖南经济、战略地位。1913 年修建的长潭公路是国内最早的公路，至 1935 年，湖南形成以长沙、湘潭为中心的七大干线 13 条支线 4000 余公里的公路网。1921 年成立的龙骧长途汽车公司为湖南最早的民营汽车运输公司。

《株萍铁路规章汇览》书影

1912

纵17厘米，横12.3厘米，厚0.4厘米

湖南省博物馆藏

粤汉铁路株韶段通车纪念章

1936

纵3.6厘米，横2.6厘米

湖南省博物馆藏

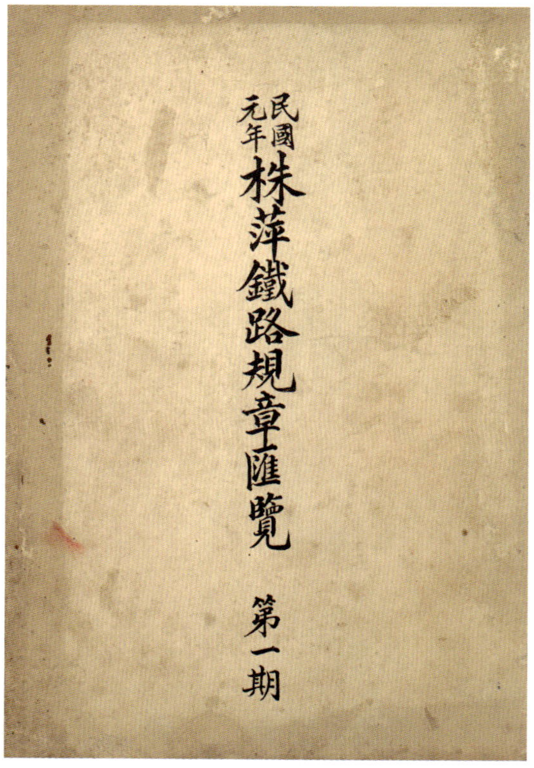

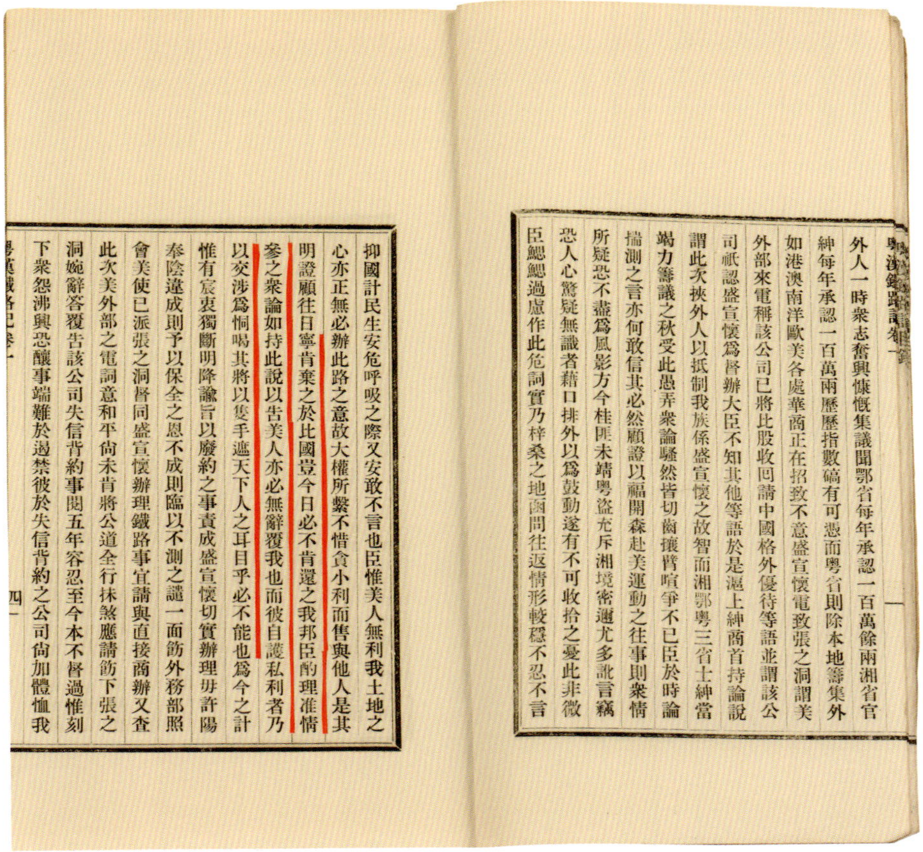

粵漢鐵路記卷一

外人一時衆志奮興慷慨集議聞鄂省每年承認一百萬餘兩湘省官紳每年承認一百萬兩歷歷指數碻有可憑而粵省則除本地籌集外如港澳南洋歐美各處華商正在招致不意盛宣懷電致張之洞謂美外部來電稱該公司已將此股收回請中國格外優待等語並謂該公司祇認盛宣懷爲督辦大臣不知其他等語於是滬上紳商首持論說謂此次挾外人以抵制我族係盛宣懷之故智而湘鄂粵三省士紳當竭力籌議之秋受此愚弄衆論騷然皆切齒攘臂喧爭不已臣於時論揣測之言亦何敢信其必然顧證以福開森赴美運動之往事則衆情所疑恐不盡爲風影方今桂匪未靖粵盜充斥湘境密邇尤多訛言竊恐人心驚疑無識者藉口排外以爲鼓動遂有不可收拾之憂此非微臣緦緦過慮作此危詞實乃梓桑之地函問往返情形較穩不忍不言抑國計民生安危呼吸之際又安敢不言也臣惟美人無利我土地之心亦正無必辦此路之意故大權所繫不惜貪小利而售與他人是其明證顧往日寧肯棄之於比國豈今日必不肯還之我邦臣酌理准情參之衆論如持此說以告美人亦必無辭覆我也而彼自護私利者乃以交涉爲恫喝其將以隻手遮天下人之耳目乎必不能也爲今之計惟有宸衷獨斷明降諭旨以廢約之事責成盛宣懷切實辦理毋許陽奉陰違成則予以保全之恩不成則臨以不測之譴一面飭外務部照會美使已派張之洞督同盛宣懷辦理鐵路事宜請與直接商辦又查此次美外部之電詞意和平尚未肯將公道全行抹煞應請飭下張之洞婉辭答覆告該公司失信背約事閱五年容忍至今本不督過惟刻下衆怨沸興恐釀事端難於遏禁彼於失信背約之公司尚加體恤我

粵漢鐵路記卷一 四

《粤汉铁路始末记》书影

1931
纵26.3厘米，横15.1厘米
湖南省博物馆藏

粤汉铁路总工会会员证

1922
直径3.8厘米
湖南省博物馆藏

（二）邮电通讯

1897 年长沙始设电报局，至 1931 年，全省电报局 71 处，形成以长沙为中心，联通湖北、贵州、江西和两广的四大干线。1899 年岳州开埠，成立省内最早的邮政局，至 1930 年，形成完备的邮政网络。1905 年湖南筹设电话局，至 1936 年有长途线 15 条，内通 33 个县市，外联 9 个省份。

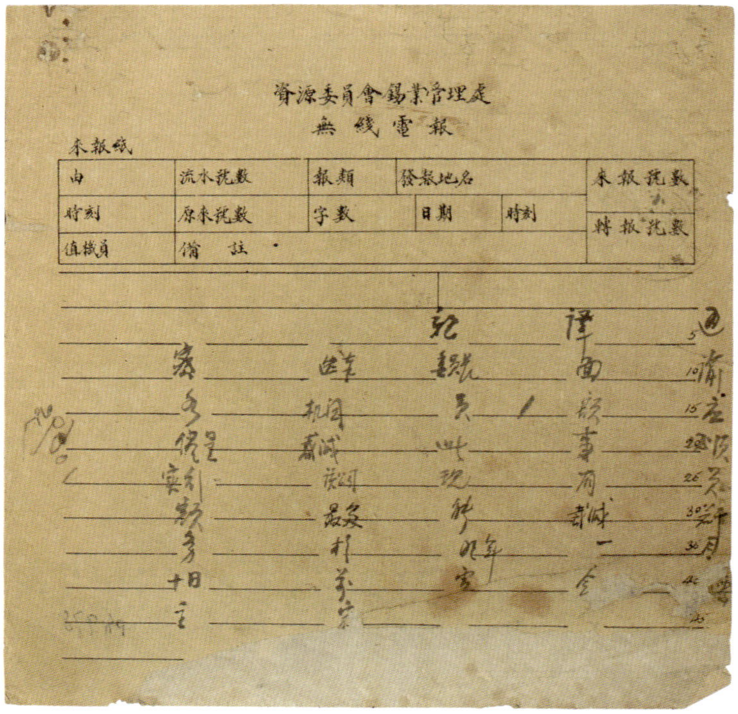

省电气公司裁工电报

1943

纵20厘米，横20.5厘米

湖南省博物馆藏

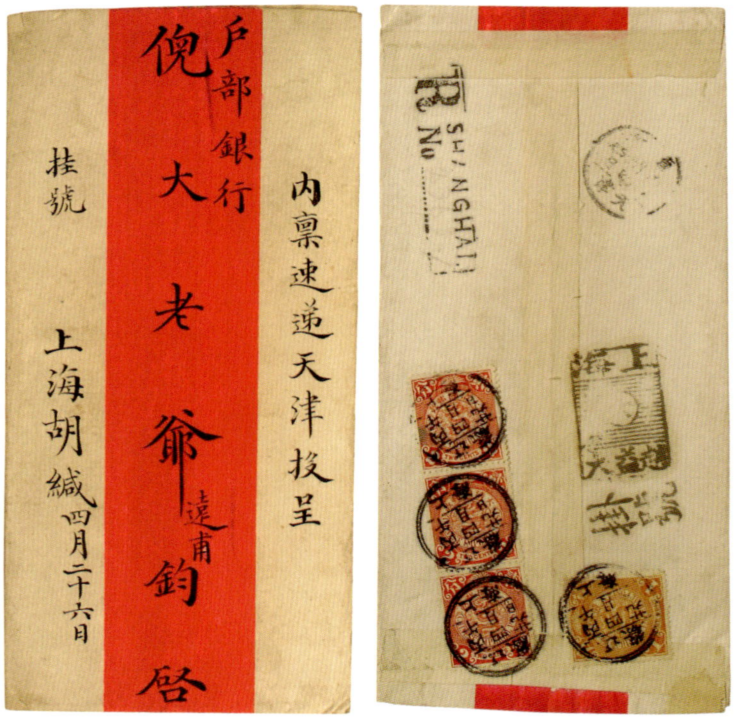

蟠龙邮票实寄封

清光绪三十二年（1906）

纵18.2厘米，横8.8厘米

湖南省博物馆藏

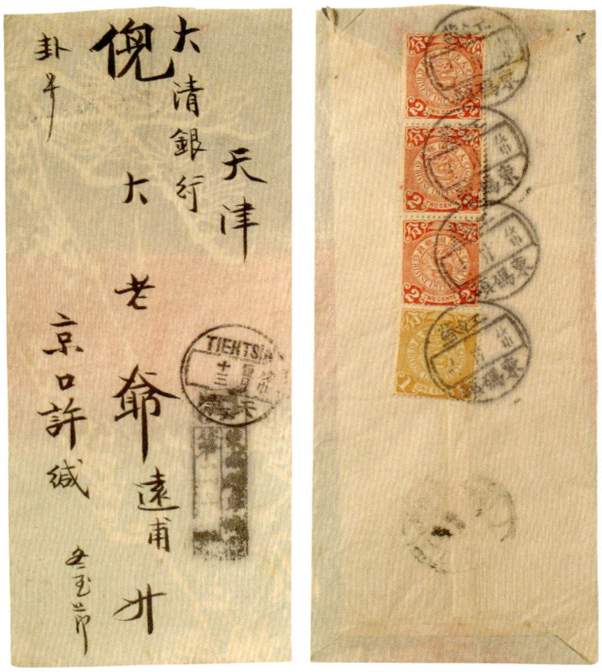

蟠龙邮票实寄封

清光绪三十四年戊申腊月

（1908年农历十二月）

纵17.5厘米，横7.3厘米

湖南省博物馆藏

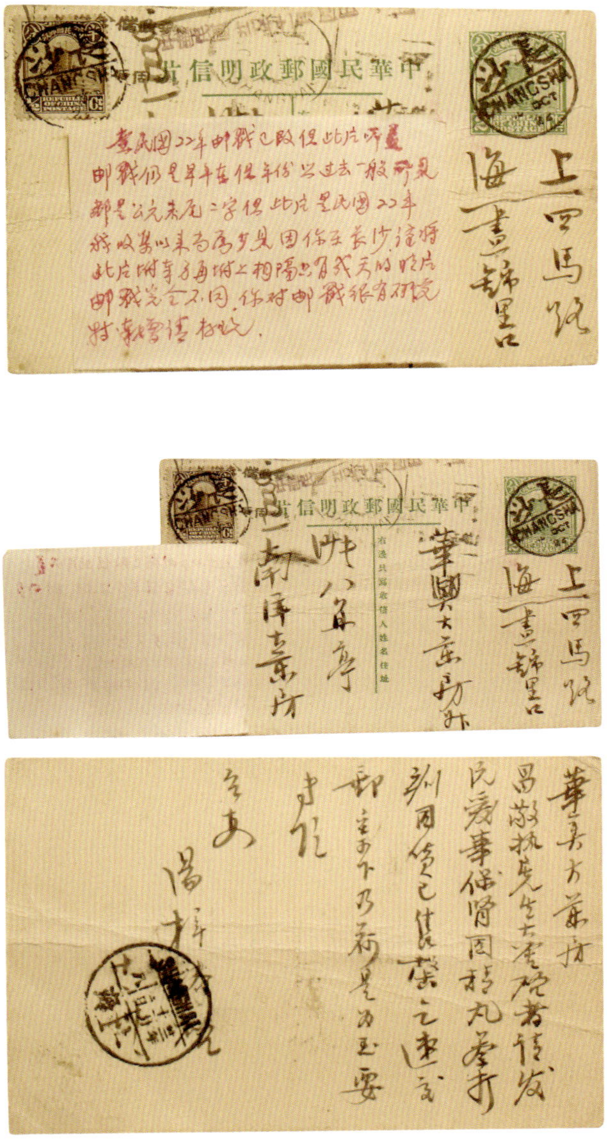

明信片

1933

纵8.7厘米，横18.7厘米

湖南省博物馆藏

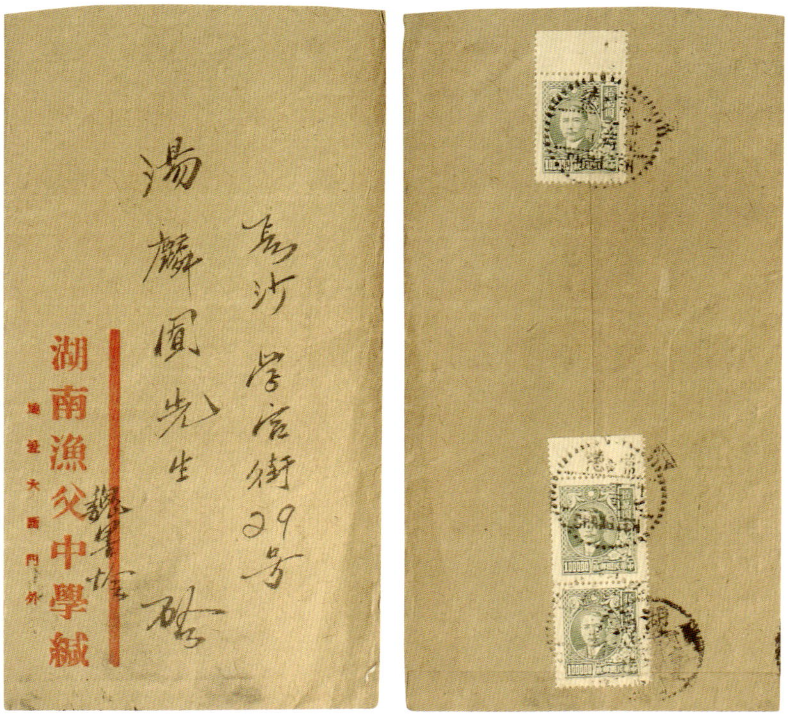

实寄封

1912—1949
纵17.1厘米，横8.9厘米
湖南省博物馆藏

湖南省長途電話局委任狀
委任徐卿年為本局
庶務員此狀
局長 李屏山
中華民國二十八年二月 日

湖南省长途电话局委任状

1939
纵39.5厘米，横34厘米
湖南省博物馆藏

（三）货币股票

湖南近代有传统钱庄、官钱局、新式银行三类金融机构。1912 年湖南官钱局改为湖南银行，银行成为主要的金融机构，纸币成为日常交易的主要流通货币。湖南企业已将股票作为主要的融资渠道。

湖南官钱局纸币

清光绪二十九年至三十一年（1903—1905）
纵19.7厘米，横11厘米
湖南省博物馆藏

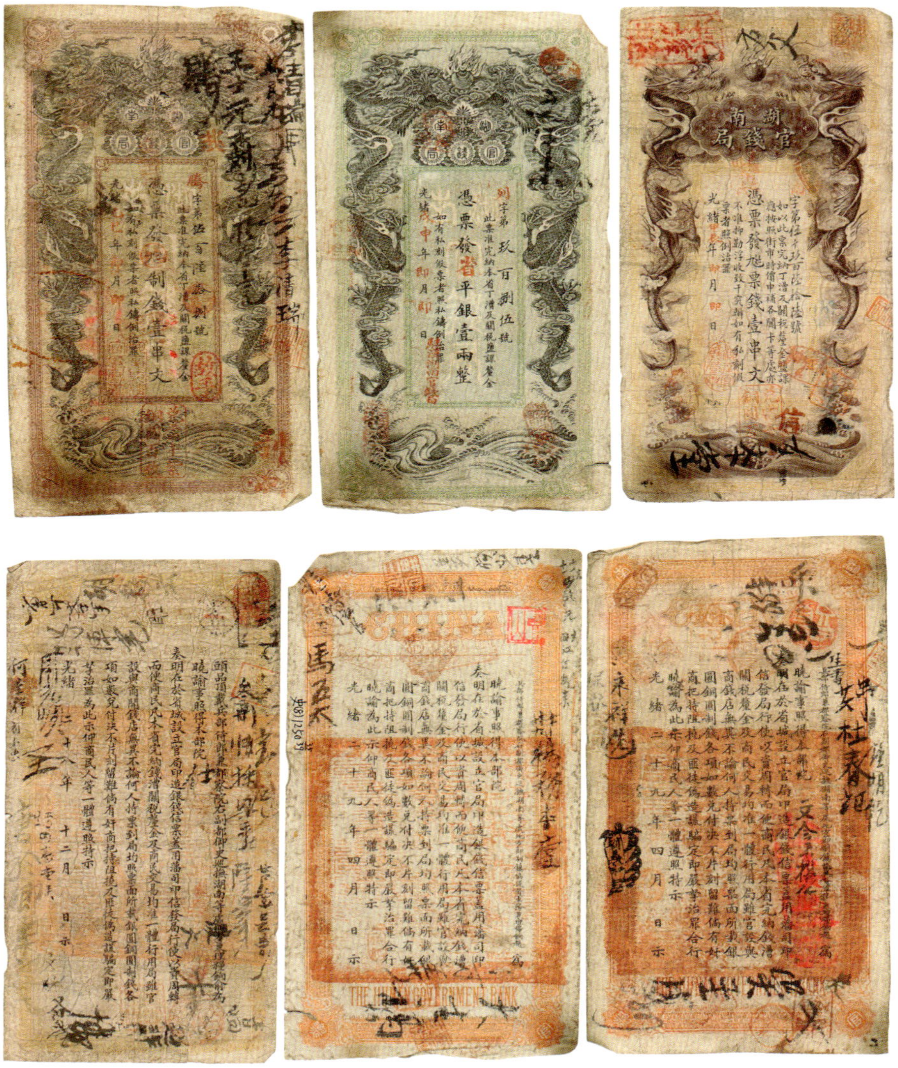

湖南银行纸币

清宣统三年（1911）
纵7.4厘米，横12.8厘米
湖南省博物馆藏

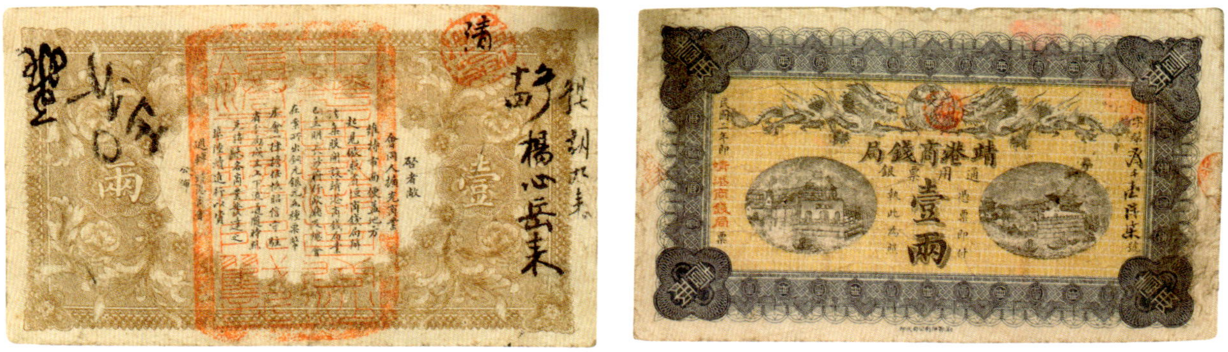

靖港商钱局纸币

1913
纵6.4厘米，横15.5厘米
湖南省博物馆藏

湖南商钱局纸币

1912
纵10厘米，横15.5厘米
湖南省博物馆藏

湖南实业银行纸币

1912

纵9.8厘米，横14.9厘米

湖南省博物馆藏

湖南通商银行纸币

1920

纵7.9厘米，横13.4厘米

湖南省博物馆藏

长沙银行纸币

1928

纵7.9厘米，横14.1厘米

湖南省博物馆藏

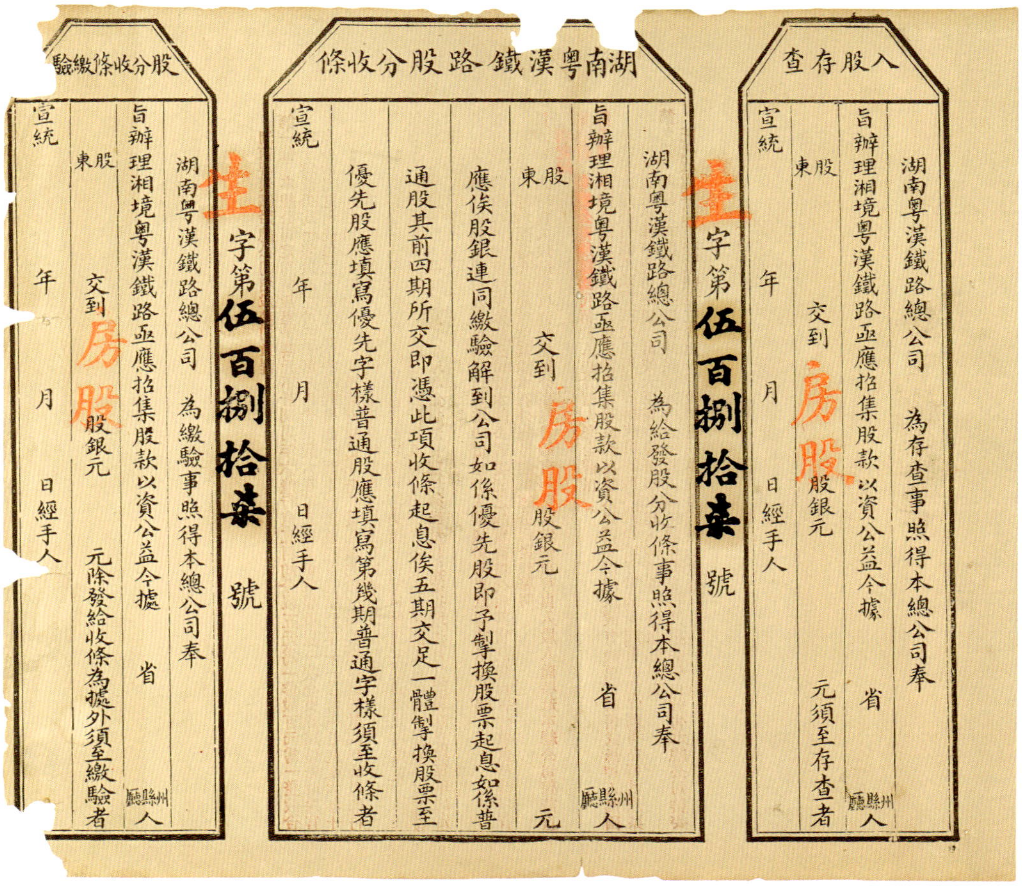
入股存查
湖南粤漢鐵路總公司　為存查事照得本總公司奉
旨辦理湘境粤漢鐵路亟應招集股款以資公益今據　省
州縣廳　人
股東　交到房股股銀元　元須至存查者
宣統　年　月　日經手人

湖南粤漢鐵路股分收條
圭字第伍百捌拾柒號
湖南粤漢鐵路總公司　為給發股分收條事照得本總公司奉
旨辦理湘境粤漢鐵路亟應招集股款以資公益今據　省
州縣廳　人
股東　交到房股股銀元　元
應俟股銀連同繳驗解到公司如係優先股即予掣換股票起息如係普
通股其前四期所交即憑此項收條起息俟五期交足一體掣換股票至
優先股應填寫優先字樣普通股應填寫第幾期普通字樣須至收條者
宣統　年　月　日經手人

股分收條繳驗
圭字第伍百捌拾柒號
湖南粤漢鐵路總公司　為繳驗事照得本總公司奉
旨辦理湘境粤漢鐵路亟應招集股款以資公益今據　省
州縣廳　人
股東　交到房股股銀元　元除發給收條為據外須至繳驗者
宣統　年　月　日經手人

湖南粤汉铁路总公司股票

清宣统元年（1909）
纵33.8厘米，横30厘米
湖南省博物馆藏

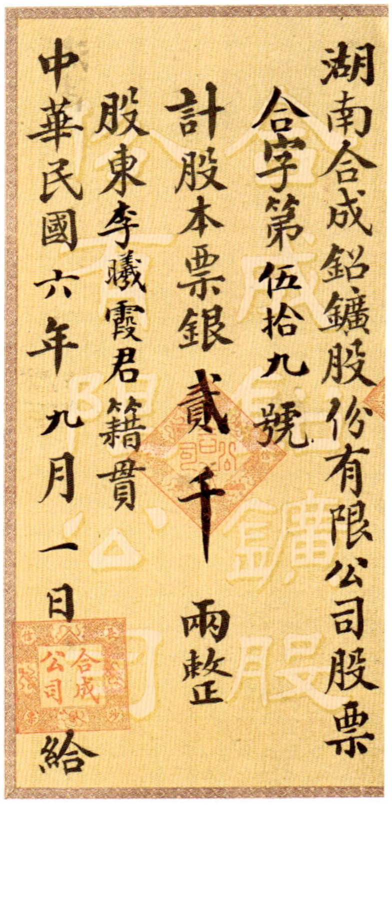
湖南合成鉛鑛股份有限公司股票
合字第伍拾九號
計股本票銀貳千兩整
股東李曦霞君籍貫
中華民國六年九月一日給
合成公司

湖南合城铅矿股份有限公司股票

1917
纵18.2厘米，横9.4厘米
湖南省博物馆藏

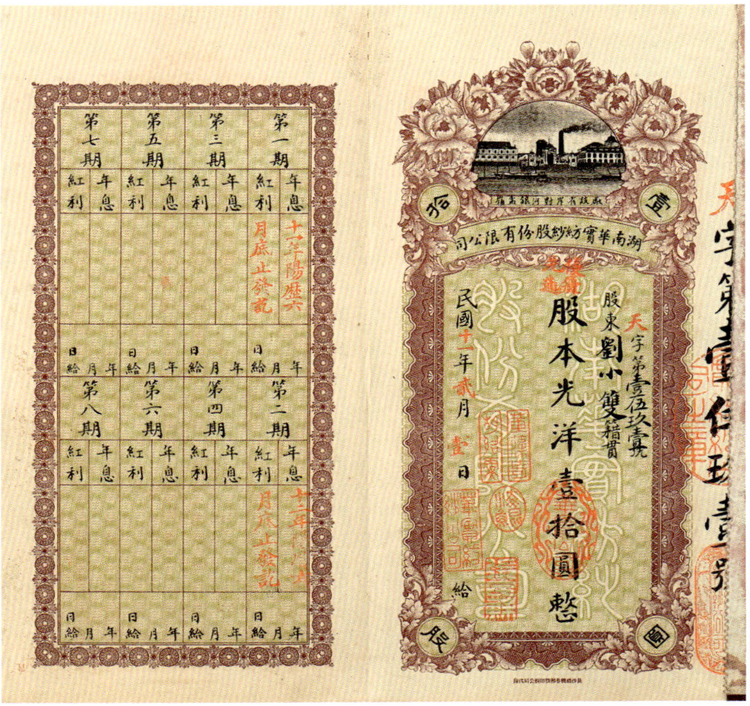

华实纺织股份有限公司股票

1922
纵19厘米，横9.7厘米
湖南省博物馆藏

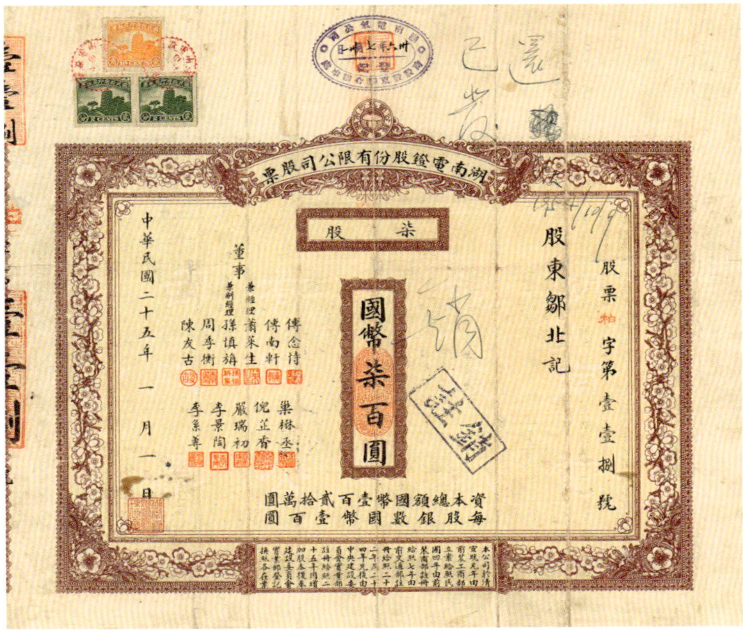

湖南电灯股份有限公司股票

1936
纵25.7厘米，横29.8厘米
湖南省博物馆藏

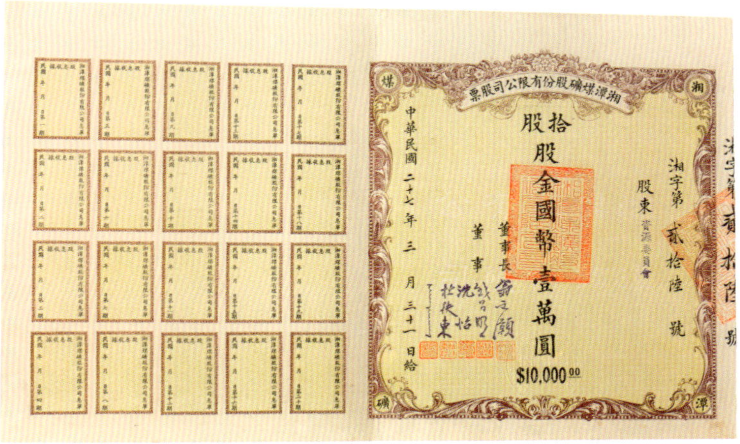

湘潭煤矿股份有限公司股票

1938
纵25.9厘米，横43.1厘米
湖南省博物馆藏

（四）新式服装

随着西方文化的影响，人们逐渐接受洋装，出现中西合璧的服饰，西装、旗袍、中山装、学生装成为一种时尚。洋绒、洋布成为广受青睐的新衣料。

燕尾服

1912—1949
长104厘米，肩宽51厘米，背心长60厘米
征集
湖南省博物馆藏

纯毛华达呢中山装

20世纪40年代
衣长75厘米，肩宽48厘米，袖长65厘米
征集
湖南省博物馆藏

大襟纽襻印花旗袍

1912—1949
衣长98厘米，袖口80厘米
征集
湖南省博物馆藏

紫红色混纺料旗袍

1912—1949
肩宽37厘米，身长117厘米，胸围84厘米，袖长44厘米，领长34厘米
征集
湖南省博物馆藏

（五）洋货

随着西式生活方式的渗透，洋货成为人们追求的时尚，电灯、沙发、洋钟、留声机、收音机等成为富贵人家的奢侈品，机器生产的洋钉、洋油、洋火、洋皂进入寻常百姓家，对民族传统手工业造成巨大冲击。

照相机

1926
长21.5厘米，宽11厘米
李淑一女士捐赠
湖南省博物馆藏

留声机

20世纪20年代
高20厘米，长40厘米，宽30厘米
湖南省博物馆藏

打字机

20世纪40年代
高20厘米，长40厘米，宽30厘米
湖南省博物馆藏

怀表

1912—1949
通长8.5厘米，直径3.5厘米
湖南省博物馆藏

手表

1912—1949
直径2.5厘米
湖南省博物馆藏

（六）新式教育

1897 年成立的时务学堂开湖南近代教育先河。20 世纪初，湖南“兴学热”和“留日热”兴盛一时，1904 年留日学生占全国的 11%。1909 年各级小学堂达 1113 所，学生 43310 人；普通中学堂 50 余所，数量居全国第二位。

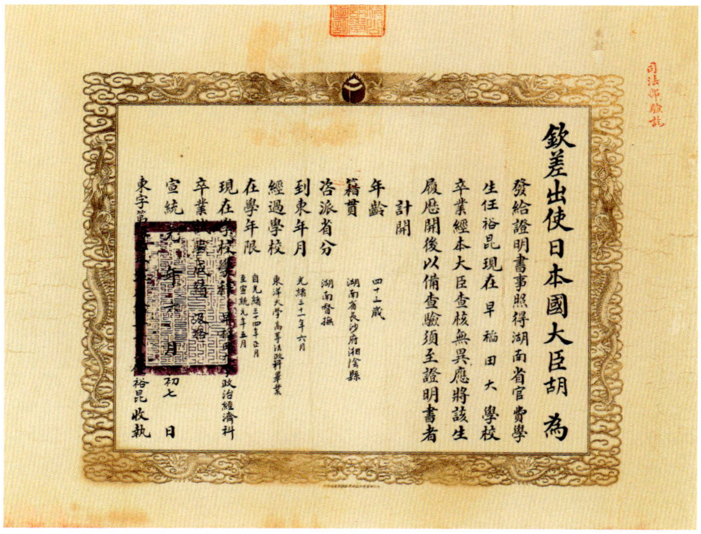

欽差出使日本國大臣胡 為
發給證明書事照得湖南省官費學
生任裕昆現在早稻田大學校
卒業經本大臣查核無異應將該生
履歷開後以備查驗須至證明書者
計開
年齡 四十二歲
籍貫 湖南省長沙府湘陰縣
咨派省分 湖南督撫
到東年月 光緒三十一年六月
經過學校 東洋大學高等法政科畢業
在學年限 自光緒三十四年正月至宣統元年五月
現在學校學科 早稻田大學政治經濟科
卒業試驗成績 及格
宣統元年十一月初七日
東字第 號 任裕昆收執

任裕昆的公费留日证明

清宣统元年（1909）
纵35.2厘米，横45厘米
任铭鼎先生捐赠
湖南省博物馆藏

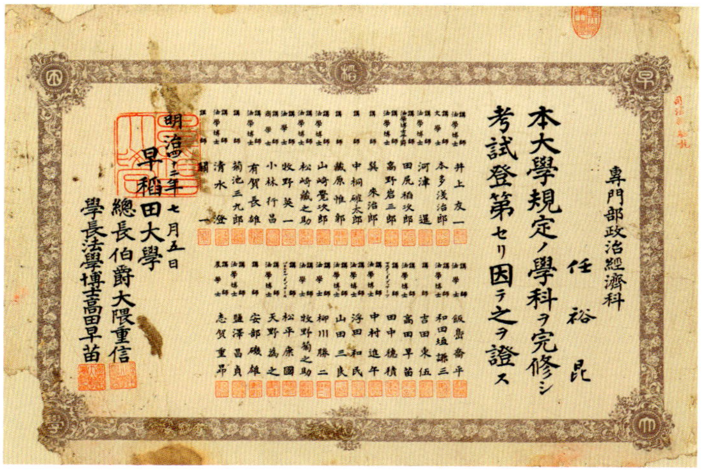

專門部政治經濟科
任裕昆
本大學規定ノ學科ヲ完修シ考試登第セリ因テ之ヲ證ス
井上友一 本多淺治郎 河津暹 田尻稻次郎 高野岩三郎 巽來治郎 中桐確太郎 藏原惟郭 山崎覺次郎 松崎藏之助 牧野英一 小林行昌 有賀長雄 菊池三九郎 清水澄 關一
飯島喬平 和田垣謙三 吉田東伍 高田早苗 田中穗積 中村進午 浮田和民 山田三良 柳川勝二 牧野菊之助 松平康國 天野為之 安部磯雄 鹽澤昌貞 志賀重昂
明治四十二年七月五日
早稻田大學
總長伯爵大隈重信
學長法學博士高田早苗

任裕昆大学毕业证

清宣统元年（1909）
纵38.1厘米，横55.5厘米
任铭鼎先生捐赠
湖南省博物馆藏

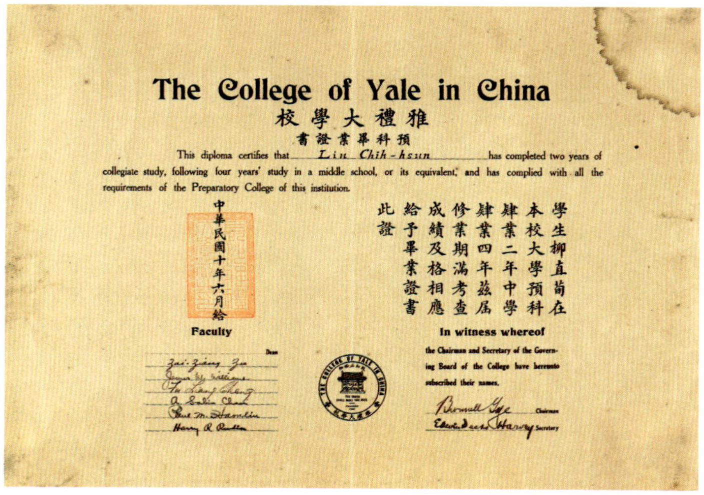

The College of Yale in China
校學大禮雅
書證業畢科預
This diploma certifies that Lin Chih-hsun has completed two years of collegiate study, following four years' study in a middle school, or its equivalent, and has complied with all the requirements of the Preparatory College of this institution.
學生柳直荀在本校大學預科肄業二年中學肄業四年茲屆修業期滿考查成績及格相應給予畢業證書此證
中華民國十年六月給
Faculty
Dean
In witness whereof the Chairman and Secretary of the Governing Board of the College have hereunto subscribed their names.
Chairman
Secretary

雅礼大学预科毕业证

1921
纵38厘米，横53.1厘米
李淑一女士捐赠
湖南省博物馆藏

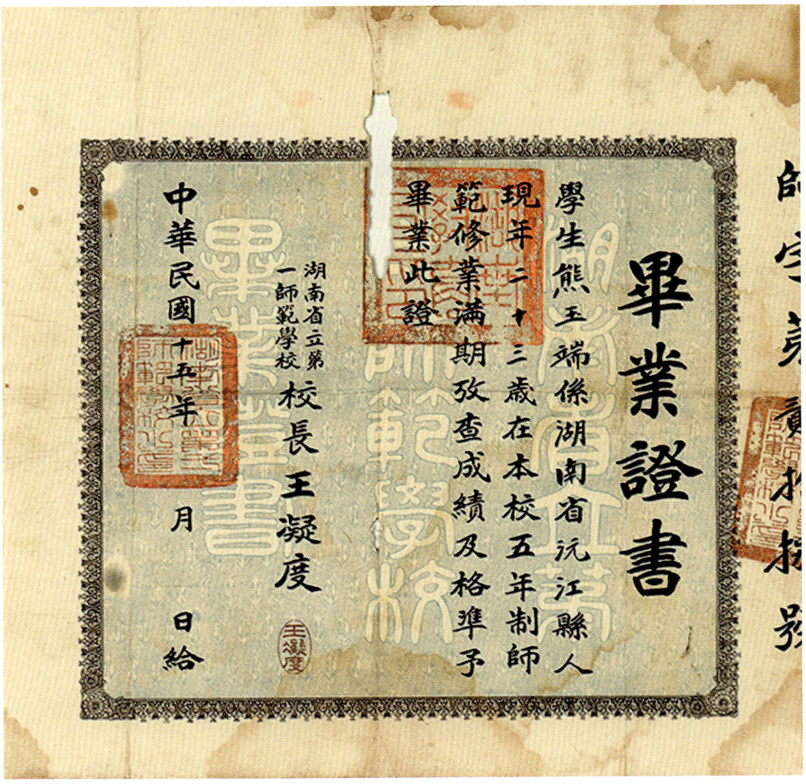
畢業證書

學生熊玉端係湖南省沅江縣人現年二十三歲在本校五年制師範修業滿期攷查成績及格準予畢業此證

湖南省立第一師範學校 校長 王凝度

中華民國十五年 月 日給

第一师范毕业证

1926

纵31厘米，横31厘米

湖南省博物馆藏

直径6.8厘米

直径3.7厘米

纵4.6厘米，横2.9厘米

直径3.4厘米

直径3.0厘米

直径3.6厘米

体育运动会证章

1912—1949

湖南省博物馆藏

（七）报纸杂志

报纸杂志是传播思想的新兴媒介。《湘学报》《湘报》是湖南最早的报刊，为湖南维新运动提供舆论支持。1905 年《湖南官报》更名为《长沙日报》，倡导发展经济，行销全省。

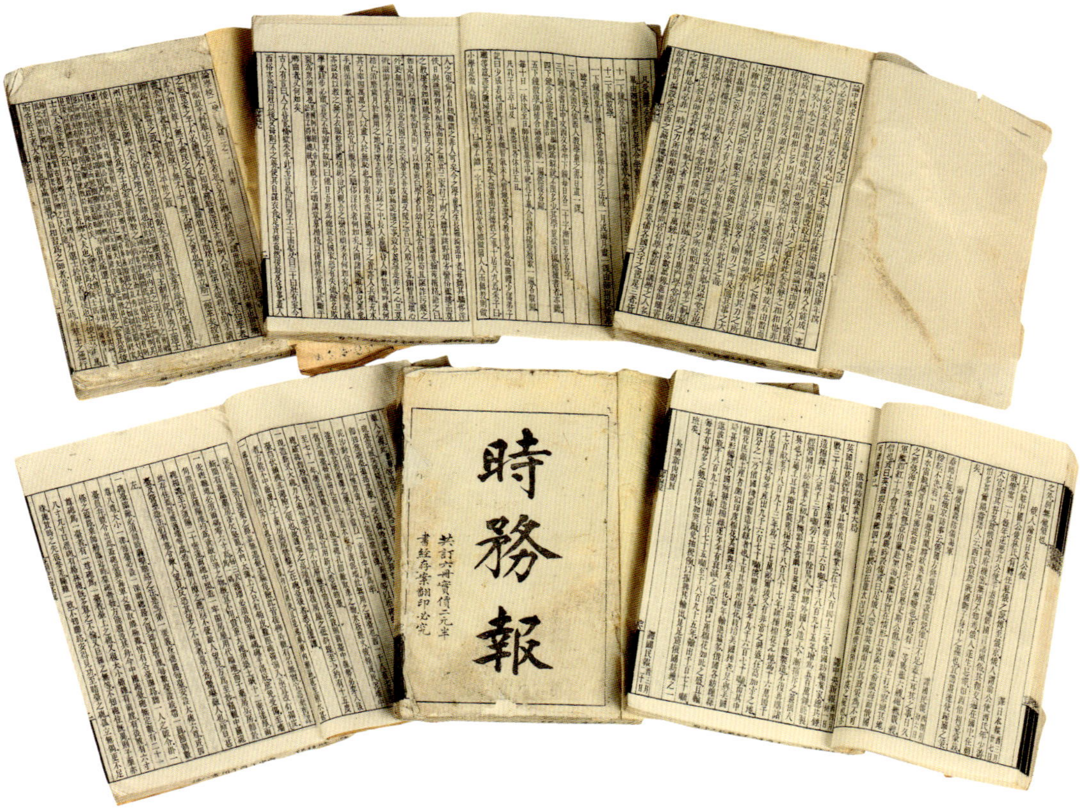

《时务报》书影

清光绪二十二年至二十三年（1896—1897）
纵20厘米，横22厘米
湖南省博物馆藏

《湘学报》书影

清光绪二十四年（1898）
纵26厘米，横14.5厘米
湖南省博物馆藏

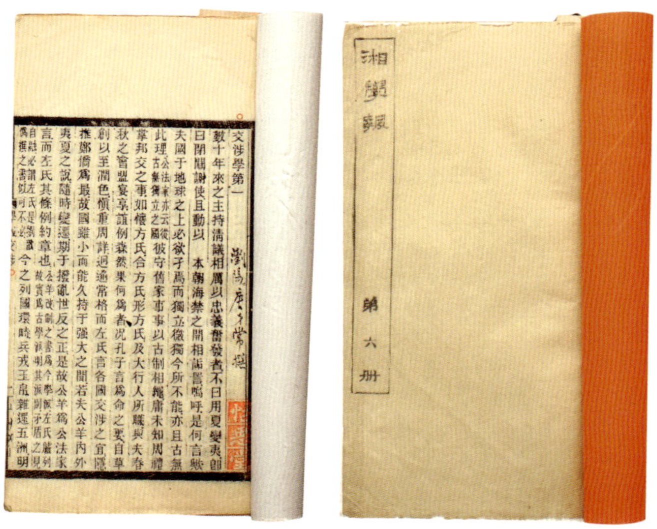

《湘报》书影

清光绪二十四年（1898）
纵27厘米，横18.2厘米
湖南省博物馆藏

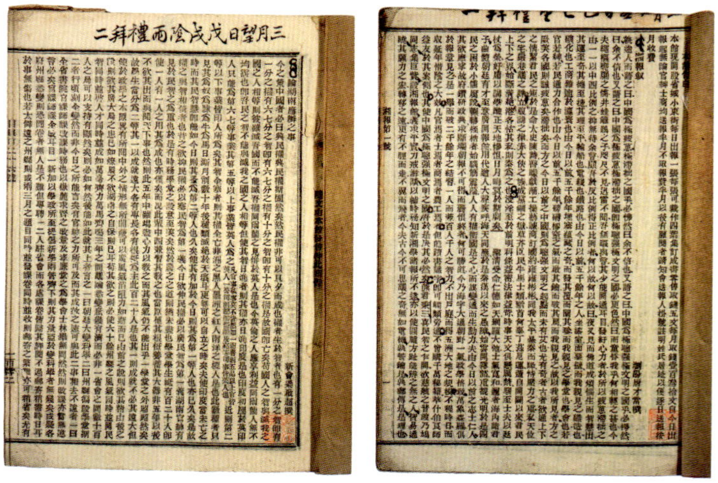

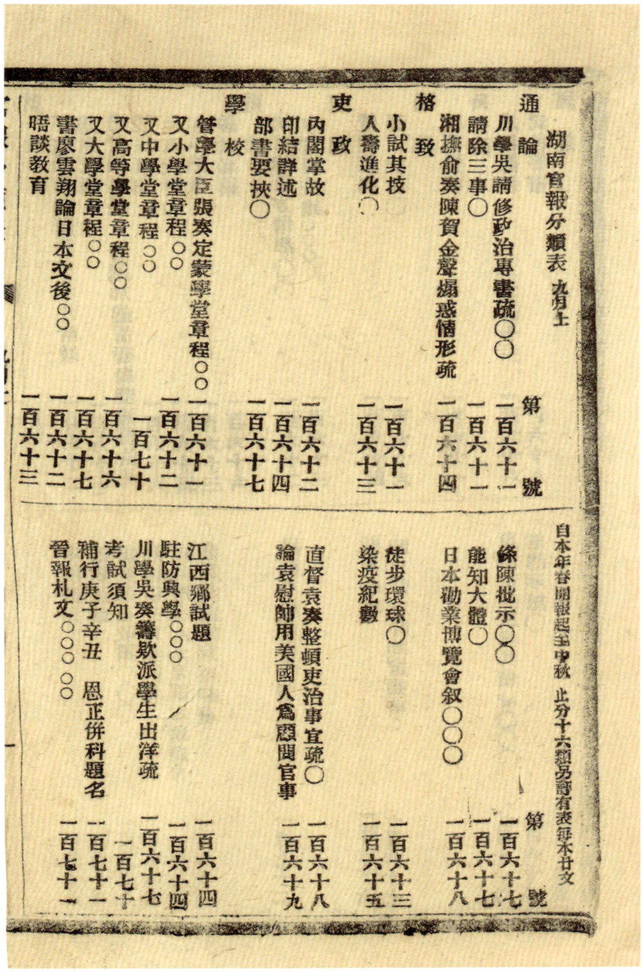
湖南官報分類表 九月上

	第 號
通論	
川學吳請修政治專書疏○○	一百六十一
請除三事○	一百六十一
湘撫俞奏陳賀金聲煽惑情形疏	一百六十四
格致	
小試其技○	一百六十一
人壽進化○	一百六十三
吏政	
內閣掌故	一百六十二
印結詳述	一百六十四
部書要挾○	一百六十七
學校	
管學大臣張奏定蒙學堂章程○○	一百六十一
又小學堂章程○○	一百六十二
又中學堂章程○○	一百七十
又高等學堂章程○○	一百六十六
又大學堂章程○○	一百六十七
書廖雲翔論日本文後○○	一百六十二
晤談教育	一百六十三

自本年春開報起至中秋 止分十六類另訂有表每本廿文

	第 號
條陳批示○○	一百六十七
能知大體○	一百六十七
日本勸業博覽會叙○○○	一百六十八
徒步環球○	一百六十三
染疫紀數	一百六十五
直督袁奏整頓吏治事宜疏○	一百六十八
論袁慰帥用美國人爲顧問官事	一百六十九
江西鄉試題	一百六十四
駐防興學○○○	一百六十四
川學吳奏籌欵派學生出洋疏	一百六十七
考試須知	一百七十
補行庚子辛丑 恩正併科題名	一百七十一
晉報札文○○○○○	一百七十一

《湖南官报》书影

清光绪二十八年至三十年（1902—1904）
纵25厘米，横16.5厘米
湖南省博物馆藏

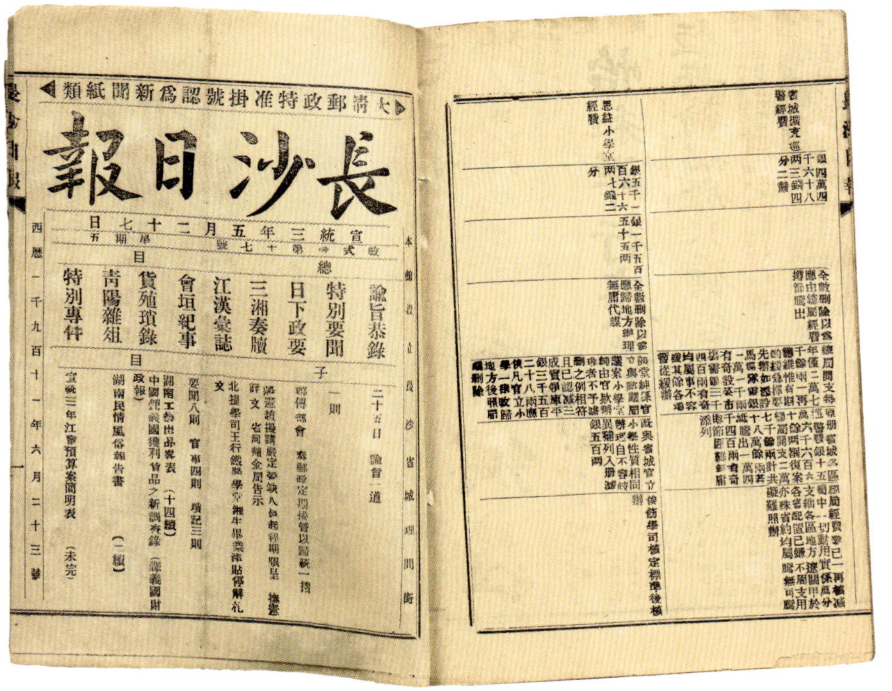
大清郵政特准掛號認爲新聞紙類

長沙日報

宣統三年五月二十七日
啟式第十七號 星期五

總目
諭旨恭錄
特別要聞
日下政要
三湘奏牘
江漢彙誌
會垣紀事
貨殖瑣錄
青陽雜俎
特別專件

子目

本館設立長沙省城理問街

西曆一千九百十一年六月二十三號

《长沙日报》书影

清宣统三年（1911）
纵25.6厘米，横18.4厘米
湖南省博物馆藏

Part V Spirit of Hunan

The distinctive Hunanese personality is the result of the innate nature of the natives over thousands of years, the intrepid spirit of generations of immigrants, and the spirit of mutual assistance evidenced in agricultural activity. The wonder that is Hunanese culture and the modern proliferation of humanistic talent from Hunan is, on the other hand, the result of 'baptism' by youle Culture (concern for the people of the world and patriotism), and the passing-down through generations of heritage by the academies. In particular, many dramatic changes that have occurred in modern times have been spearheaded by figures from Hunan who had stood tall amidst great pressures. These figures are the exemplars of the Hunanese's willingness to fight for home and country and for the people.

第五部分

湘魂

千百年来原住民的血性，历代移民的开拓精神，稻作农耕的协作互助，共同演绎出湖南人的特殊性格特征，经屈贾忧乐文化的洗礼、书院教育的传承沉淀，孕育了湖南近现代名人群体涌现的人文奇观。尤其近代以来的多次变革，往往湘人首开风气，高举大旗，引领潮流，彰显以天下为己任、为苍生谋福祉、舍我其谁的担当精神。

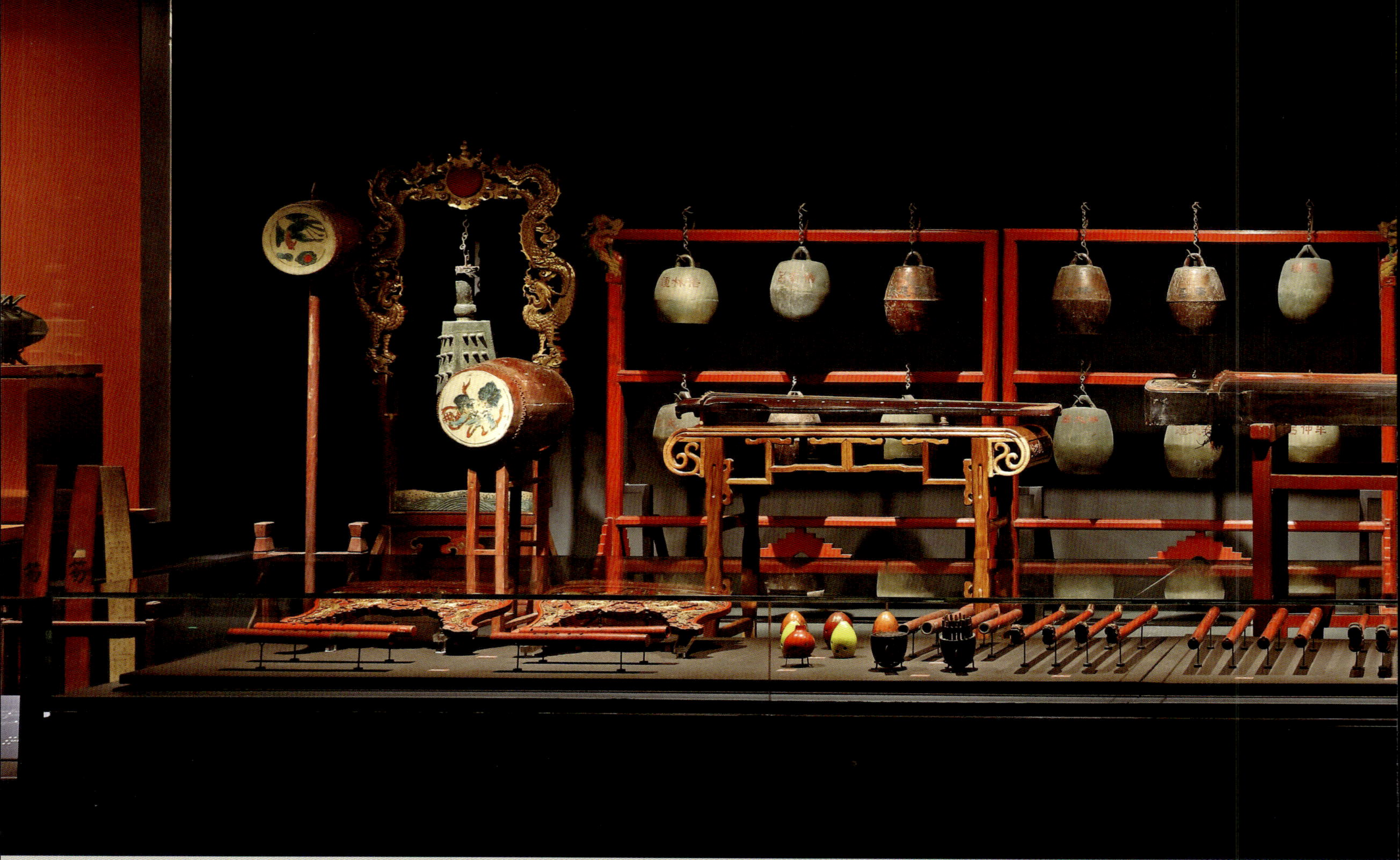

忧乐观的濡化

第一单元

历代南来的中原人，带来了先进的生产技术和文化，推动了湖南的社会进步。炎帝、舜帝南巡，传播中原礼仪教化，受历代祭拜；流寓湖湘的屈原、贾谊、杜甫、韩愈、柳宗元、刘禹锡等爱国忧民的文人志士，带来一次次精神洗礼。他们爱国忧民的精神，在三湘大地得到认同和传承。

一、炎帝、舜帝

炎帝，号神农氏，传说他做耒耜教民耕种。晚年南巡传播生产技术，其一心为民的精神受人敬仰，葬于茶陵后，受历代湘民祭祀。

舜帝，以孝著称，传说晚年南巡“崩于苍梧之野，葬于江南九嶷”，其德行感染众人而受历代奉祀。

宁远舜帝庙遗址

株洲炎帝陵

二、屈原、贾谊

（一）屈原

屈原（约前 340—前 278），芈姓，屈氏。受楚王信任推行"美政"，对内举贤能、修法度，对外联齐抗秦，后遭排挤毁谤，被流放到沅湘流域，期间写下《离骚》《天问》《招魂》《九歌》等不朽篇章。国都被攻破后，感到报国无门，在绝望中投入汨罗江。其爱国忧民的高洁情操感动了当地民众，人们自发地用各种方式纪念他。

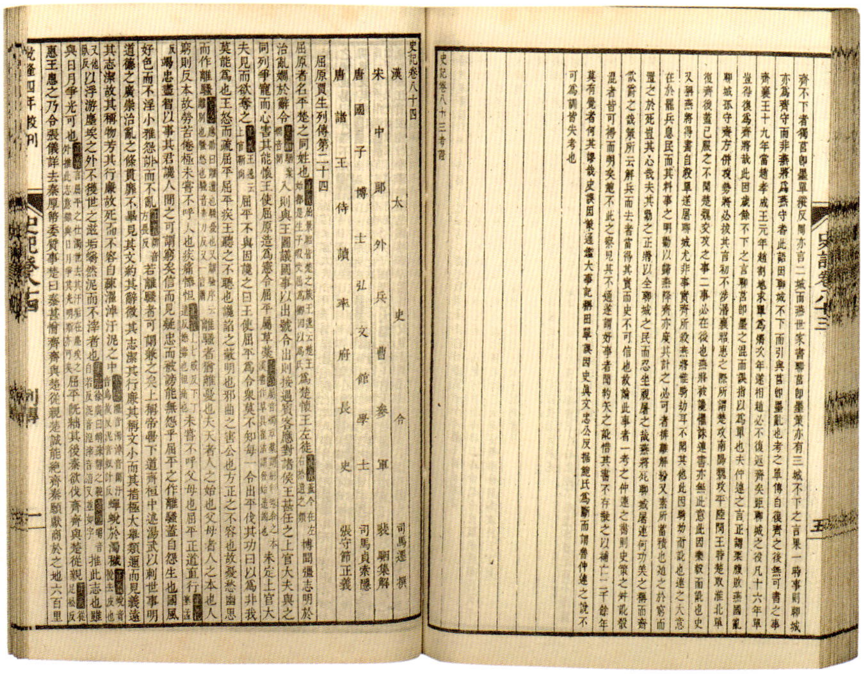

《史记·屈原贾生列传》书影

汨罗屈子祠

（二）贾谊

贾谊（前 200—前 168），汉初著名政论家、文学家。因才华受文帝重用，提出系列改革遭到排挤，被贬为长沙王太傅，写下了《吊屈原赋》，表达其高洁不移、为国尽忠的志向。《过秦论》《治安策》《论积贮疏》等治国策略，被历代奉为经典。其精神堪比屈原，后世以“屈贾”并称。

贾谊《新书》书影

长沙贾谊故居

三、唐宋流寓文人

唐宋时期被贬而流寓、途经湖南的官员，撰写了大量反映秀丽山川、借景明志的名篇佳作，其中“潇湘八景”成为文人青睐的书画题材。这些不仅宣传了湖南的自然风光，加强了南北文化的交流与融合，也促进了湖湘文化和湖湘精神的形成与发展。

（一）柳宗元

柳宗元（773—819），参与永贞革新失败后，被贬为司马，在永州生活了整整十年。在逆境中仍忧国忧民，施行教化，同时创作了《永州八记》《天对》《黔之驴》等广为流传的作品，培养出诸多名士，其思想与文学成就对湖南影响深远。

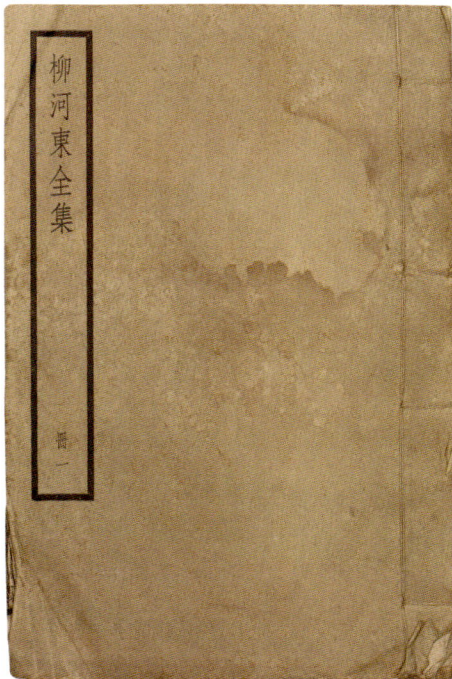

柳宗元《柳河东全集》书影

（二）刘禹锡

刘禹锡（772—842），参与永贞革新而被贬朗州（今常德）后，写下了163首诗，其中寄托其高洁志向的《陋室铭》，不仅对当时的湖南人产生了重大影响，更是影响了全国有志之士。

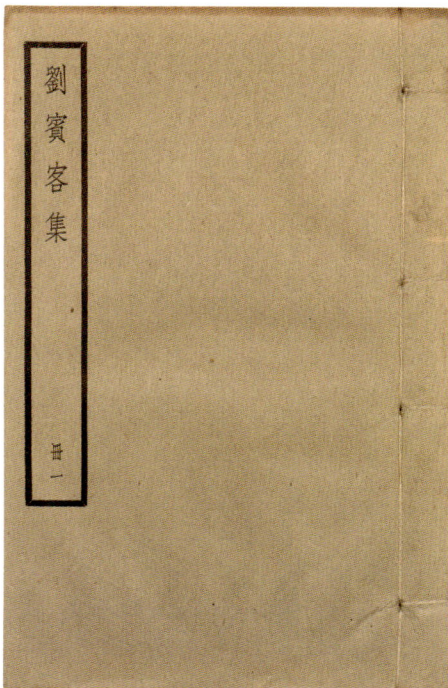

刘禹锡《刘宾客集》书影

（三）韩愈

韩愈（768—824），世称韩昌黎，“唐宋八大家”之首。屡遭贬谪，在流放期间前后停留湖南共约七月余，写下了十多篇重要诗文，留下多处遗迹。其关心百姓疾苦的精神，与屈贾以来的爱国忧民思想一脉相承。

湖南永兴县侍郎坦“昌黎经此”石刻

（四）杜甫

杜甫（712—770），在安史之乱中辗转于湖南、四川，病逝于平江。在湖南写下100多首诗，对当时湖南发生的重大事件、风土人情都有客观描述，对苍生苦难的如泣如诉，对美好生活的渴望，与屈原“哀民生之多艰”的情怀相呼应。

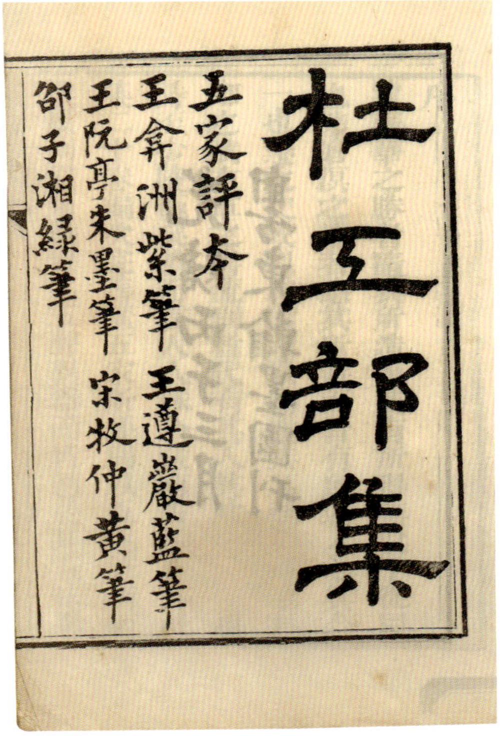

杜工部集

五家評本

王弇洲紫筆 王遵巖藍筆

王阮亭朱墨筆 宋牧仲黃筆

邵子湘綠筆

杜甫《杜工部集》书影

［光绪丙子（1876）三月，粤东翰墨园刊］

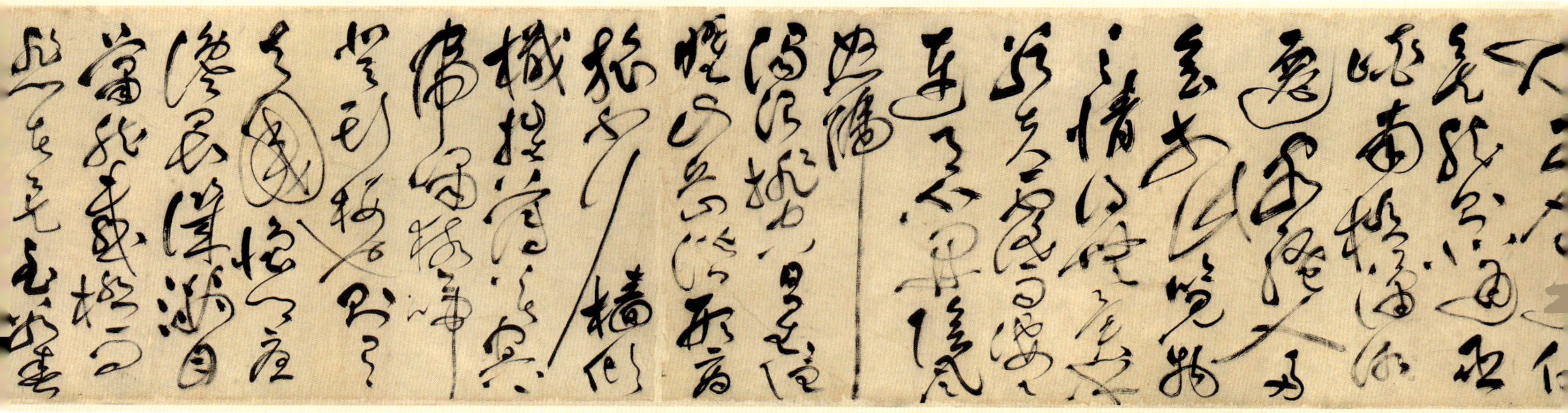

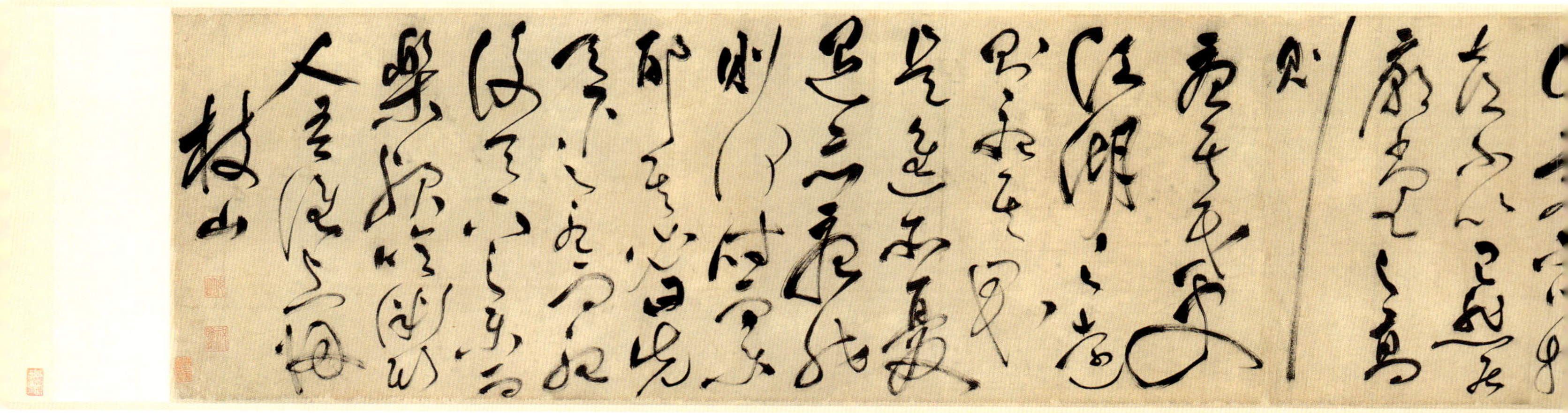

范仲淹《岳阳楼记》（明祝允明草书）

纵40.5厘米，横620厘米

湖南省博物馆藏

立志造福苍生的范仲淹因新政失败被贬，受岳州知府滕子京之请，创作了千古名篇《岳阳楼记》，文中提出的“居庙堂之高则忧其民”，“先天下之忧而忧，后天下之乐而乐”，与屈贾的忧乐精神一脉相承，激励一代代湖湘子弟。

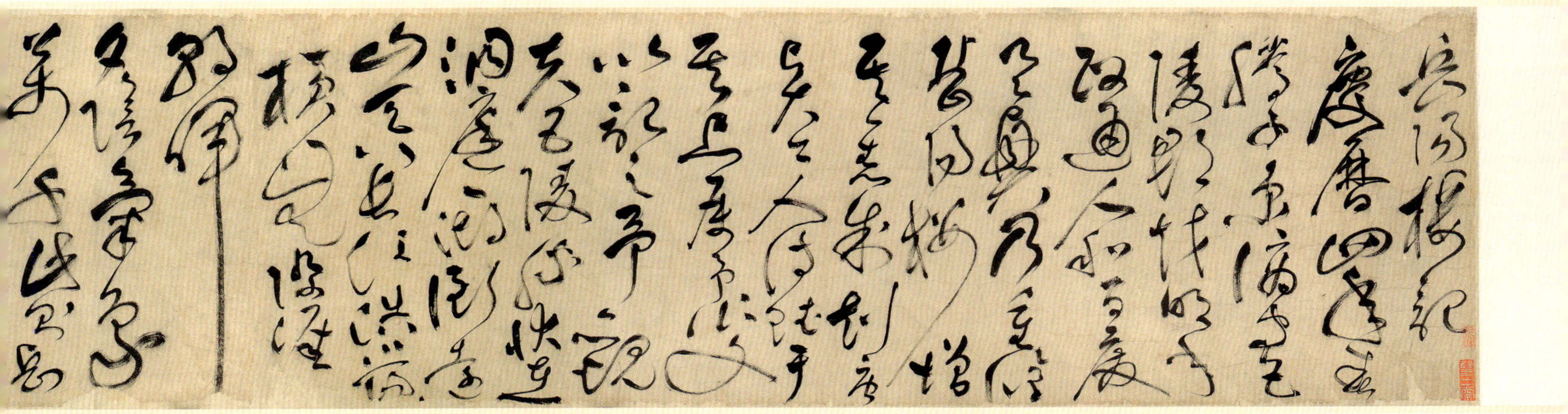

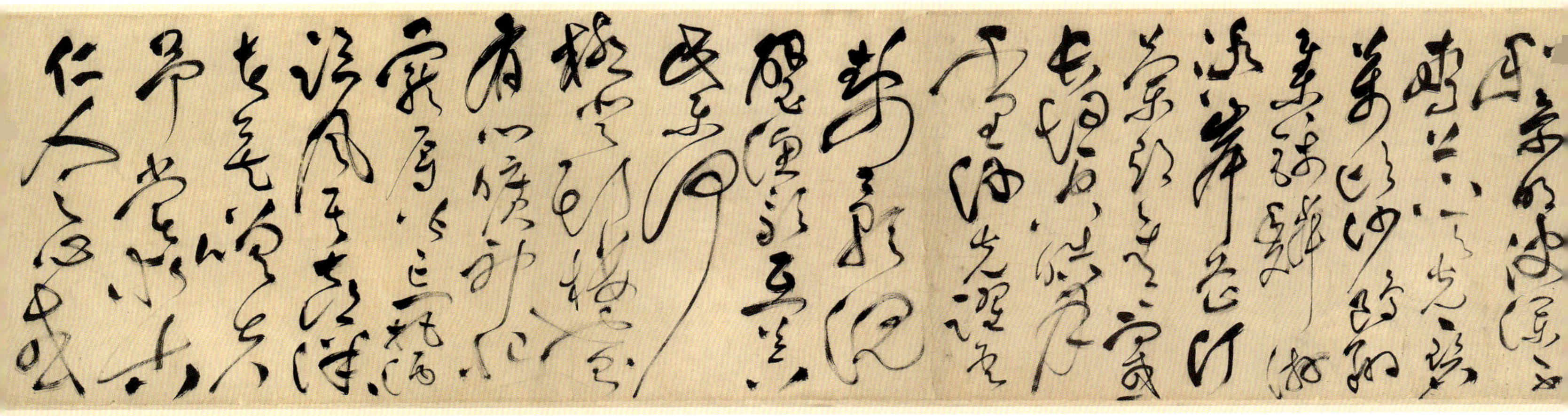

第二单元

书院教育的传承

宋代官学普及，多数州县兴建学府，同时书院开始兴盛，全国四大书院，湖南占其二。周敦颐首创理学，胡安国父子开创湖湘学派，其所倡导的知行合一、经世致用的精神，与屈贾的忧乐观相结合，通过书院教育的传承与推广，转化为湖南士人的精神追求。

一、湖南现存著名古书院

湖南历代官员十分重视教育，唐代全国 17 座书院湖南占 9 座；宋代湖南 12 个州府中有 11 个建有学校，59 个县中有 31 个县建有学校，高于全国平均水平；清末学校多达 500 余所。

南岳邺侯书院
唐元和年间（806—820）创建

长沙岳麓书院
北宋开宝九年（976）始建

乾隆御书岳麓书院“道南正脉”匾额

通道恭城书院

北宋崇宁四年（1105）始建

吉首濂溪书院
明正德八年（1513）始建

醴陵渌江书院
清乾隆十八年（1753）始建

汝城濂溪书院
清嘉庆九年（1804）始建

凤凰三潭书院
清同治十三年（1874）始建

湘乡东山书院
清光绪二十一年（1895）始建

理学在湖南的传承示意图

二、浏阳文靖书院祭器

此套祭器现存共 52 件，为浏阳文靖书院所用，部分祭器刻有“大元大德乙巳四月贰日丙午，潭州路浏阳州文靖书院之宝始供祀，吏铣山修司，其永保用”铭文。这是目前所知年代最早、有确切纪年并成套的书院祭器，为研究湖南书院教育、理学传承提供了珍贵实物资料。文靖书院创办于宋，理学家浏阳县令杨时曾于城南讲学，后人建书院以其谥号为名。

铜豆

元大德九年（1305）
高21.6厘米，盖径15.5厘米
湖南省博物馆藏

铜簠

元大德九年（1305）
高23厘米，口径29.6×24厘米
湖南省博物馆藏

牺形铜尊

元大德九年（1305）
高31.5厘米，长36.5厘米，宽12.5厘米
湖南省博物馆藏

象形铜尊

元大德九年（1305）
高32.7厘米，长36厘米
湖南省博物馆藏

铜盨

元大德九年（1305）
高12.8厘米，口径22.5×17厘米
湖南省博物馆藏

铜香炉

元大德九年（1305）
高10厘米，直径15.1厘米
湖南省博物馆藏

铜香炉

元大德九年（1305）
高6.1厘米，直径14.8厘米
湖南省博物馆藏

铜爵

元大德九年（1305）
高24.5厘米，流宽4.7厘米
湖南省博物馆藏

铜壶

元大德九年（1305）
高31.5厘米
湖南省博物馆藏

铜香炉

元大德九年（1305）
高35厘米，口径20厘米
衡阳市博物馆藏

“龟山先生”铜壶

元大德九年（1305）
高40厘米，口径11厘米，足径15.2厘米
衡阳市博物馆藏

铜爵

元大德九年（1305）
高23厘米，流长17.5厘米
衡阳市博物馆藏

铜器座

元大德九年（1305）
长25.5厘米，宽25厘米
衡阳市博物馆藏

三、浏阳文庙乐器

道光九年浏阳县令杜金鉴聘请本县监生邱之稑组建浏阳文庙礼乐局，历时十余载创制了整套祭祀乐器和乐曲。每逢春秋祭孔大典悉用古乐旧制，演奏水平名冠全国。由此可见晚清湖南理学影响之大，湖湘文化发展之盛，乾隆帝御书的“道南正脉”得到进一步地传承。

特钟

清道光九年至光绪三十二年（1829—1906）
高43厘米，铣长28.2厘米
湖南省博物馆藏

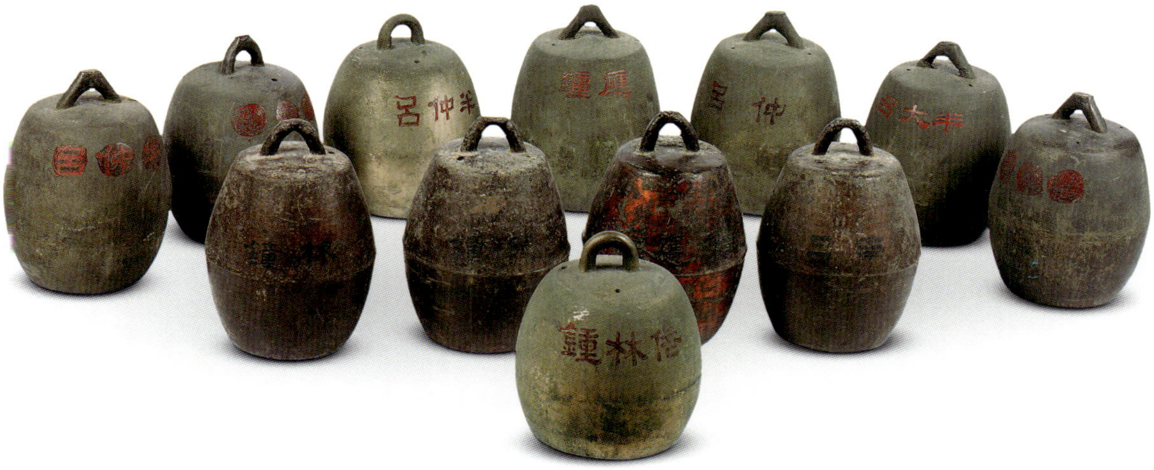

编钟

清道光九年至光绪三十二年（1829—1906）
高28.4厘米，舞径15.4厘米，口径15.5厘米，腰径21.4厘米
湖南省博物馆藏

编钟十二件分别为：倍林钟、倍南吕、倍应钟、大吕、夹钟、仲吕、林钟、南吕、应钟、半大吕、半夹钟、半仲吕。

云龙纹特磬

清道光九年至光绪三十二年（1829—1906）
高35厘米，长54.6厘米，厚度2.9厘米
湖南省博物馆藏

龙纹编磬

清道光九年至光绪三十二年（1829—1906）
高29.5厘米，长47.5厘米，厚度2.2厘米
湖南省博物馆藏

编磬十二正律分别为：黄钟、大吕、太簇、夹钟、姑洗、仲吕、蕤宾、林钟、夷则、南吕、无射、应钟。

姑洗
仲呂
蕤賓
林鐘
夷則
南呂
無射
應鐘

大瑟

清道光九年至光绪三十二年（1829—1906）
长206厘米，首端宽45.4～45.9厘米
湖南省博物馆藏

七弦琴

清道光九年至光绪三十二年（1829—1906）
长118.8厘米，肩宽17.8厘米
湖南省博物馆藏

应鼓

清道光九年至光绪三十二年（1829—1906）
长74厘米，面径42～46厘米，腰径52厘米
湖南省博物馆藏

搏拊鼓

清道光九年至光绪三十二年（1829—1906）
长41.5厘米，面径24厘米，腰径32.5厘米
湖南省博物馆藏

鼗（táo）鼓

清道光九年至光绪三十二年（1829—1906）
鼓身长18.2厘米，面径22.5厘米，腰径27.5厘米，鼓柄高142厘米
湖南省博物馆藏

敔（yǔ）

清道光九年至光绪三十二年（1829—1906）
高24厘米，长83厘米，宽28厘米
湖南省博物馆藏

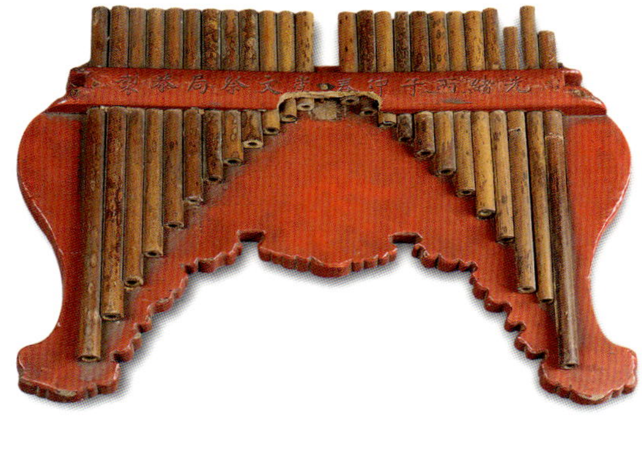

凤箫

清道光九年至光绪三十二年（1829—1906）
高35.4厘米，宽50.6厘米
湖南省博物馆藏

篪（chí）

清道光九年至光绪三十二年（1829—1906）
长39.5厘米，管外径3.3厘米
湖南省博物馆藏

瓷埙

清道光九年至光绪三十二年（1829—1906）
高10厘米，底径5.1厘米，腰径7.2厘米
湖南省博物馆藏

龙笛

清道光九年至光绪三十二年（1829—1906）
长65厘米，管外径2.7厘米
湖南省博物馆藏

洞箫

清道光九年至光绪三十二年（1829—1906）
长55.2厘米，外管径3.4厘米
湖南省博物馆藏

匏

清道光九年至光绪三十二年（1829—1906）
高9厘米，口径2.5厘米
湖南省博物馆藏

篇

清道光九年至光绪三十二年（1829—1906）
长35.5厘米，径3厘米
湖南省博物馆藏

笙

清道光九年至光绪三十二年（1829—1906）
长52.5厘米，径8厘米
湖南省博物馆藏

戚

清道光九年至光绪三十二年（1829—1906）
长45厘米，柄长37厘米，斧宽4.6～9.7厘米，斧高12.6厘米
湖南省博物馆藏

云龙纹干

清道光九年至光绪三十二年（1829—1906）
长91.2厘米，上端宽17.1厘米，下端宽13.6厘米
湖南省博物馆藏

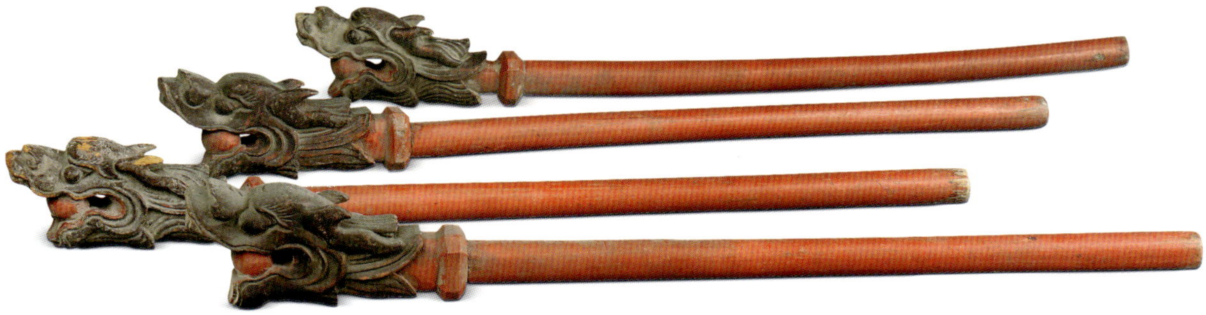

龙首翟

清道光九年至光绪三十二年（1829—1906）
长60.5厘米，柄径2厘米
湖南省博物馆藏

笏

清道光九年至光绪三十二年（1829—1906）
三孔架：高34.4厘米，长45.2厘米，宽19.5厘米
笏：长67厘米，宽7厘米，厚1厘米
湖南省博物馆藏

四、王夫之

王夫之（1619—1692），衡阳人，世称“船山先生”。曾求学于岳麓书院，接受了“济世救民”的思想。明亡后，隐居不仕，潜心著书一百余种，是宋元理学的集大成者。其学术思想对乾嘉之后的湖南士林产生了深远影响。

岳麓书院船山祠

王夫之《宋论三篇》手稿

纵26.5厘米，横13.4厘米
湖南省博物馆藏

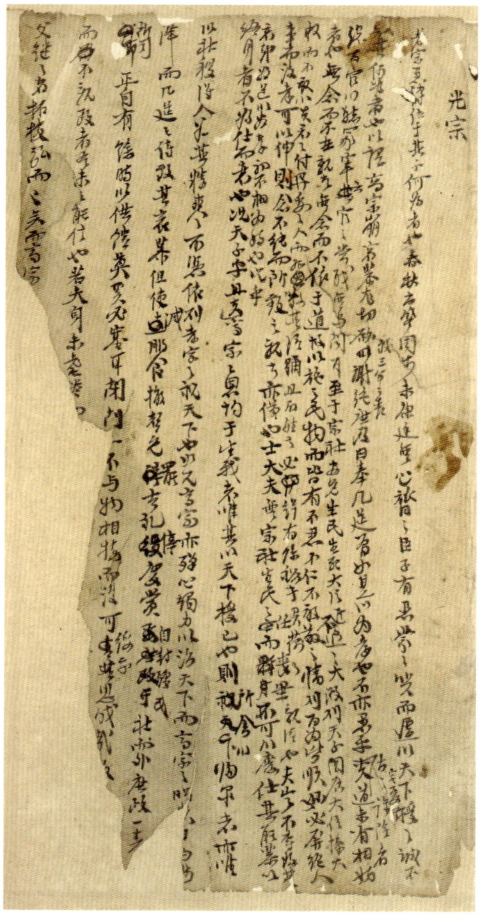

李世瑛绘《王船山先生栖伏图》册页（局部）

全套册页：纵23厘米，横700厘米
湖南省博物馆藏

湘西草堂

第三单元 百折不挠的家国情怀

在内忧外患的时代背景下，深受湖湘文化熏陶的士林学子，以修身齐家治国平天下为己任，站在时代浪潮的最前列，涌现出一批批救亡图存的志士群体，从经世派、洋务派、维新派到革命派，前仆后继，九死无悔，最终影响和改变了中国历史发展的进程。

一、师夷长技以制夷

清嘉庆、道光年间，为应对日益深重的社会危机，寻求救国之道，以陶澍、魏源、曾国藩为代表的湖南士子，从经世济民、睁眼看世界到洋务实践，开启了中国近代化进程。

（一）经世派

1. 陶澍

陶澍（1779—1839），嘉道时期经世思想的代表人物，近代经济改革的先驱，对魏源等人影响很深。为官之时，用其所学，致力政务，实施一系列改革，治理漕运，倡办海运，革新盐政，政绩卓著，道光帝特赐“绥疆赐祜”（安抚疆土，赐福于民）四字，以示褒奖。

“御赐绥疆赐祜”双狮纽水晶印

清道光十七年（1837）
高11厘米，边长8.5厘米
湖南省博物馆藏

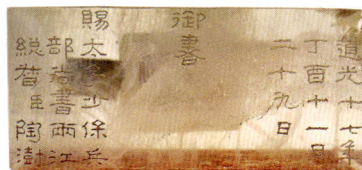

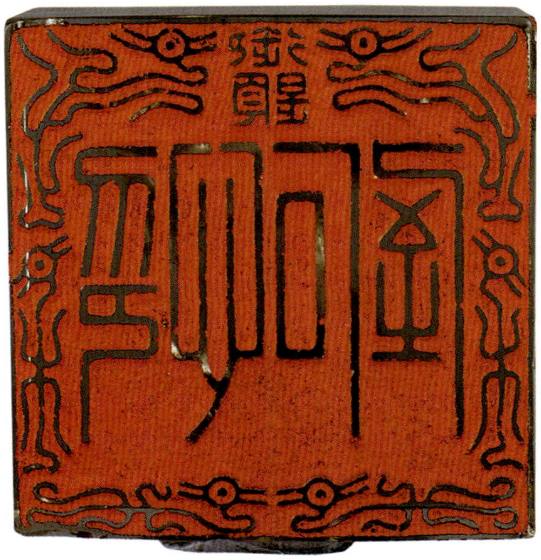

“御赐印心石屋”狮纽水晶印

清道光十三年（1833）
高12厘米，边长8.3厘米
湖南省博物馆藏

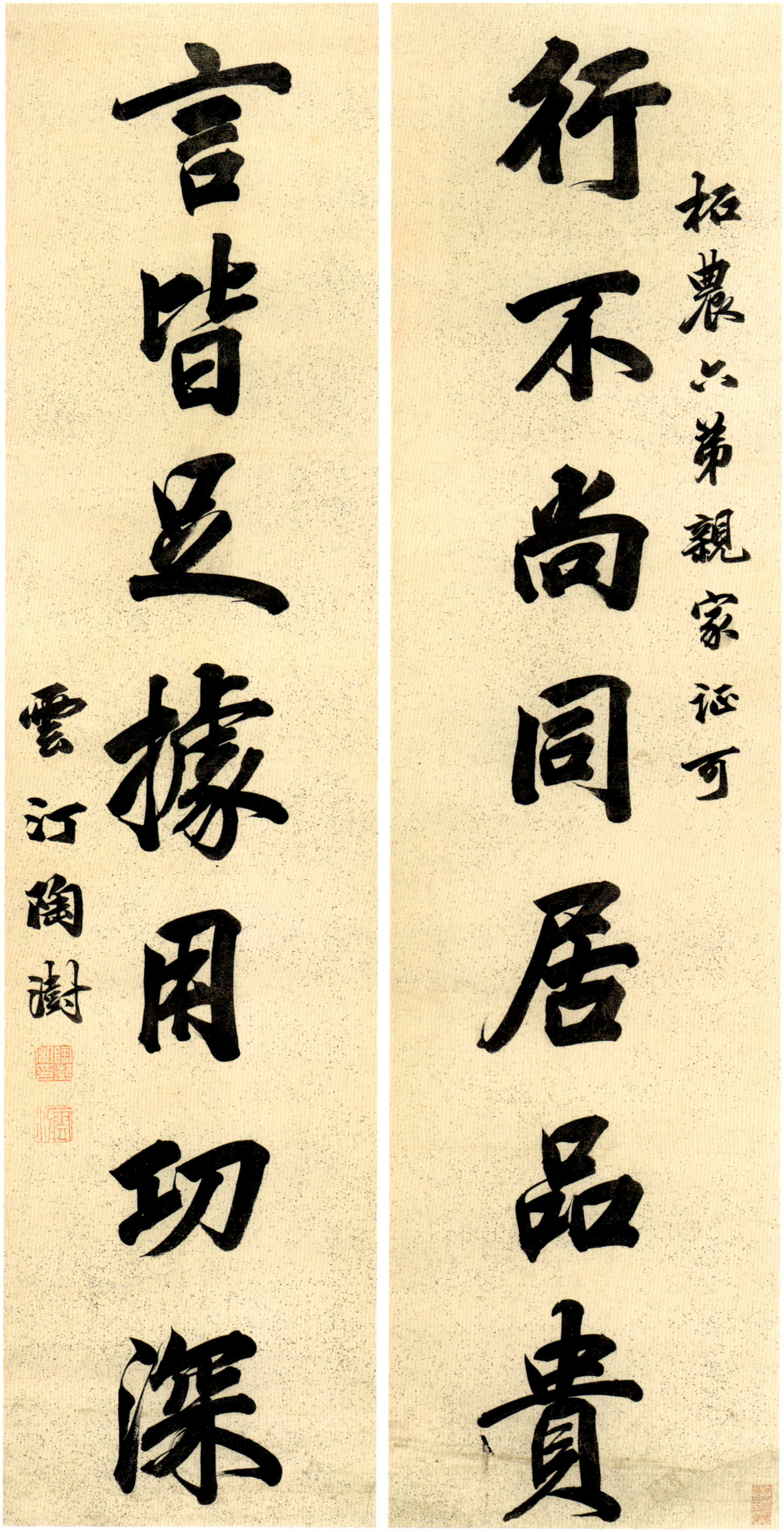

陶澍行书七言联

纵122.2厘米，横26厘米

湖南省博物馆藏

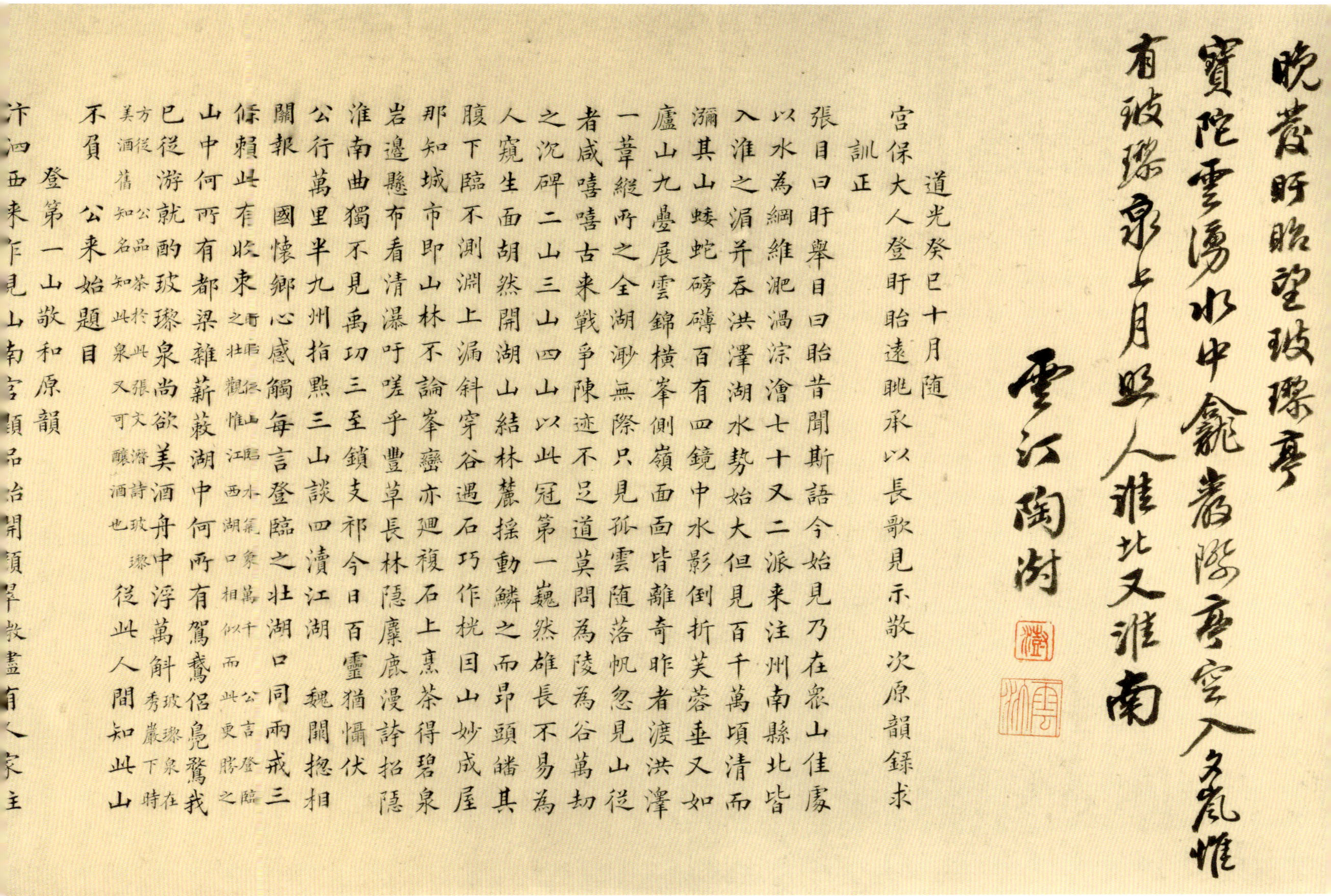

陶澍与李彦章、齐彦槐唱和诗卷（局部）

清道光十三年（1833）
纵46厘米，横173厘米
湖南省博物馆藏

2. 魏源

魏源（1794—1857），字默深，隆回人。道光二十五年（1845）进士，受江苏布政使贺长龄之聘编辑《皇朝经世文编》120卷，开一代新风。撰《筹漕篇》《湖广水利论》等，就漕运、盐务、治河提出改革意见，并协助陶澍付诸实践。编著《海国图志》，提出“师夷之长技以制夷”，成为洋务运动的先声。

《海国图志》书影

清道光二十七年（1847）
纵27.4厘米，横14.5厘米
湖南省博物馆藏

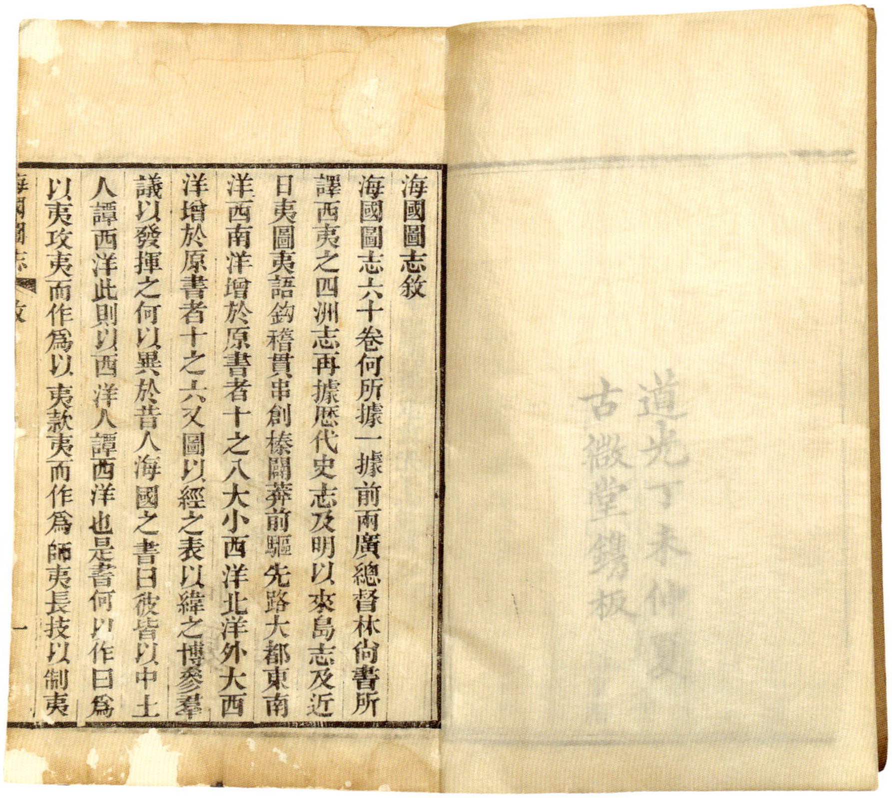

海國圖志敘
海國圖志六十卷何所據一據前兩廣總督林尚書所譯西夷之四洲志再據歷代史志及明以來島志及近日夷圖夷語鈎稽貫串創榛闢莽前驅先路大都東南洋西南洋增於原書者十之八大小西洋北洋外大西洋增於原書者十之六又圖以經之表以緯之博參羣議以發揮之何以異於昔人海國之書曰彼皆以中土人譚西洋此則以西洋人譚西洋也是書何以作曰為以夷攻夷而作為以夷款夷而作為師夷長技以制夷

海國圖志　敘　一

道光丁未仲夏
古微堂鐫板

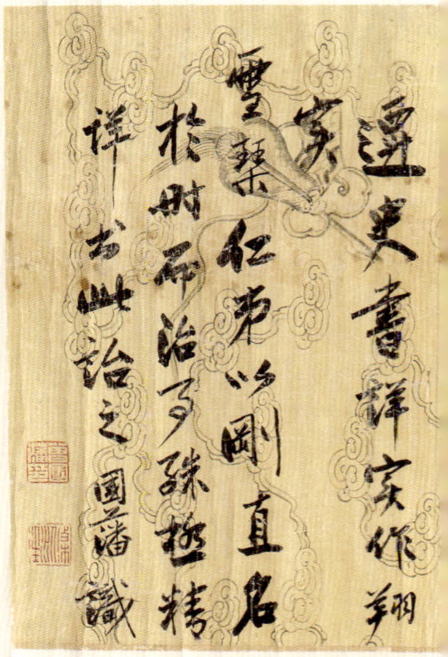

（二）洋务派

1. 曾国藩

曾国藩（1811—1872），字伯涵，号涤生，湘乡（今双峰）人。道光十八年（1838）进士，湘军的创立者，官至两江总督、直隶总督、武英殿大学士。毕生深究理学、文学，被奉为桐城派后期领袖。洋务运动的积极倡导者和实践者，筹设第一家近代军事工厂安庆内军械所，创办第一家新式工厂江南机器制造局，创设第一家翻译印刷西方书籍的翻译馆，促成第一批赴美留学生，为国家培养了大批栋梁之材。

松花石砚

长11.4厘米，宽8.1厘米

湖南省博物馆藏

行书横幅“刚正翔实”

纵48厘米，横170.2厘米

湖南省博物馆藏

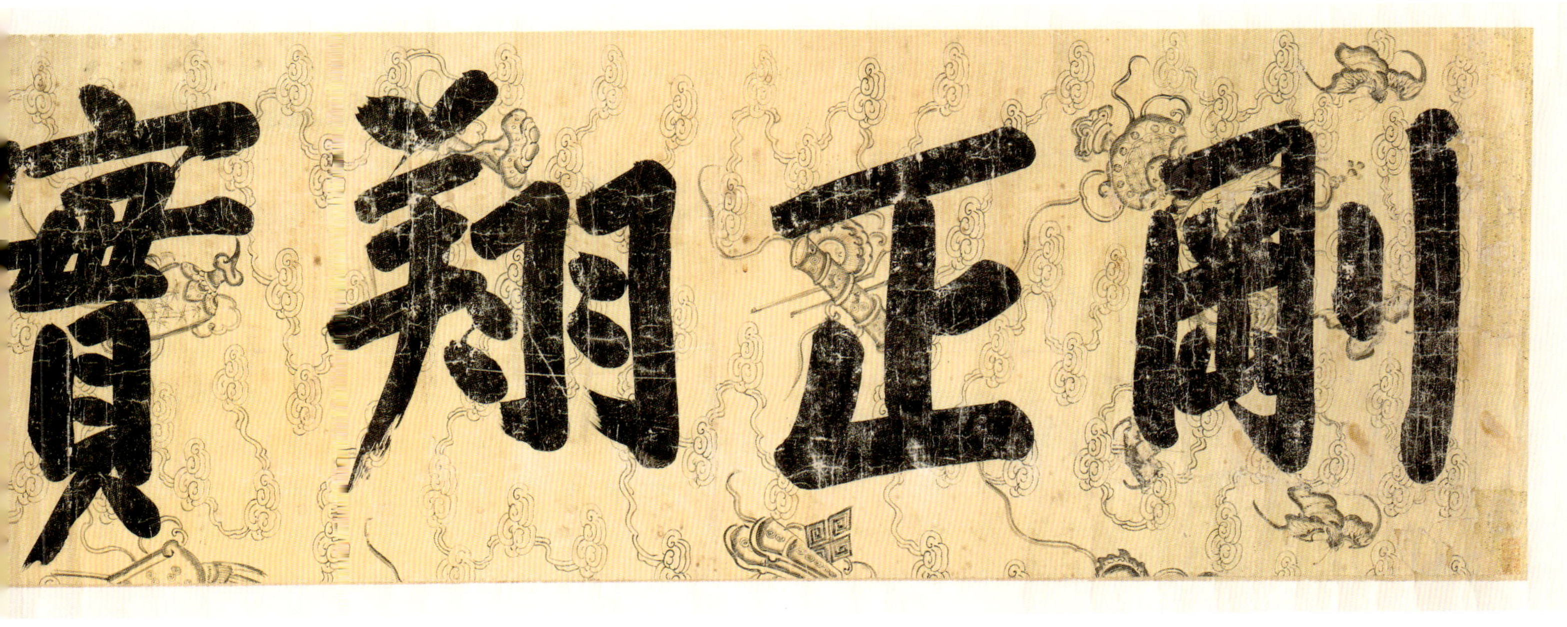

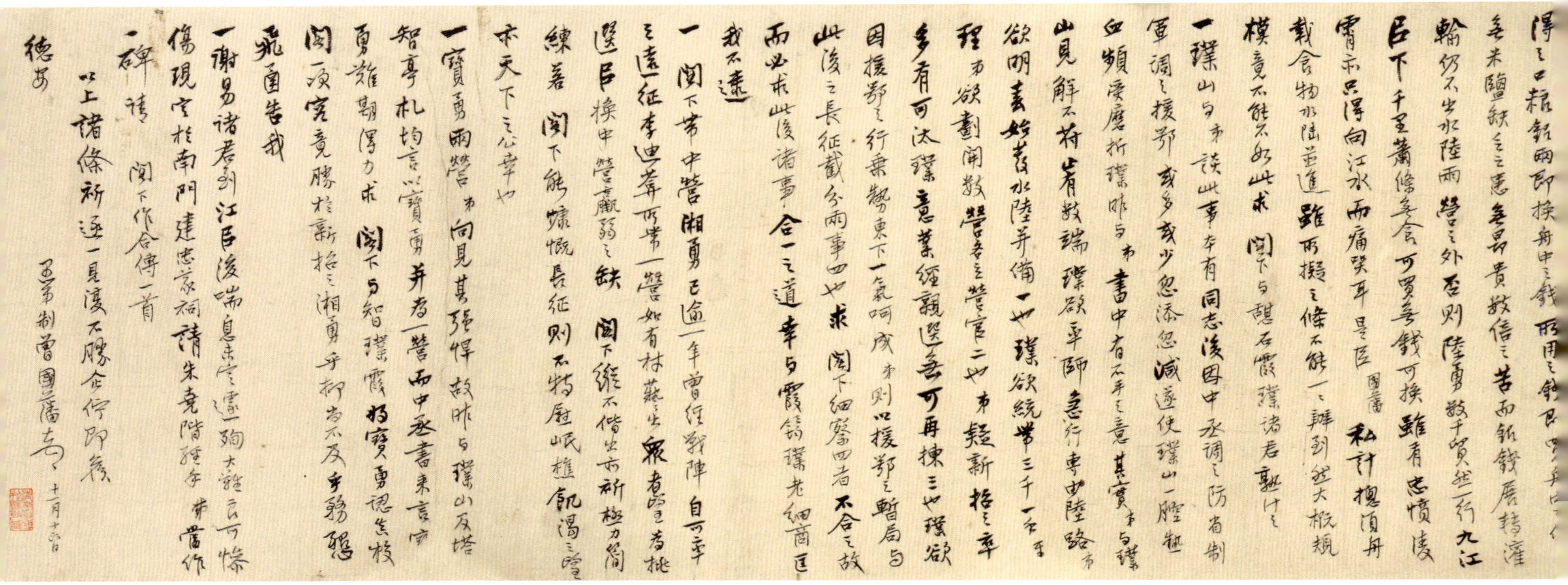

信卷

纵23.5厘米，横130.5厘米
湖南省博物馆藏

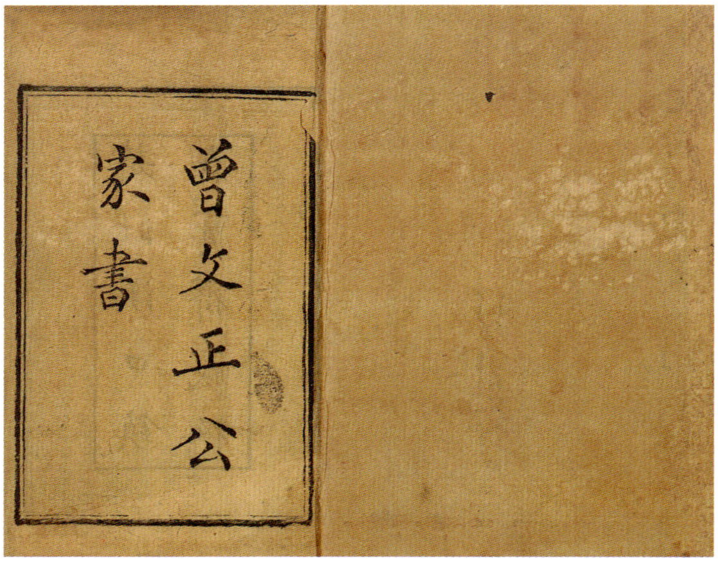

木刻家书书影

清光绪十年（1884）
纵17.6厘米，横11.2厘米
湖南省博物馆藏

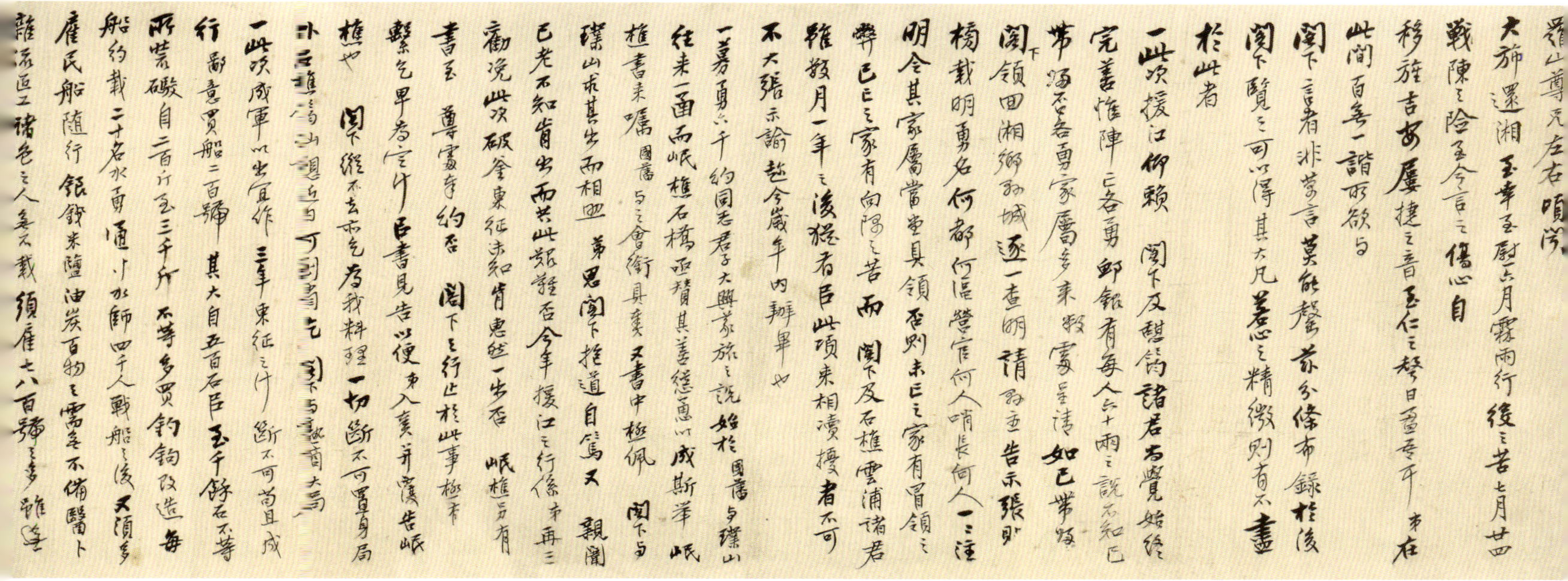

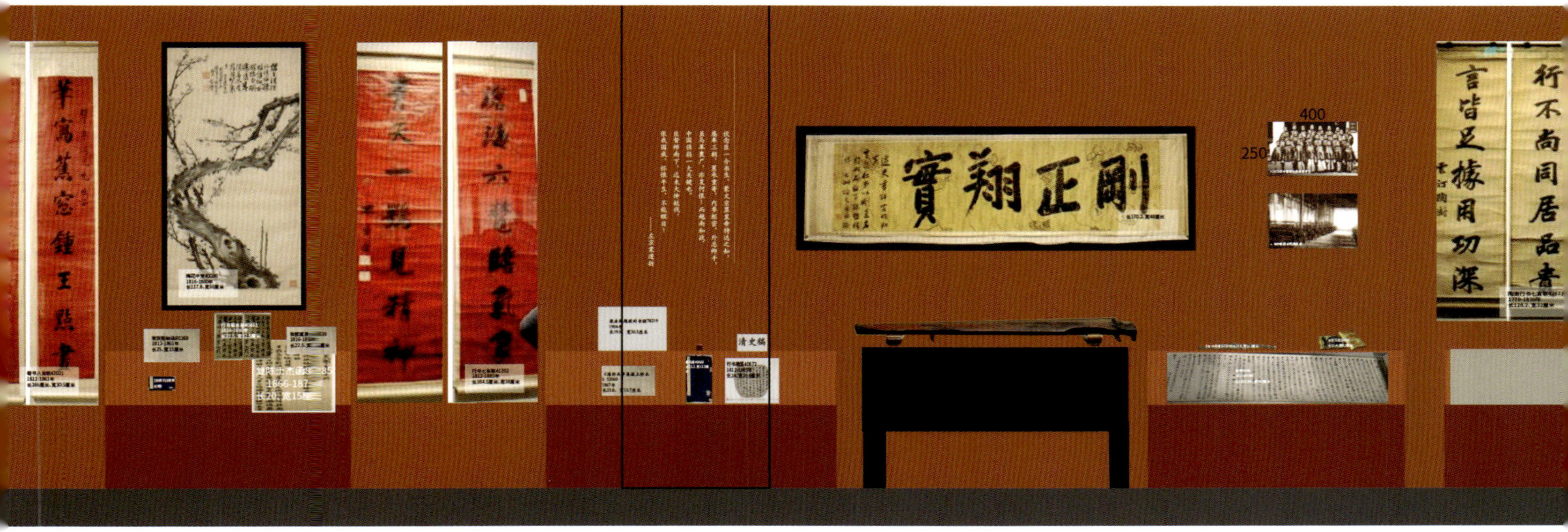

“百折不挠的家国情怀”展示图

2. 左宗棠

左宗棠（1812—1885），字季高、朴存，号湘上农人，湘阴人。道光十二年（1832）举人，官至东阁大学士、军机大臣。善书，篆书人称“左篆”。倡办洋务，创建第一个新式造船厂福州船政局，第一家机器毛纺织厂兰州机器织呢局。《清史稿》载“舆榇（抬棺）发肃州”，收复新疆，被梁启超誉为“五百年以来的第一伟人”。

“湘上农人”石印

高7.8厘米，边长2.5厘米

湖南省博物馆藏

行书扇面

纵34厘米，横60.5厘米

湖南省博物馆藏

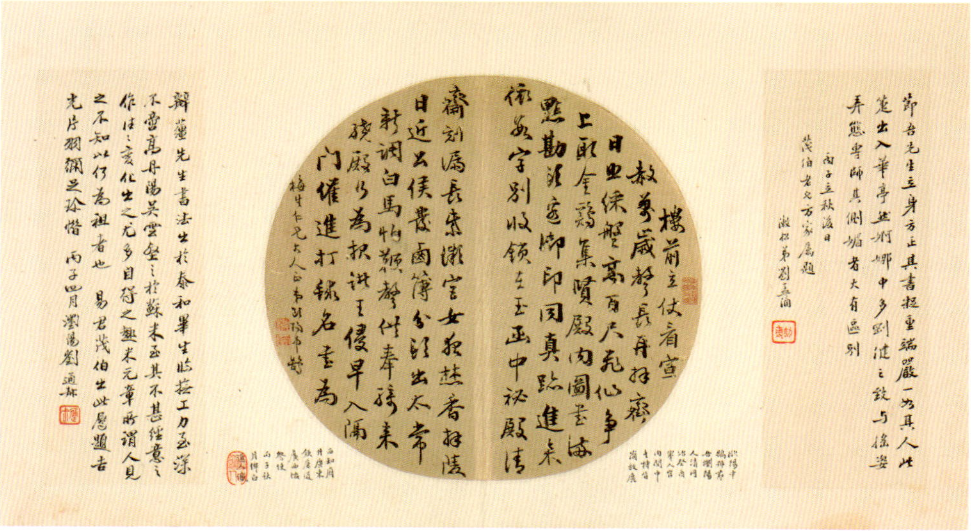

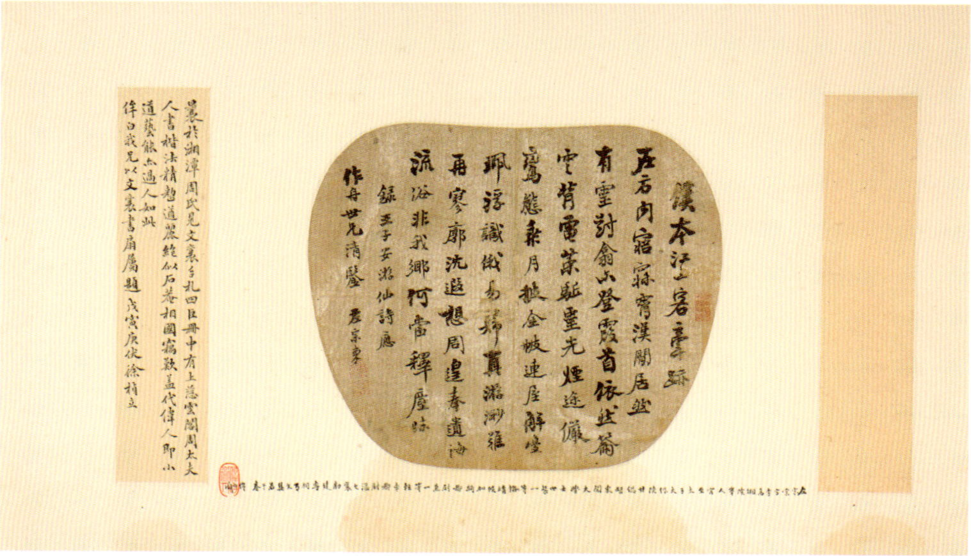

滃海六鳌瞻气象

青天一鹗见精神

左宗棠

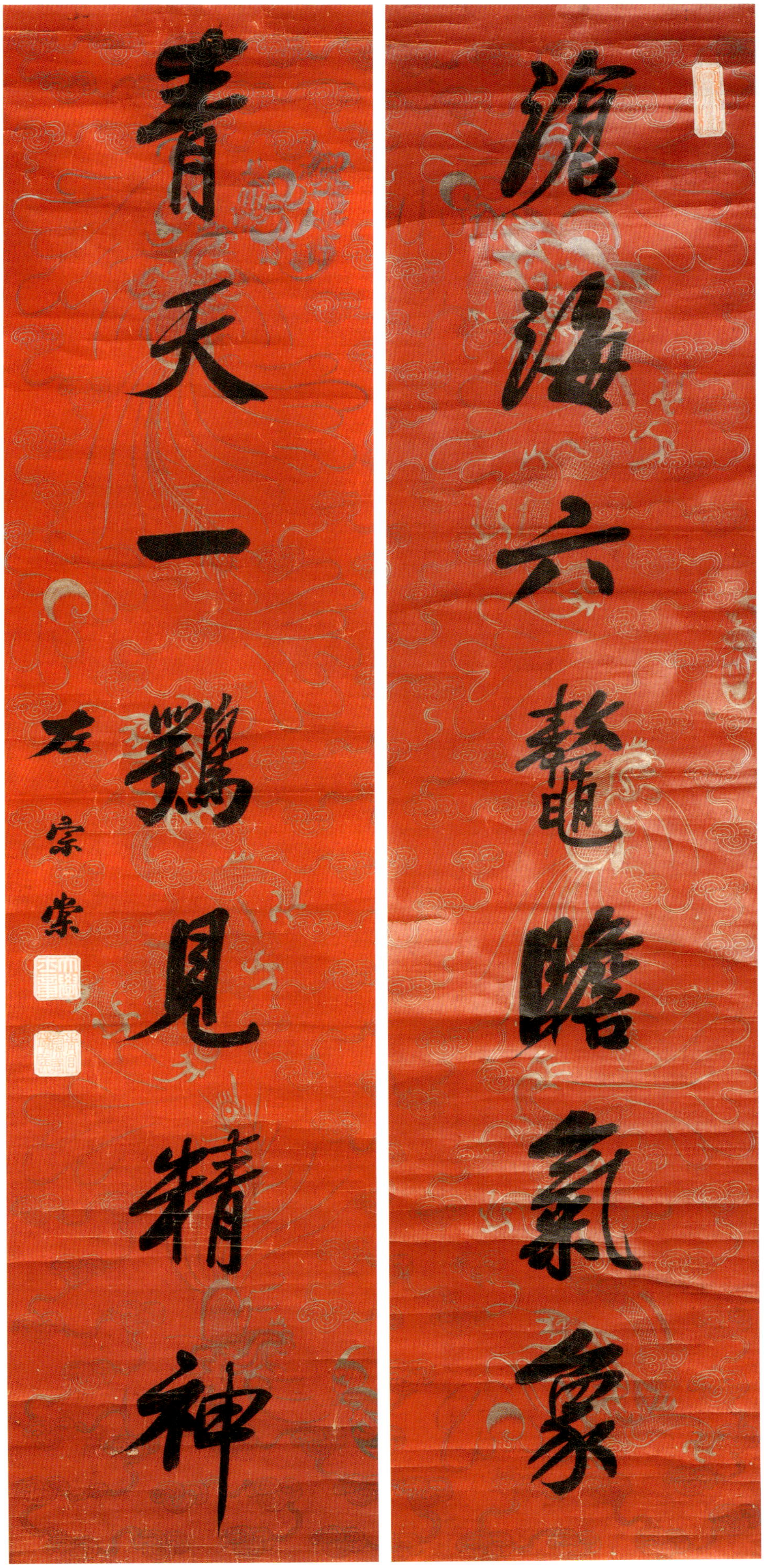

行书七言联

纵184厘米，横42.5厘米
湖南省博物馆藏

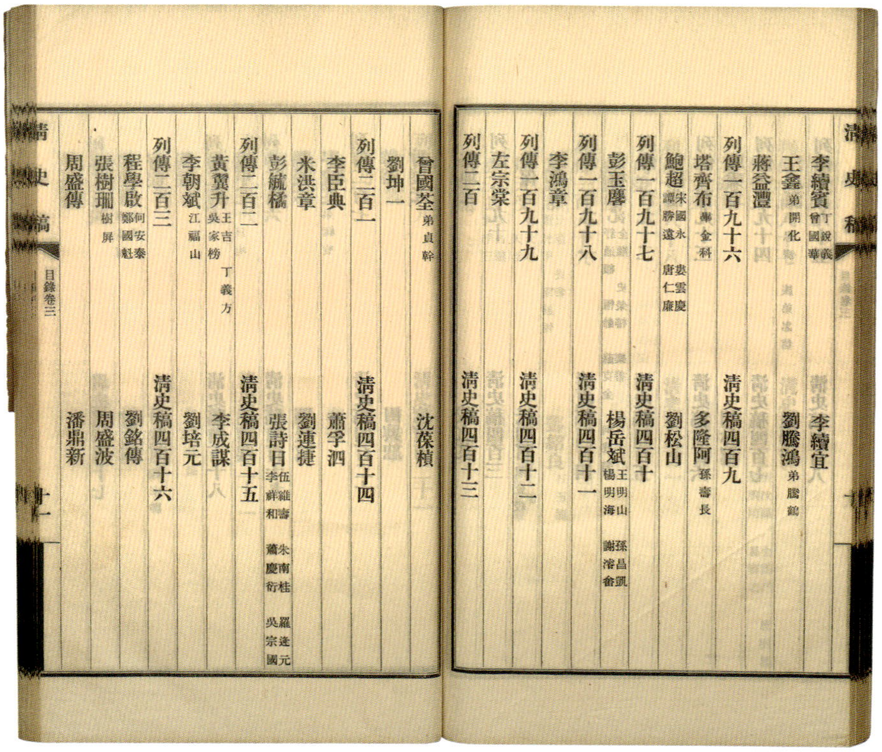
清史稿
李續賓 丁銳義 曾國華 李續宜
王鑫 弟開化 劉騰鴻 弟騰鶴
蔣益澧
列傳一百九十六 清史稿四百九
塔齊布 畢金科 多隆阿 孫壽長
鮑超 宋國永 婁雲慶 譚勝達 唐仁廉 劉松山
列傳一百九十七 清史稿四百十
彭玉麐 楊岳斌 王明山 孫昌凱 楊明海 謝濬畬
列傳一百九十八 清史稿四百十一
李鴻章
列傳一百九十九 清史稿四百十二
左宗棠
列傳二百 清史稿四百十三
曾國荃 弟貞幹 沈葆楨
劉坤一
列傳二百一 清史稿四百十四
李臣典 蕭孚泗
米洪章 劉連捷
彭毓橘 張詩日 伍維壽 李祥和 朱南桂 蕭慶衍 羅逢元 吳宗國
列傳二百二 清史稿四百十五
黃翼升 王吉 吳家榜 丁義方 李成謀
李朝斌 江福山 劉培元
列傳二百三 清史稿四百十六
程學啟 何安泰 鄭國魁 劉銘傳
張樹珊 樹屏 周盛波
周盛傳 潘鼎新
清史稿 目錄卷三

《清史稿》书影

纵38厘米，横24厘米

湖南省博物馆藏

家书

纵22.3厘米，横12.2厘米

湖南省博物馆藏

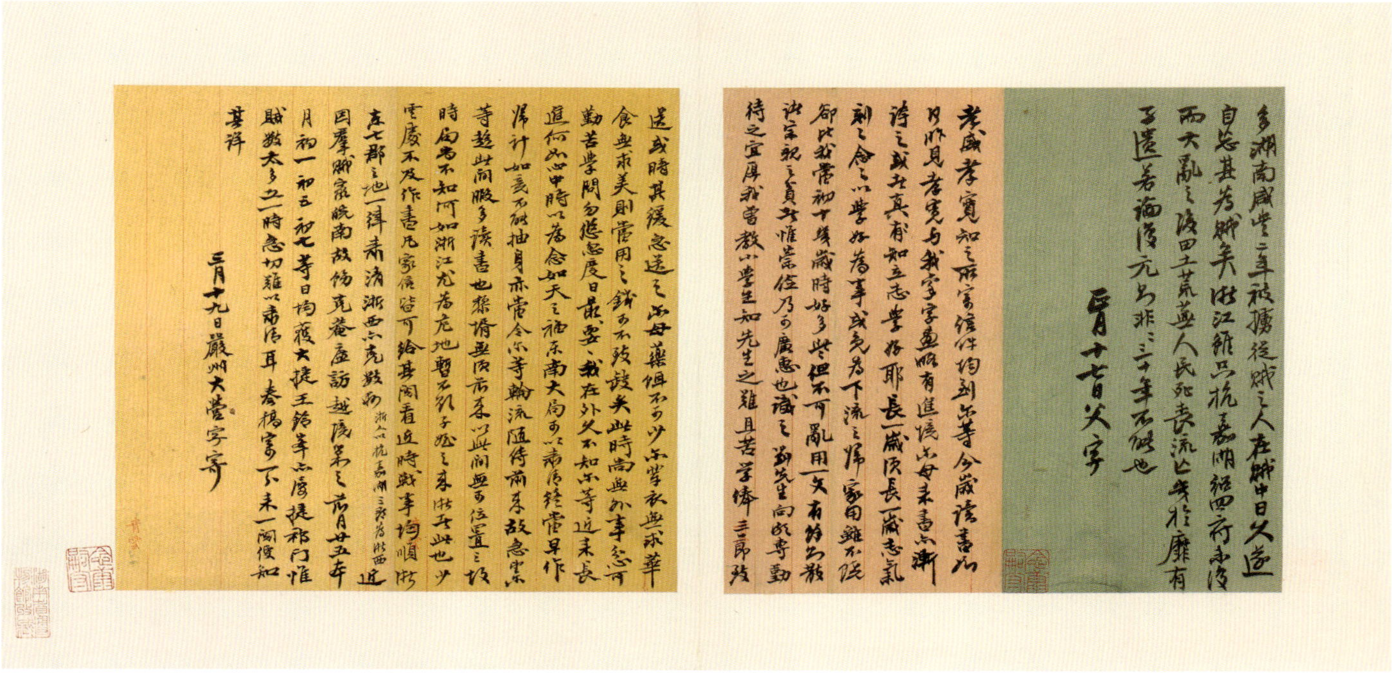

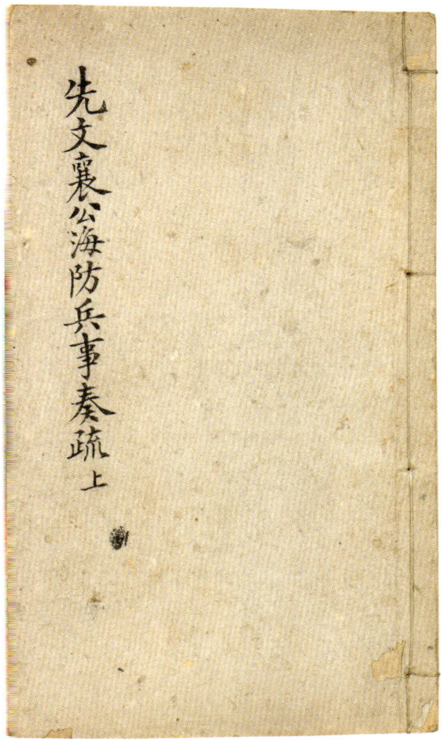

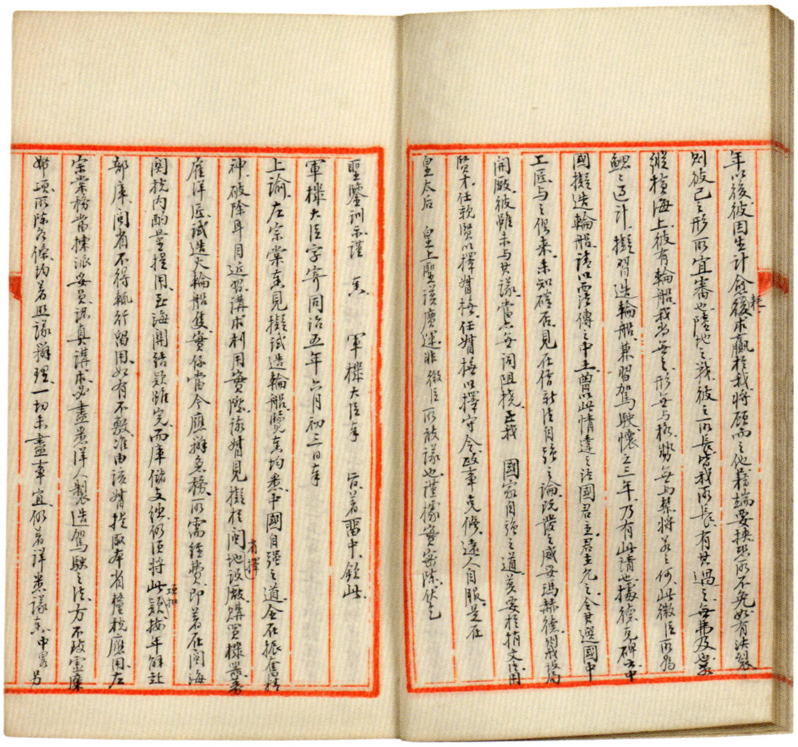

《海防兵事奏疏》书影

清同治六年（1867）
纵23.8厘米，横13.7厘米
湖南省博物馆藏

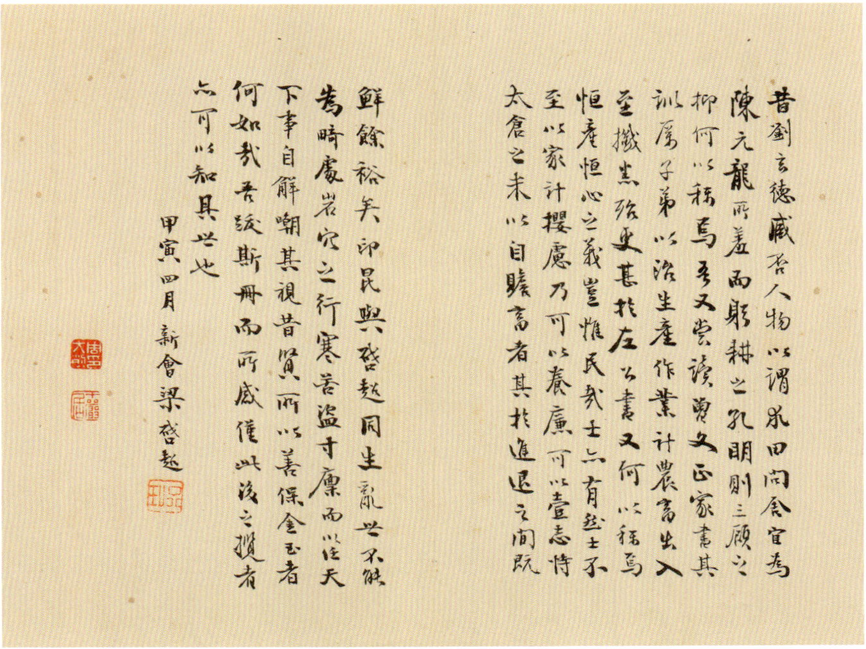
昔劉玄德藏否人物以謂求田問舍宜為陳元龍所羞而躬耕之孔明則三顧之抑何以稱焉爰又嘗讀曾文正家書其訓屬子弟以治生產作業計農富出入至纖悉殆更甚於左公書又何以稱焉恒產恒心之義豈惟民哉士亦有然士不至以家計攖慮乃可以養廉可以壹志恃太倉之米以自贍富者其於進退之間既鮮餘裕矣即民與啟超同生亂世不能為畸處巖穴之行寒苦盜寸廉而以任天下事自解嘲其視昔賢所以善保全者何如哉吾跋斯冊而所感僅此後之覽者亦可以知其世也

甲寅四月 新會梁啟超

梁启超题跋的书牍

清光绪三十年（1904）
纵19.9厘米，横30.5厘米
湖南省博物馆藏

3. 彭玉麟

彭玉麟（1816—1890），号雪琴，衡阳人。中国近代海军奠基人，随曾国藩创建湘军水师，立下赫赫战功，并对长江水师和海防的建设发挥了重要作用。在长期治军过程中，提出了“师其所长，去我所短”的自强思想，“江海相表里”的防务思想，“可战不可和”的战略思想。

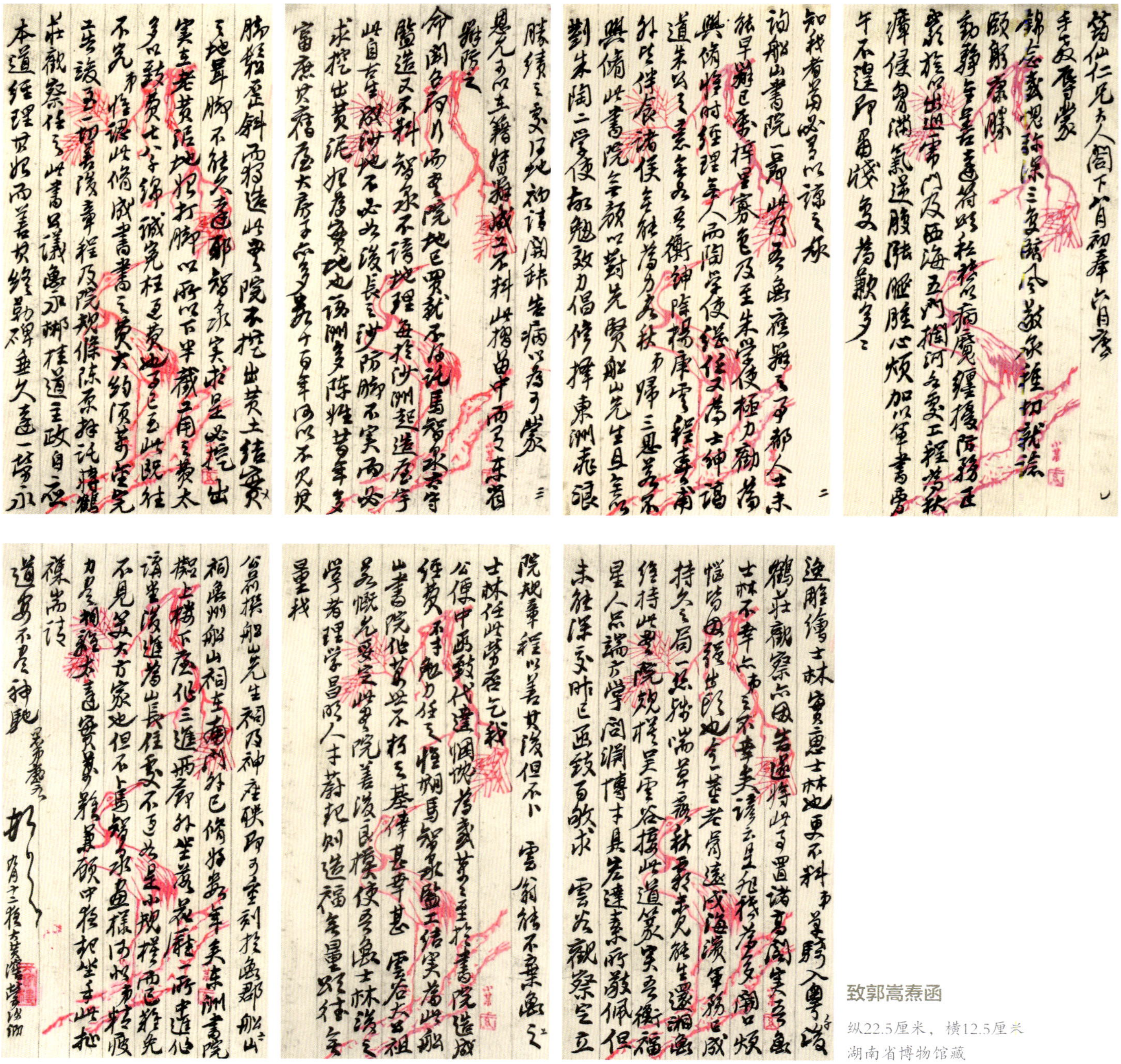

致郭嵩焘函

纵22.5厘米，横12.5厘米

湖南省博物馆藏

梅花中堂

纵117.8厘米，横60厘米
湖南省博物馆藏

局部

4. 胡林翼

胡林翼（1812—1861），字贶生，号润芝，益阳人。道光十六年（1836）进士，官至湖北巡抚，为官清廉，“家无尺寸之积”。懂经济，擅理政，主张“用兵不如用民”，“用民”才是治本。有识才、爱才和用才之能，曾举荐左宗棠、李鸿章等。晚年致力于教育，创办益阳箴言书院，以俸禄购置图书1337种，并将全部藏书赠予书院。著《读史兵略》46卷，绘制《大清一统舆图》，为早期较完整的全国地图。

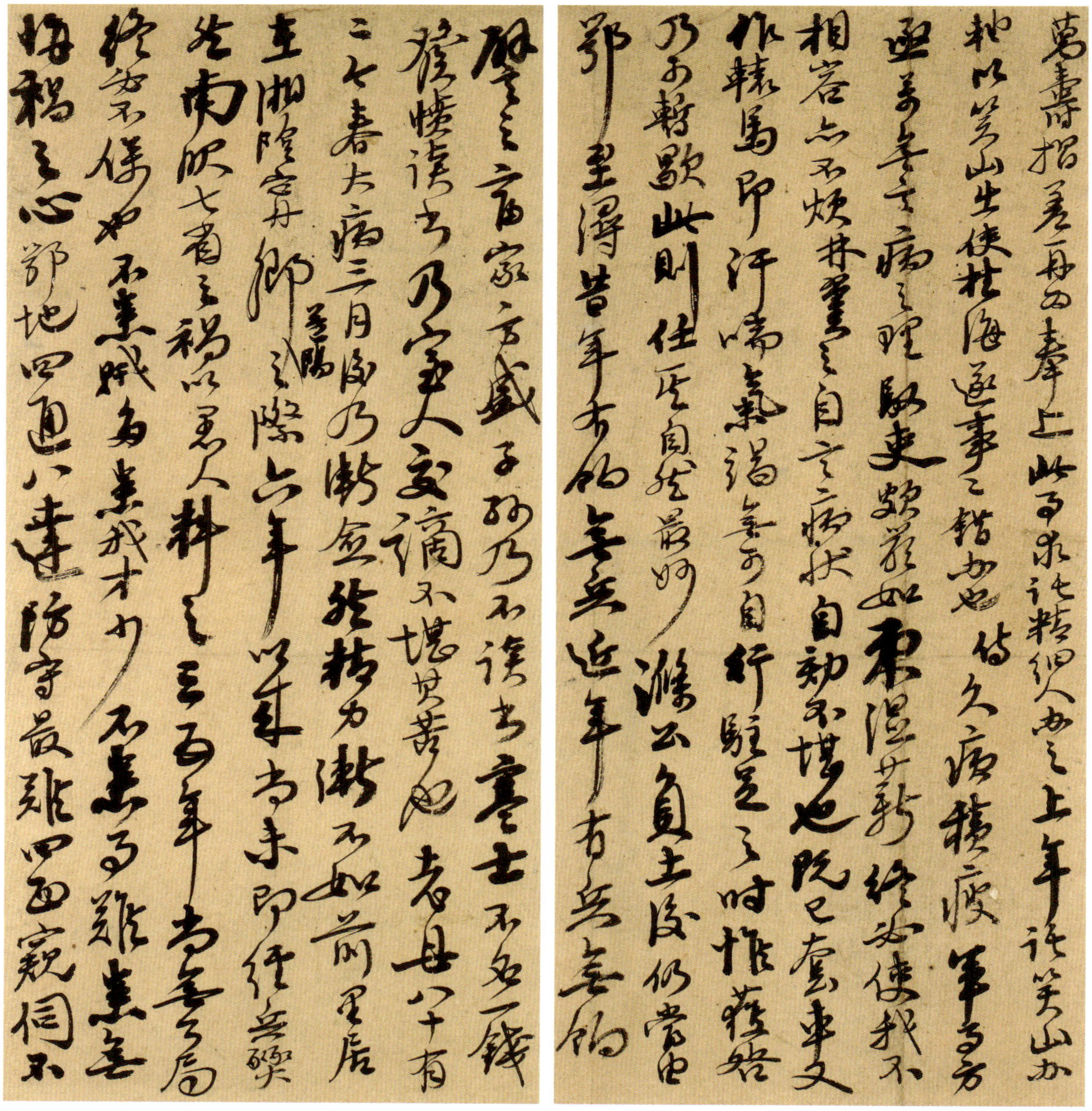

致贺熙龄函（局部）

纵25厘米，横15厘米

湖南省博物馆藏

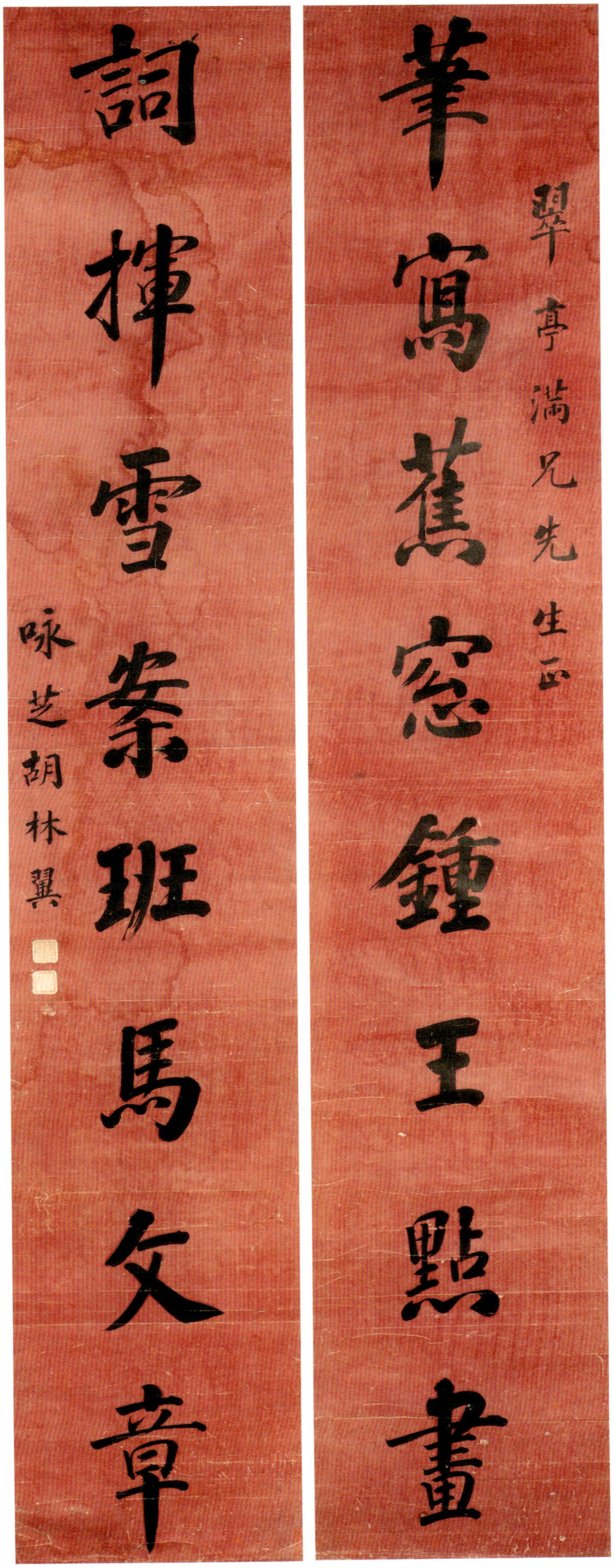

楷书八言联

纵197厘米，横35.5厘米
湖南省博物馆藏

5. 郭嵩焘

郭嵩焘（1818—1891），字伯琛，号筠仙、玉池老人，湘阴人。道光二十七年（1847）进士，官至广东巡抚。光绪年间致力于洋务，将自己的观点写成《条陈海防事宜》上奏。近代首位驻外使节，光绪二年（1876）出使英国，将见闻记入《使西纪程》，通过对中西方文化的比较，首倡学习西方的先进政治经济制度，为蓬勃兴起的维新变法思潮开了先河。

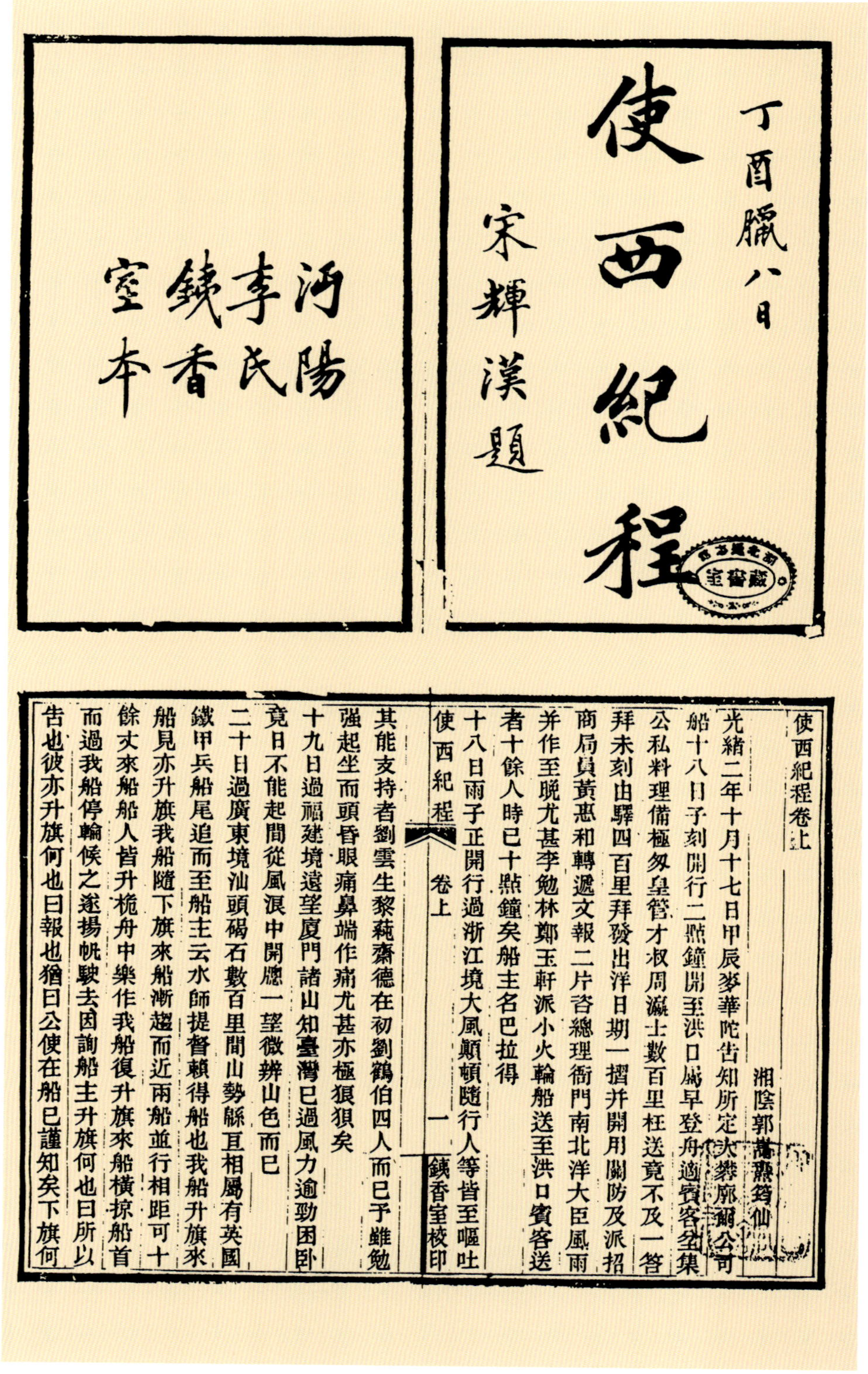

使西紀程
丁酉臘八日
宋輝漢題

河陽
李氏
鍥香
室本

使西紀程卷上
湘陰郭嵩燾筠仙
光緒二年十月十七日甲辰麥華陀告知所定大𫝃廓爾公司船十八日子刻開行二點鐘開至洪口屬早登舟適賓客並集公私料理備極匆皇管才叔周瀛士數百里枉送竟不及一答拜未刻由驛四百里拜發出洋日期一摺并開用關防及派招商局員黃惠和轉遞文報二片咨總理衙門南北洋大臣風雨并作至晚尤甚李勉林鄭玉軒派小火輪船送至洪口賓客送者十餘人時已十點鐘矣船主名巴拉得
十八日雨子正開行過浙江境大風顛頓隨行人等皆至嘔吐其能支持者劉雲生黎蒓齋德在初劉鶴伯四人而已予雖勉強起坐而頭昏眼痛鼻端作痛尤甚亦極狼狽矣
十九日過福建境遠望廈門諸山知臺灣已過風力逾勁困臥竟日不能起間從風浪中開牕一望微辨山色而已
二十日過廣東境汕頭碣石數百里間山勢緜亘相屬有英國鐵甲兵船尾追而至船主云水師提督賴得船也我船升旗來船見亦升旗我船隨下旗來船漸趨而近兩船並行相距可十餘丈來船船人皆升桅舟中樂作我船復升旗來船横掠船首而過我船停輪候之遂揚帆駛去因詢船主升旗何也曰所以告也彼亦升旗何也曰報也猶曰公使在船已謹知矣下旗何

使西紀程 卷上 一 鍥香室校印

《使西纪程》书影

纵27厘米，横14.5厘米
湖南省博物馆藏

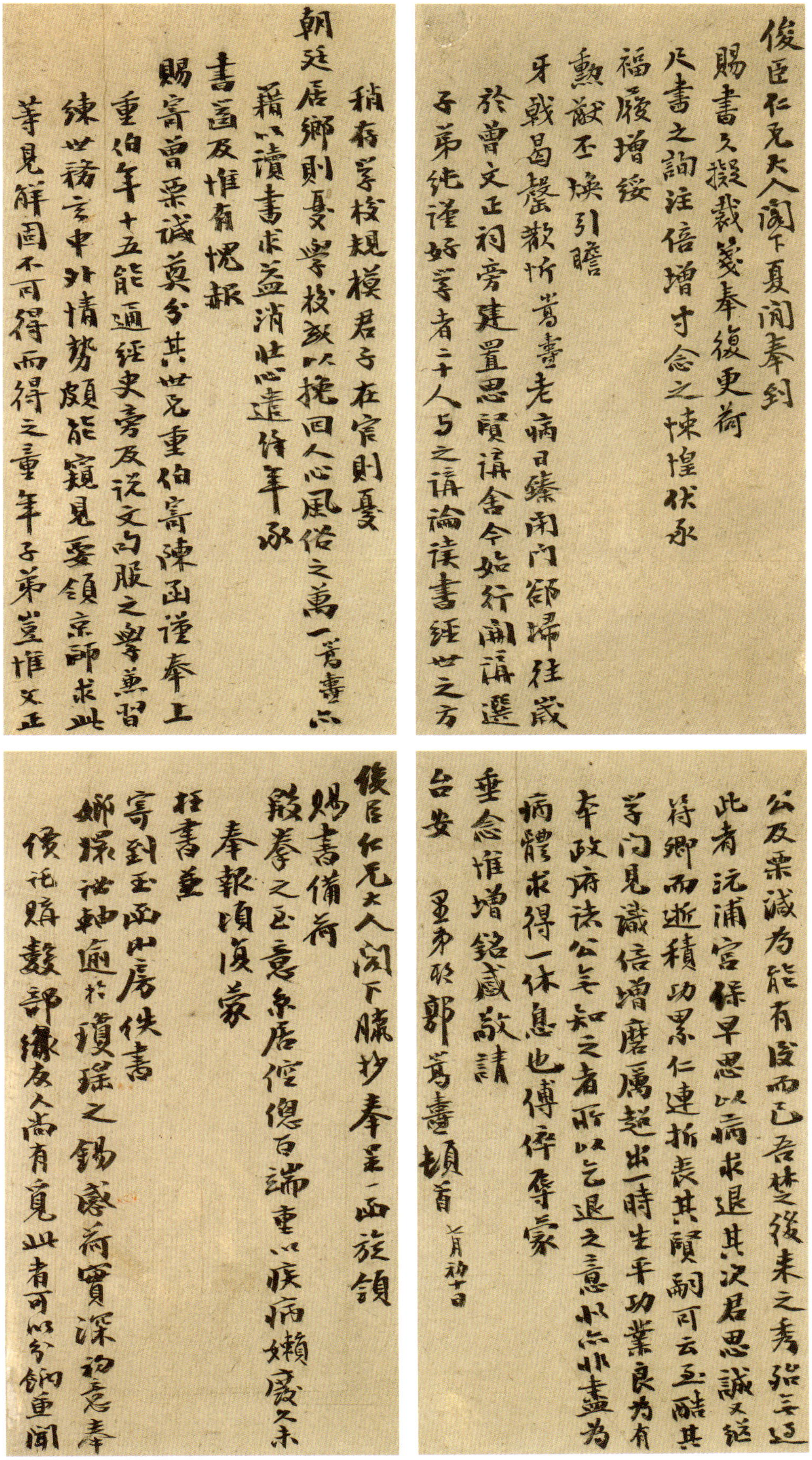
俊臣仁兄大人閣下：夏間奉到
賜書，久擬裁箋奉復，更荷
尺書之詢注，倍增寸念之悚惶。伏承
福履增綏，
勳猷丕煥，引瞻
牙戟，曷罄歡忻。嵩燾老病日臻，閉門卻埽，往歲
於曾文正祠旁建置思賢講舍，今始行開講，選
子弟純謹好學者二十人，與之講論讀書經世之方，
稍存學校規模。君子在官則憂
朝廷，居鄉則憂學校，藉以挽回人心風俗之萬一。嵩燾亦
藉以讀書求益，消壯心遣餘年。承
書函及，惟有愧赧。
賜寄曾栗諴奠分，其世兄重伯寄陳函謹奉上。
重伯年十五，能通經史，旁及說文，此服之學，兼習
練世務，言中外情勢頗能窺見要領。京師求此
等見解，固不可得，而得之童年子弟，豈惟文正
公及栗諴為能有後而已，吾楚之後來之秀，殆亡過
此者。沅浦宮保早思以病求退，其次君思誠又繼
待卿而逝，積功累仁，連折其賢嗣，可云至酷。其
學問見識，倍增磨厲，超出一時，生平功業，良為有
本。政府諸公亦知之者，所以乞退之意，似亦非盡為
病體求得一休息也。傳停季家
垂念，惟增銘感。敬請
台安
里弟期郭嵩燾頓首　七月初十日
俊臣仁兄大人閣下：謄抄奉呈一函，旋領
賜書，備荷
殷拳之至意。年來居官倥傯百端，重以疾病，懶廢久未
奉報，頃復蒙
枉書並
寄到玉函山房佚書、
嫏嬛紺軸，逾於瓊琛之錫，感荷實深。初意奉
價託購數部，緣友人尚有覓此者，可以分餉。重閱

复陈士杰函（局部）

清同治五年至光绪元年（1866—1875）
纵20厘米，横15厘米
湖南省博物馆藏

二、去留肝胆两昆仑

洋务运动未能达到富国强兵的目的，以谭嗣同为代表的仁人志士，提出变法救国的维新主张，在湖南开明官员的支持下推行新政，倡导学习西方，改革教育制度，使湖南成为“全国最富朝气的一省”，与全国维新变法运动相呼应。

（一）谭嗣同

谭嗣同（1865—1898），字复生，号壮飞，浏阳人。光绪二十一年（1895）倡办浏阳算学馆，开湖南维新新风。次年著《仁学》，是维新派的第一部哲学著作。应湖南巡抚陈宝箴之邀，回长沙参与新政，创办时务学堂、南学会等，主办《湘报》，宣传变法维新。二十四年（1898）被荐入京，以军机章京参与新政。变法失败，谭嗣同感慨道：“各国变法，无不从流血而成，今日中国未闻有为变法流血者，此国所以不昌也。有之，请自嗣同始。”康有为挽谭嗣同联：“复生，不复生矣；有为，安有为哉！”

致夫人李润家书

清光绪二十四年（1898）
纵30.5厘米，横37.5厘米
湖南省博物馆藏

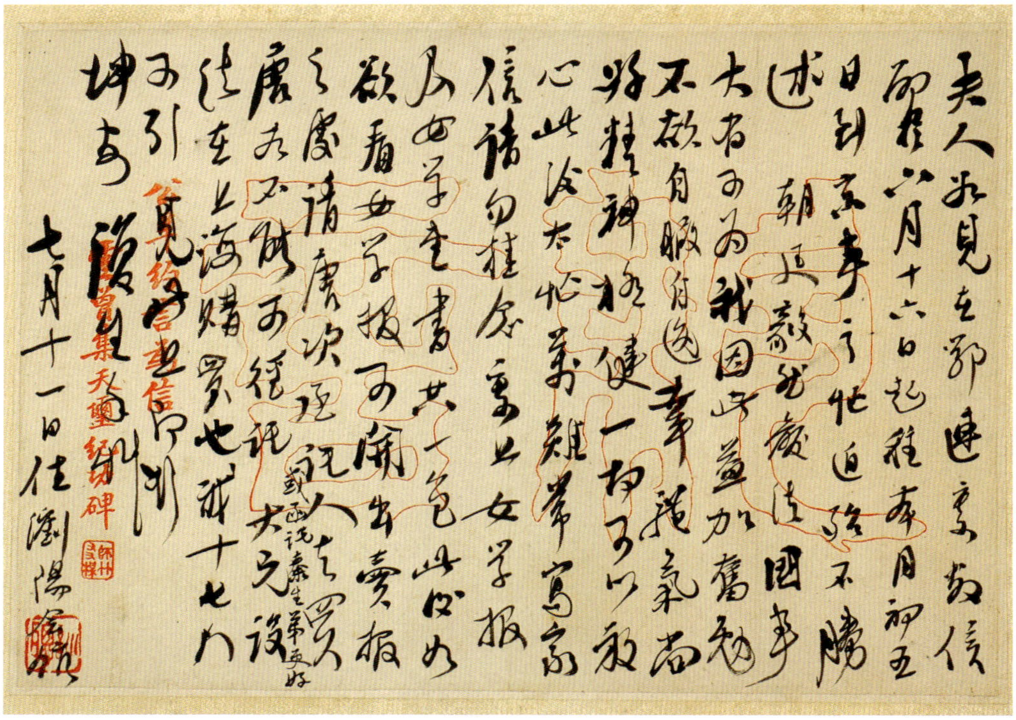

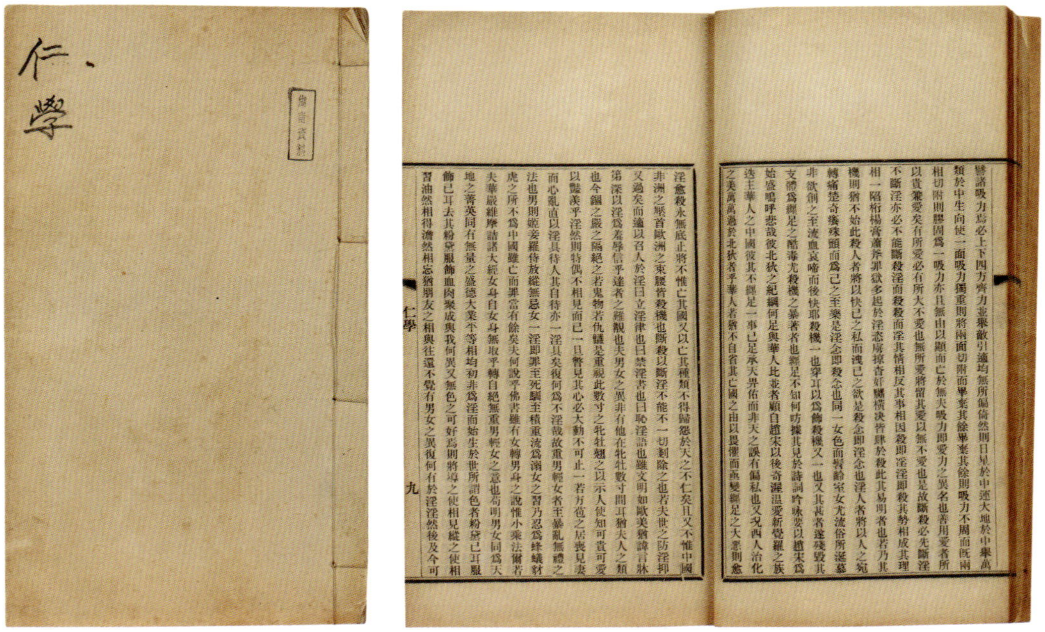

《仁学》书影

纵25.8厘米，横14.5厘米

湖南省博物馆藏

“崩霆”七弦琴

清光绪十六年（1890）

通长117.5厘米，琴额宽16厘米，肩宽18厘米，琴尾宽12.7厘米

湖南省博物馆藏

琴剑为古代文人雅士修养的必备之物，亦儒亦侠，刚柔相济，琴能雪躁静心，感发心志，升华心灵意境。谭嗣同少年便有“剑胆琴心”的美誉。17岁时，宅院中一梧桐被雷劈倒，遂以其残干制成“崩霆”与“残雷”两张七弦琴。“崩霆”琴和“七星剑”是其忠实伴侣，变法时曾携带进京。

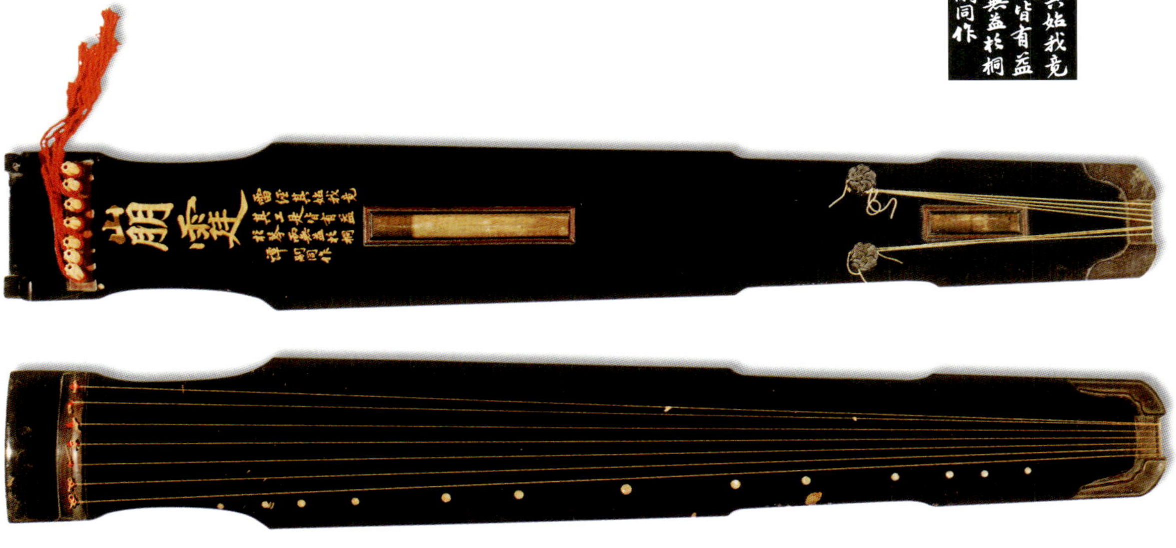

（二）熊希龄

熊希龄（1870—1937），字秉三，凤凰人。光绪二十年（1894）进士，甲午战争投笔从戎，戊戌维新时期积极推动湖南新政，践行实业救国理念，三十一年（1905）创建湖南瓷业学堂，次年创立湖南瓷业制造公司。民国时当选第一任民选总理，熊希龄内阁制定了民国第一部宪法，以图建立真正意义上的资产阶级民主共和国。晚年致力于慈善和教育事业。

行书七言联

纵166厘米，横41.3厘米

湖南省博物馆藏

釉下五彩瓷瓶

1909—1912
高40.5厘米，腹径26.5厘米
湖南省博物馆藏

釉下五彩瓷瓶

清宣统元年（1909）
高52.5厘米，腹径29厘米
湖南省博物馆藏

（三）唐才常

唐才常（1867—1900），字伯平，号佛尘，浏阳人。早年与谭嗣同参与湖南新政。戊戌政变，逃往日本。光绪二十六年（1900），创建自立军，以推翻清政府，事泄被捕就义。

家书

清光绪十七年至二十六年（1891—1900）
纵44.5厘米，横17厘米
唐才常三弟唐才质先生捐赠
湖南省博物馆藏

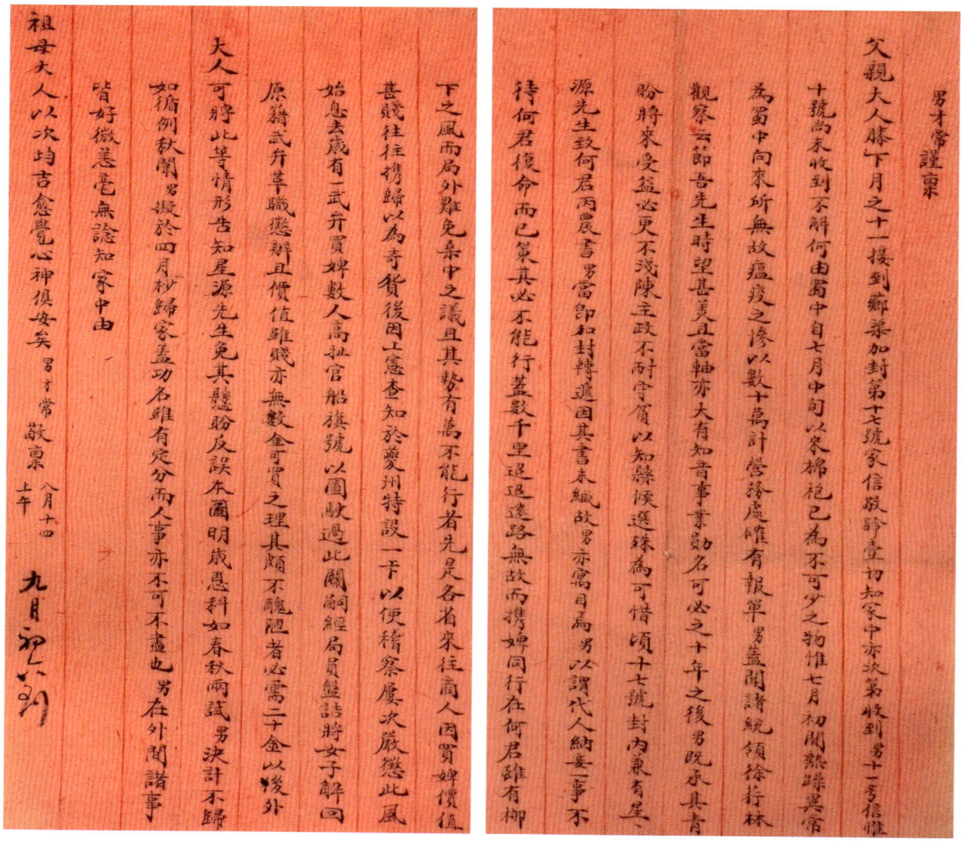
男才常謹稟
父親大人膝下月之十一接到鄰柔加封第十七號家信敬聆壹切知家中亦次第收到男十一号信惟十號尚未收到不解何由蜀中自七月中旬以來棉袍已為不可少之物惟七月初閒熱躁異常為蜀中向來所無故瘟疫之滲以數十萬計營務處雖有報單男蓋閱諸統領徐荇林觀察云節吾先生時望甚美且當軸亦大有知音事業勛名可必之十年之後男既承其青盼將來受益必更不淺陳主政不耐守貧以知縣候選殊為可惜頃十七號封內兼有星源先生致何君丙農書男當即扣封轉遞因其書未緘故男亦寓目焉男以謂代人納妾一事不待何君復命而已策其必不能行蓋數千里迢迢遠路無故而携婢同行在何君雖有柳下之風而局外難免衆中之議且其勢有萬不能行者先是各省來往商人因買婢價值甚賤往往攜歸以為奇貨後因上憲查知於夔州特設一卡以便稽察屢次嚴懲此風始息去歲有一武弁買婢數人高扯官船旗號以圖飛過此關嗣經局員盤詰將女子解回原籍武弁革職懲辦且價值雖賤亦無數金可買之理其頗不醜陋者必需二十金以後外
大人可將此等情形告知星源先生免其懸盼反誤本圖明歲恩科如春秋兩試男決計不歸如循例秋闈男擬於四月杪歸家蓋功名雖有定分而人事亦不可不盡也男在外聞諸事皆好微恙毫無諗知家中由
祖母大人以次均吉愈覺心神俱安矣男才常敬稟 八月十四上午
九月初六到

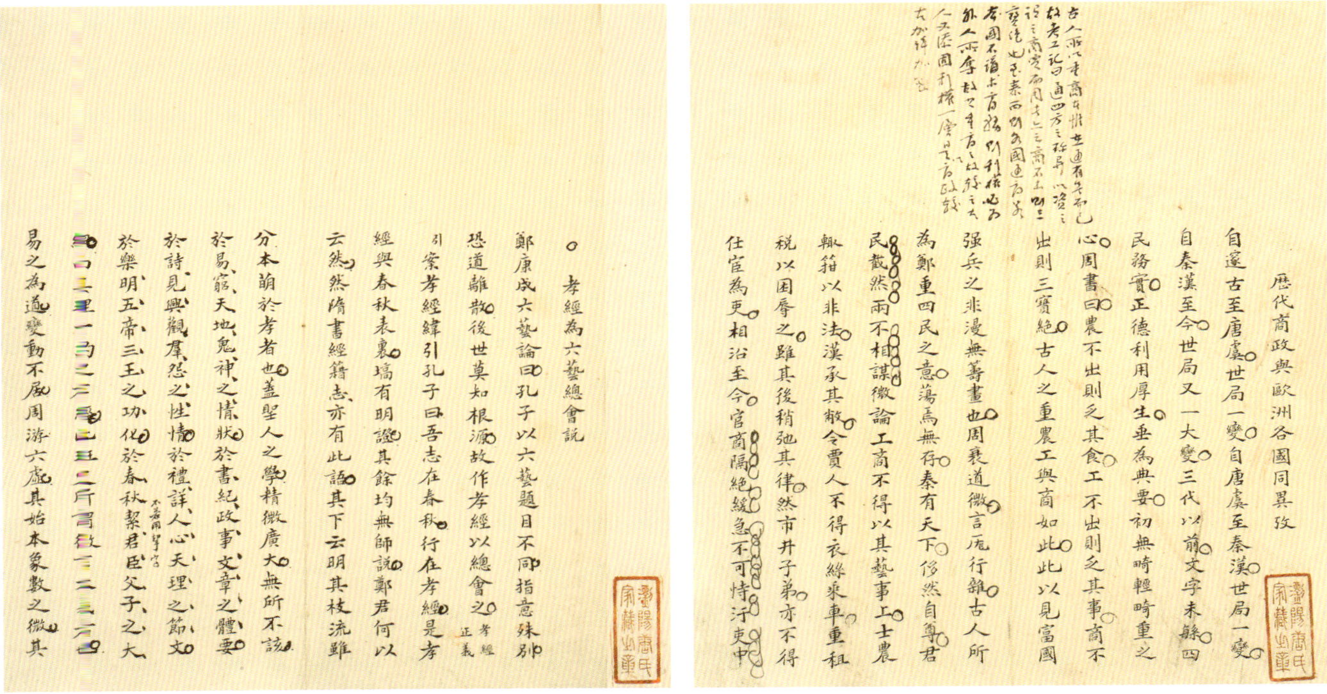

孝經為六藝總會説
鄭康成六藝論曰孔子以六藝題目不同指意殊別
恐道離散後世莫知根源故作孝經以總會之（孝經正義）
引 案孝經緯引孔子曰吾志在春秋行在孝經是孝
經與春秋表裏塙有明證其餘均無師説鄭君何以
云然然隋書經籍志亦有此語其下云明其枝流雖
分本萌於孝者也蓋聖人之學精微廣大無所不該
於易竆天地鬼神之情狀於書紀政事文章之體要
於詩見興觀羣怨之性情於禮詳人心天理之節文
於樂明五帝三王之功化於春秋絜君臣父子之大
[illegible]
易之為道變動不居周游六虛其始本象數之微其

歷代商政與歐洲各國同異攷
自邃古至唐虞世局一變自唐虞至秦漢世局一變
自秦漢至今世局又一大變三代以前文字未繁四
民務實正德利用厚生垂為典要初無畸輕畸重之
心周書曰農不出則乏其食工不出則乏其事商不
出則三寶絕古人之重農工與商如此此以見富國
強兵之非漫無籌畫也周衰道微言厖行離古人所
為鄭重四民之意蕩焉無存秦有天下侈然自尊君
民截然兩不相謀微論工商不得以其藝事上士農
輒籍以非法漢承其敝令賈人不得衣絲乘車重租
稅以困辱之雖其後稍弛其律然市井子弟亦不得
仕宦為吏相沿至今官商隔絕緩急不可恃汙吏中

就读两湖书院课卷

清光绪二十一年至二十二年（1895—1896）
纵34厘米，横17厘米
唐才常三弟唐才质先生捐赠
湖南省博物馆藏

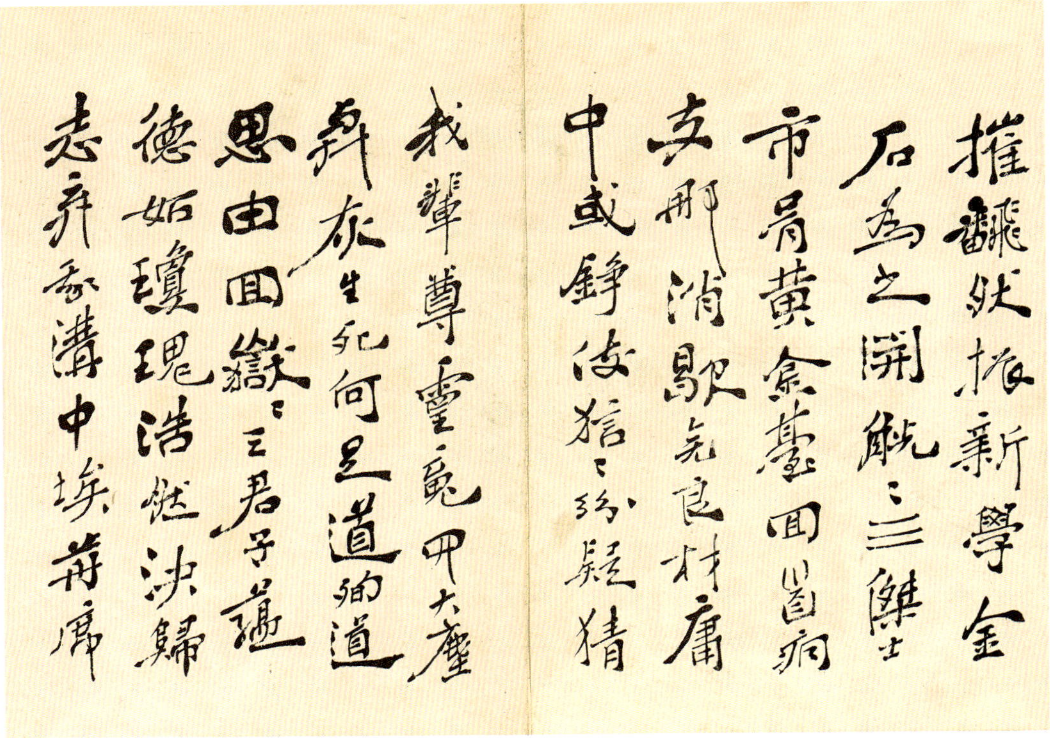

遗墨

清光绪二十四年（1898）
纵26厘米　横39.2厘米
唐才常三弟唐才质先生捐赠
湖南省博物馆藏

三、要将热血洗乾坤

维新运动失败后，以黄兴、宋教仁、蔡锷等为代表的爱国志士，抛头颅、洒热血，最终推翻封建帝制，建立了中华民国，为捍卫民主共和，掀起了护法、护国运动，使民主共和观念深入人心。

（一）舆论先锋

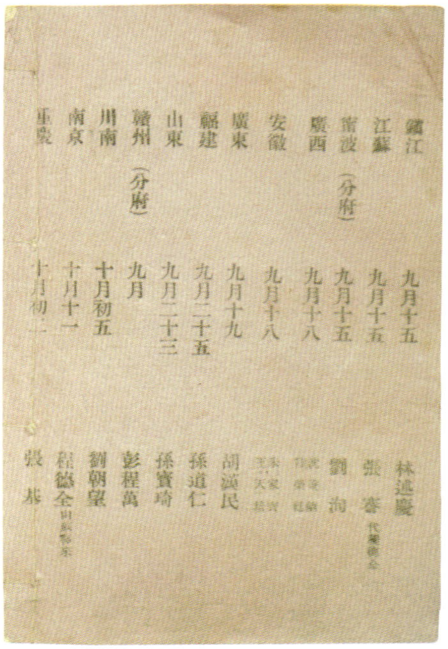

鎮江	九月十五	林述慶
江蘇	九月十五	張謇
寗波（分府）	九月十五	劉洵
廣西	九月十八	[illegible]
安徽	九月十八	[illegible]
廣東	九月十九	胡漢民
福建	九月二十五	孫道仁
山東	九月二十三	孫寶琦
贛州（分府）	九月	彭程萬
川南	十月初五	劉朝望
南京	十月十一	程德全
重慶	十月初二	[illegible]

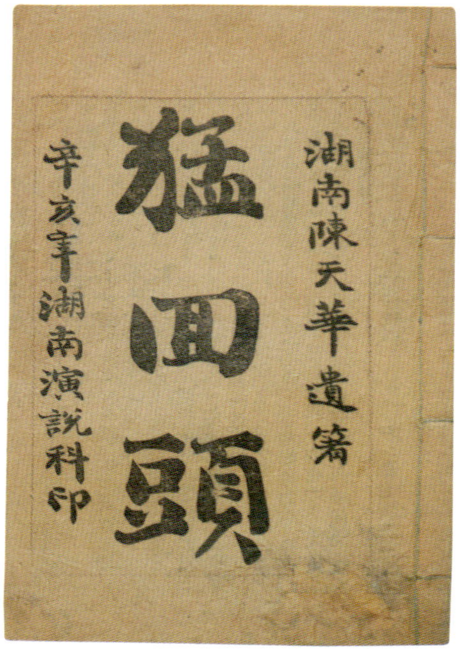

陈天华著《猛回头》书影

纵20厘米，横13.2厘米，厚0.3厘米
湖南省博物馆藏

陈天华（1875—1905），字星台，新化人。1905年底，日本政府颁布《取缔清国留日学生规则》，留学生为去留问题发生分歧，为了警醒同胞，留下绝命书后在东京投海。所著《猛回头》和《警世钟》，字字血泪，感人肺腑，吹响了革命的号角和警钟。

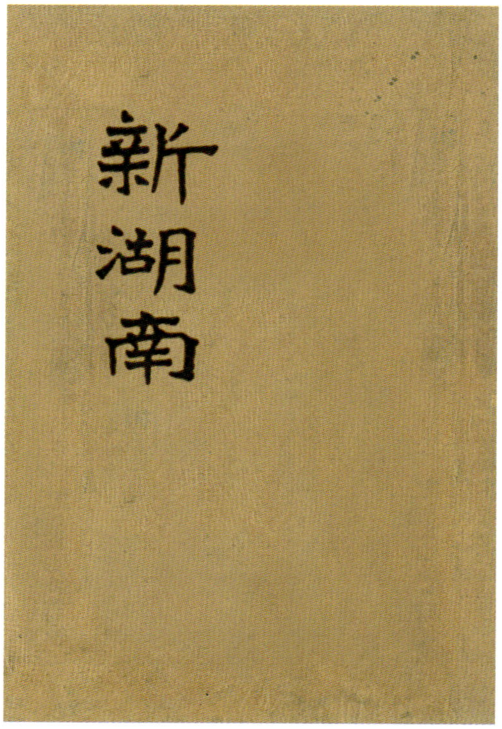

杨毓麟著《新湖南》书影

纵24厘米，横18厘米
湖南省博物馆藏

杨毓麟（1872—1911），字笃生，号叔壬，长沙人。曾任教时务学堂，策划长沙起义，密谋炸死慈禧。任《神州日报》总主笔，后游学英伦，闻黄花岗起义失败，不能自持，在利物浦投海殉国。撰写的《新湖南》是辛亥革命时期最具鼓动力的著作之一。

《游学译编》书影

清光绪二十八年（1902）
纵21.1厘米，横13.8厘米
湖南省博物馆藏

1902年11月湖南留日学生杨度、黄兴、张孝准等在东京创办的进步刊物，以“输入文明，增益民智”为宗旨。

《民报》书影

清光绪三十一年至三十二年（1905—1906）
纵22厘米，横15厘米
湖南省博物馆藏

同盟会的机关报，前身为宋教仁在东京创办的《二十世纪支那》。1905年11月26日创刊于东京，孙中山在发刊词中提出了民族、民权、民生“三民主义”。该报成为进步舆论的中心。

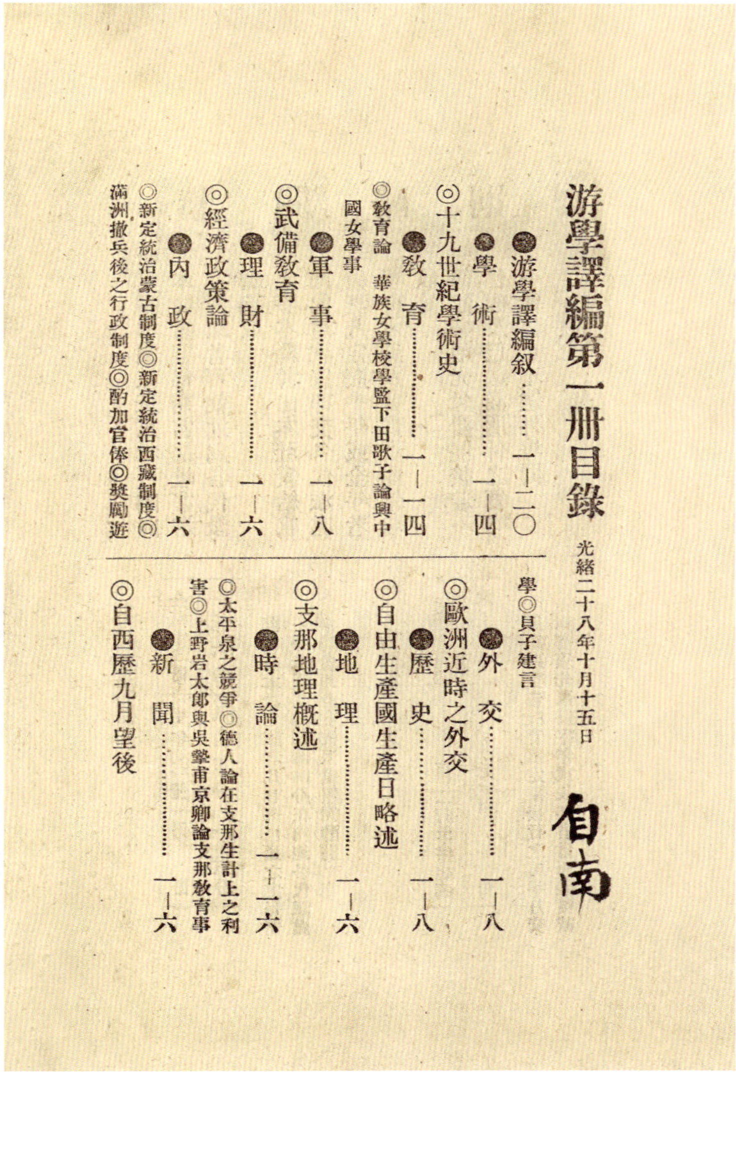
游學譯編第一冊目錄
光緒二十八年十月十五日
自南

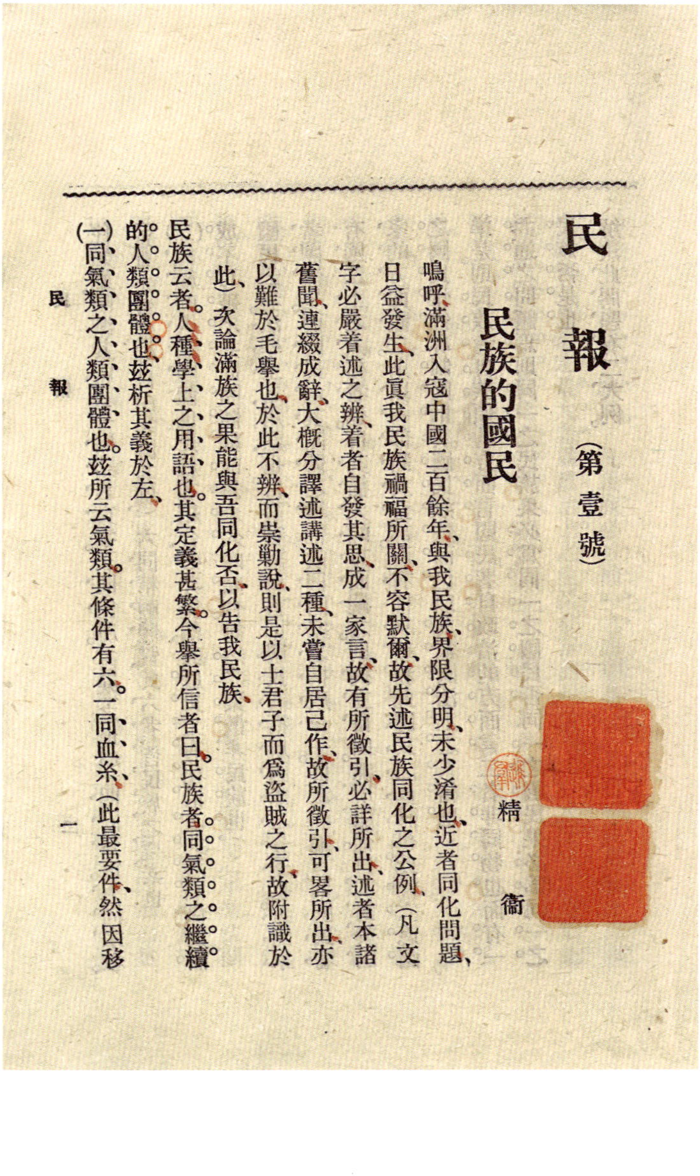
民報（第壹號）

民族的國民

精衛

嗚呼滿洲入寇中國二百餘年、與我民族、界限分明、未少淆也、近者同化問題、日益發生、此眞我民族禍福所關、不容默爾、故先述民族同化之公例、（凡文字必嚴着述之辨、着者自發其思成一家言、故有所徵引、必詳所出、述者本諸舊聞、連綴成辭、大概分譯述講述二種、未嘗自居己作、故所徵引可畧所出、亦以難於毛擧也、於此不辨、而祟勦說、則是以士君子而爲盜賊之行、故附識於此、）次論滿族之果能與吾同化否、以告我民族、

民族云者、人種學上之用語也、其定義甚繁、今擧所信者曰、民族者、同氣類之繼續的人類團體也、茲析其義於左、

(一)同氣類之人類團體也、茲所云氣類、其條件有六、一同血系、（此最要件、然因移

民報 一

（二）黄兴

黄兴（1874—1916），原名轸，长沙人。辛亥革命先驱和领袖，中华民国的创建者之一，与孙中山以"孙黄"并称。戊戌变法后，投笔从戎，改名"兴"，以示兴我中华。领导广州起义，怀揣绝笔书冲锋陷阵。武昌起义后任战时总司令，率湖南兵与清军激战月余，为各省独立赢得宝贵时间。1916年病故于上海，次年国葬于长沙岳麓山。章太炎挽联曰："无公则无民国，有史必有斯人。"

盘空鸷鸟想雄姿

伏海潜龙思隐德

勤济吾弟正

董兴

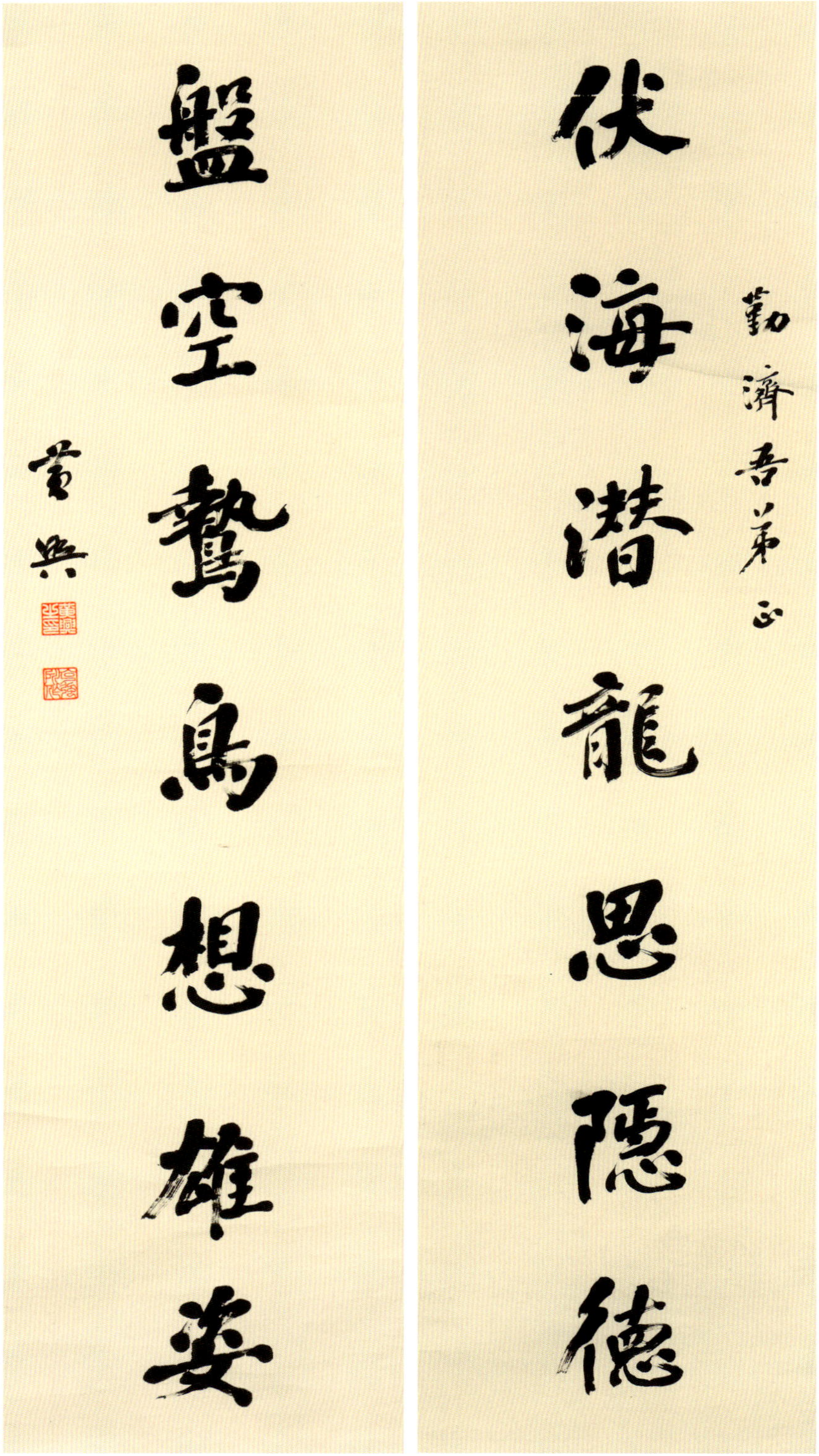

行书七言联

纵219厘米，横56.5厘米
湖南省博物馆藏

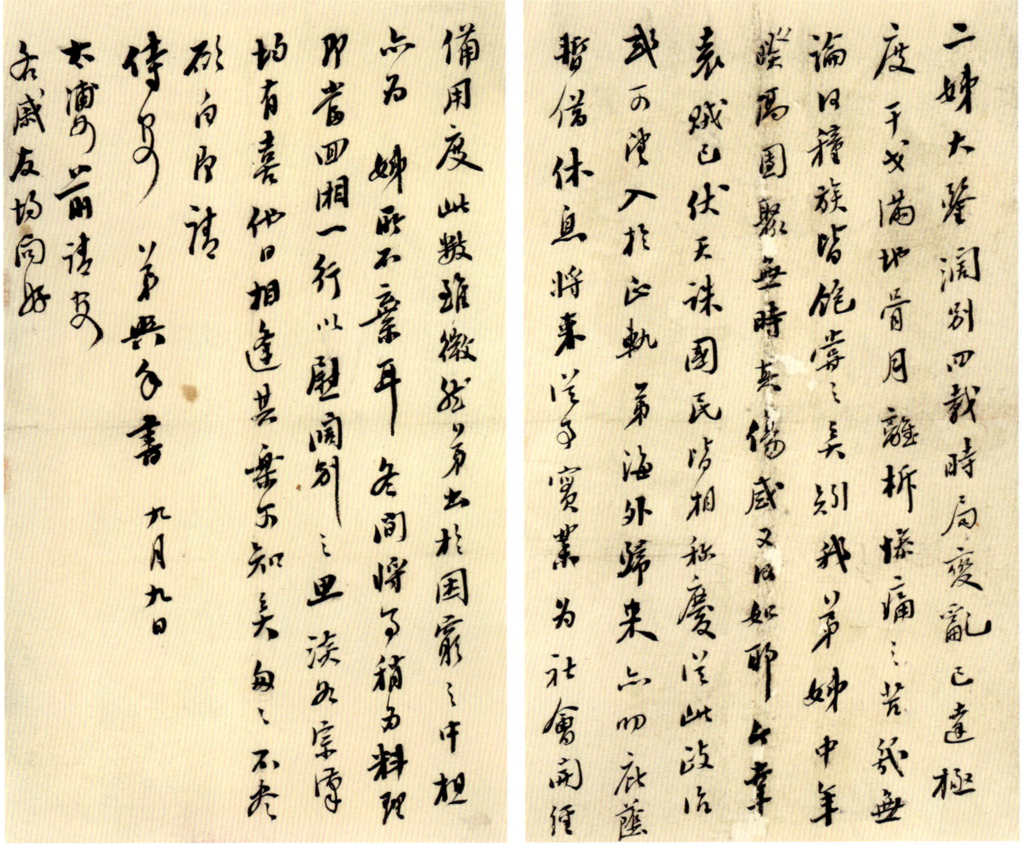
二姊大鑒：闊別四載，時局變亂已達極度，干戈滿地，骨肉離析，慘痛之苦，幾無論。以穆族皆飽嘗之矣，別我弟姊中年遭遇國難，無時無傷感，又何如耶？今幸袁賊已伏天誅，國民皆相慶幸，從此政治或可漸入於正軌。弟海外歸來，亦回故籍暫借休息，將來從事實業，為社會開經備用度。此數雖微，然以弟出於國家之中，想亦為姊所不棄耳。冬間將予積為料理，即當回湘一行，以慰闊別之思，談家常均有喜。他日相逢，其樂不知矣。匆匆不盡欲言，即請

侍安

弟興手書 九月九日

太夫人前請安

各戚友均問好

致二姊黄杏生亲笔信（局部）

1916年9月9日

纵27厘米，横16厘米

湖南省博物馆藏

湘军步队独立第九标阳夏血战纪念章

清宣统三年（1911）

直径4.15厘米

湖南省博物馆藏

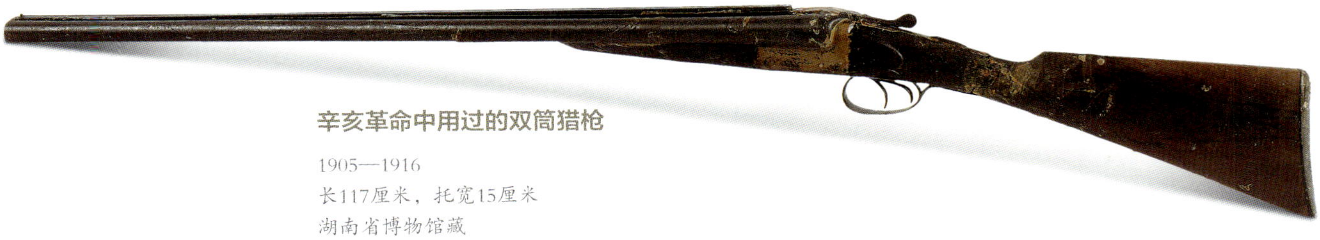

辛亥革命中用过的双筒猎枪

1905—1916

长117厘米，托宽15厘米

湖南省博物馆藏

（三）宋教仁

宋教仁（1882—1913），字钝初，号渔父，桃源人。辛亥革命的领导者和中华民国的创立者之一。1904 年留学日本，系统学习研究西方资本主义政治学说，尝试建立资产阶级民主共和国。主持制定《鄂州约法》和《中华民国临时约法》，创建国民党，是民国初期政党政治的主要倡导者和先行者，1913 年 3 月被刺杀于上海，为民主宪政流尽最后一滴血。孙中山作挽联："作公民保障，谁非后死者；为宪法流血，公真第一人。"

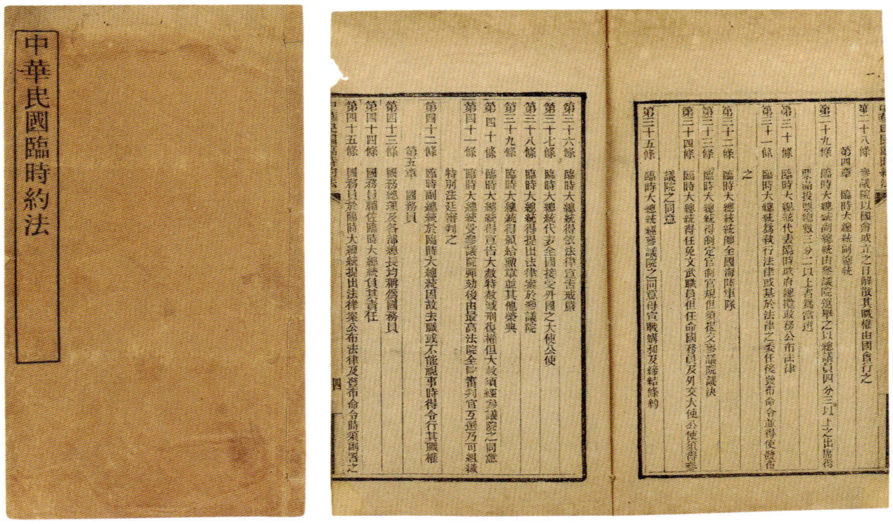

《中华民国临时约法》书影

1912
纵26.5厘米，横15厘米
湖南省博物馆藏

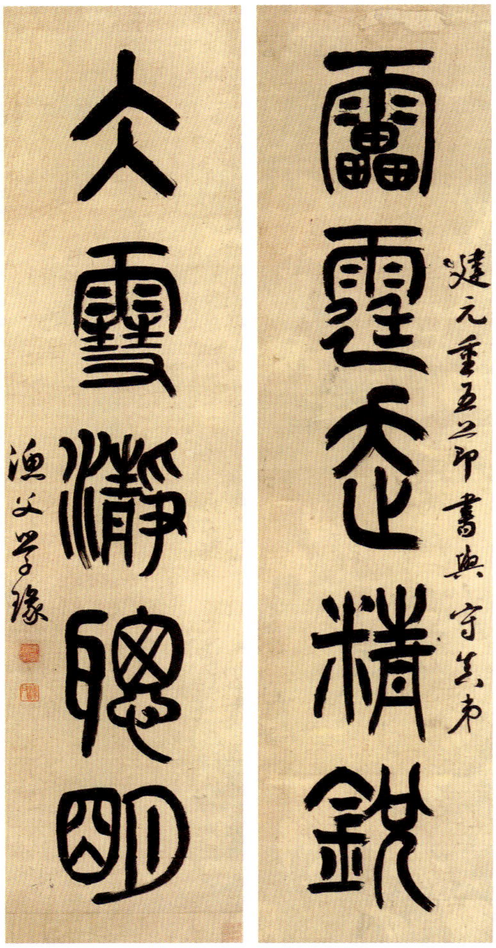

篆书五言联

纵166厘米，横38.5厘米
湖南省博物馆藏

（四）蔡锷

蔡锷（1882—1916），原名艮寅，字松坡，邵阳人。15 岁考入时务学堂，17 岁留学日本，早年参加自立军活动，失败后投笔从戎，改名为锷，寓意砥砺锋锷。1904 年上五万言书，请施新政。主张“军国民主义”，提出“欲建造军国民，必先陶铸国魂”，以提高国民素质。1911 年领导云南新军起义，1915 年发动护国讨袁战争。1916 年病逝，年仅 34 岁。次年国葬于长沙岳麓山。

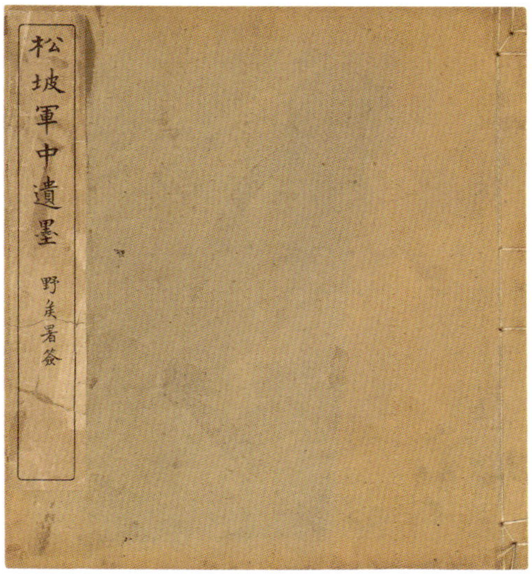

《松坡军中遗墨》书影

1917年
长30.5厘米，宽27厘米，
厚0.5厘米
湖南省博物馆藏

云南都督府制铸有蔡锷头像的拥护共和奖章

1916
直径5.4厘米
湖南省博物馆藏

行书七言联

纵155厘米，横38厘米
湖南省博物馆藏

（五）刘道一

刘道一（1884—1906），衡山人。1906年领导同盟会第一次大规模武装起义，失败被捕，受尽酷刑，坚贞不屈，曰："士可杀，不可辱，死则死耳！"后被杀害于长沙浏阳门外，年仅22岁。为留日学生因反清而被杀害的第一人，也是同盟会武装起义牺牲的第一个烈士。

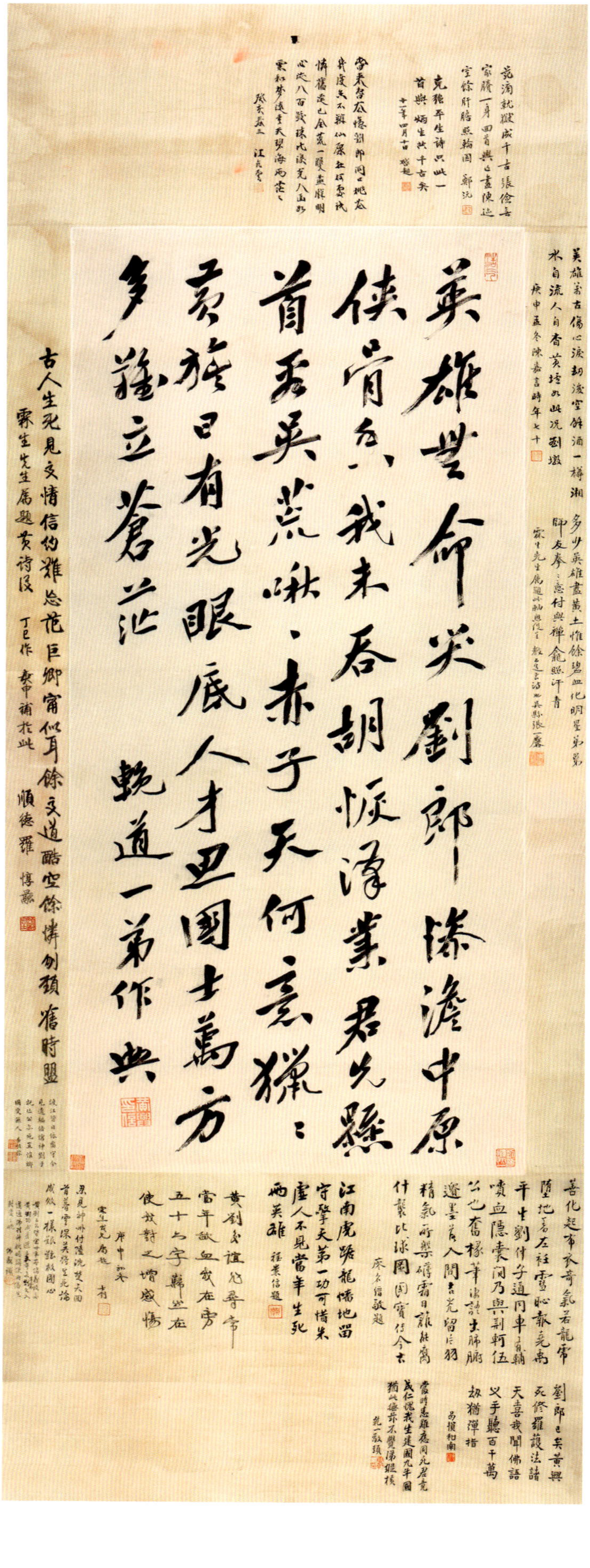

黄兴挽刘道一诗

1916

高275厘米，宽93厘米

湖南省博物馆藏

（六）禹之谟

禹之谟（1866—1907），湘乡人，湖南教育会会长、商会会长、同盟会湖南分会负责人，民主革命先驱。1906 年陈天华、姚宏业灵柩返湘时，不顾官府阻挠，发动万余名学生“公葬岳麓山，以彰义烈”。同年被捕后，效法谭嗣同说：“各国改革，孰不流血？吾当为前驱！”临刑前高呼：“禹之谟为救中国而死，救四万万人而死，继我志者自有人！”

禹之谟印

高10厘米，边长5厘米

湖南省博物馆藏

禹之谟烈士遗书

清光绪三十三年（1907）

纵25.5厘米，横15厘米

湖南省博物馆藏

烈士禹之謨遺像及遺書縮印

禹之謨正告同胞曰：身雖禁於囹圄，而志自若；軀殼死耳，救志長存。同胞同胞，其善為死所，寧可牛馬其身而死，甚毋奴隸其心而生。前途茫茫，死者已矣，存者誠可哀也。我同胞其圖之，因心衝慮，終必底於成也。禹之謨四十一歲丙午十一月　日靖州獄中遺書

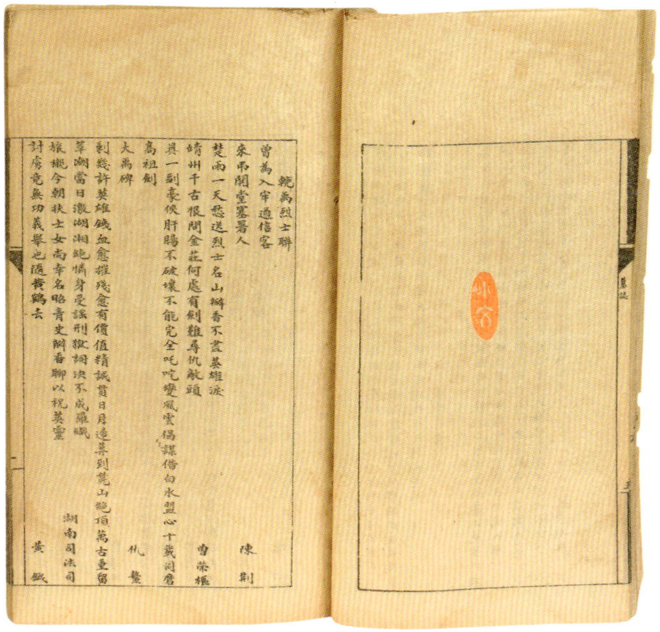

輓禹烈士聯

曾爲入牢通信客
來弔閑堂塞署人　陳荊

楚雨一天愁送烈士名山瓣香不啻英雄淚
靖州千古恨問金莊何處有劍難尋仇敵頭　曾榮樞

具一副豪俠肝腸不破壞不能完全叱吒變風雲偶謀借白水盟心十載同磨
禹祖劍　仇鰲

大禹碑

剩幾許英雄鐵血愈摧殘愈有價值精誠貫日月連塋到麓山絕頂萬古重留
草湖當日激湘湖絕情身受謠刑獄詞決不成羅織　湖南司法司

旅櫬今朝扶士女尚幸名昭青史綱香聊以祝英靈
討虜竟無功義舉也隨黃鶴去　黃鉞

第四单元

敢教日月换新天

资产阶级救国运动失败后，俄国革命给中国送来了马克思主义，以毛泽东为代表的湖南志士，肩负民族复兴的重任，积极探索、勇于实践新的救国之路。他们高举马克思主义大旗，武装夺取政权，抵御外侮，建立独立的人民民主政权，开启了中国历史的新纪元。

一、革命烈士手迹

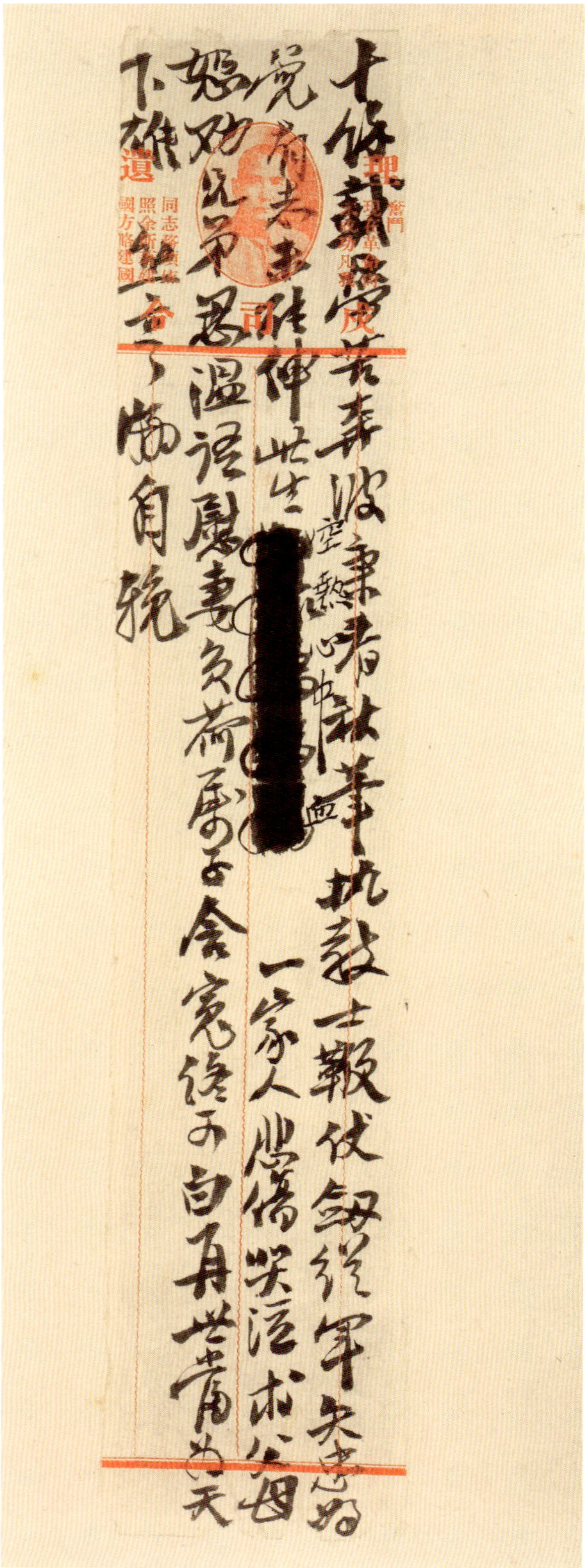

熊亨瀚（1894—1928）

烈士狱中诗

纵30.5厘米，横6厘米

谭绍福（1897—1927）狱中书

纵26.5厘米，横126.5厘米

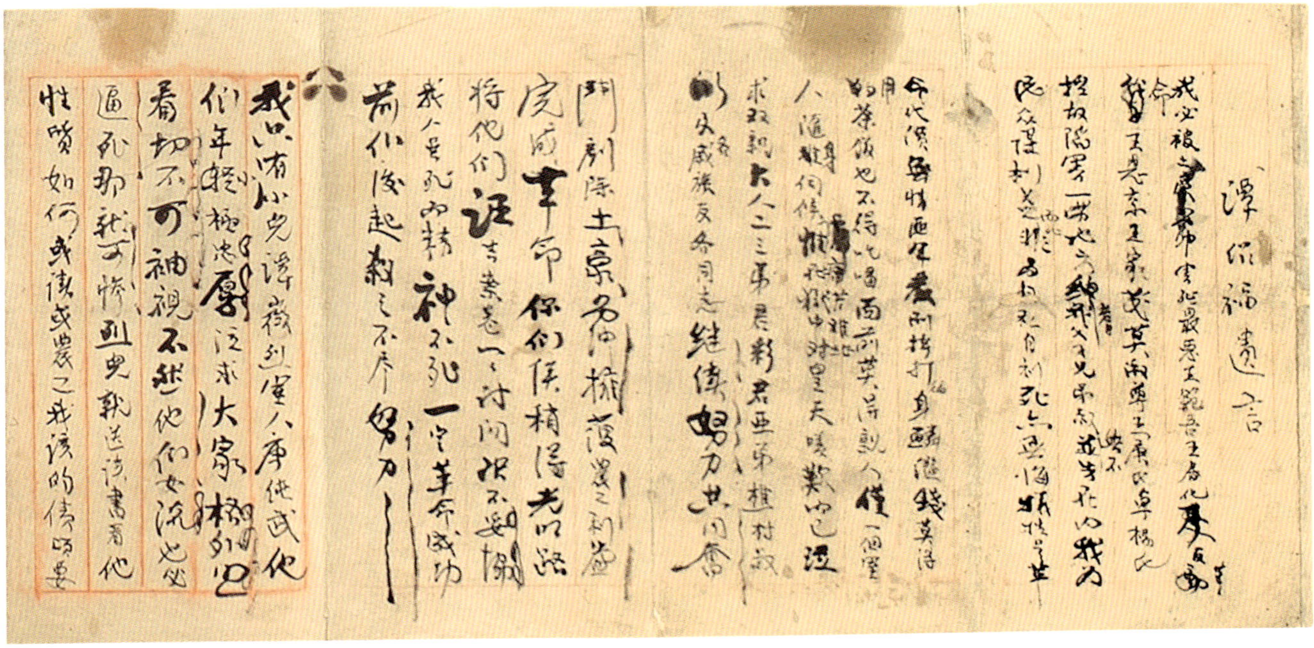

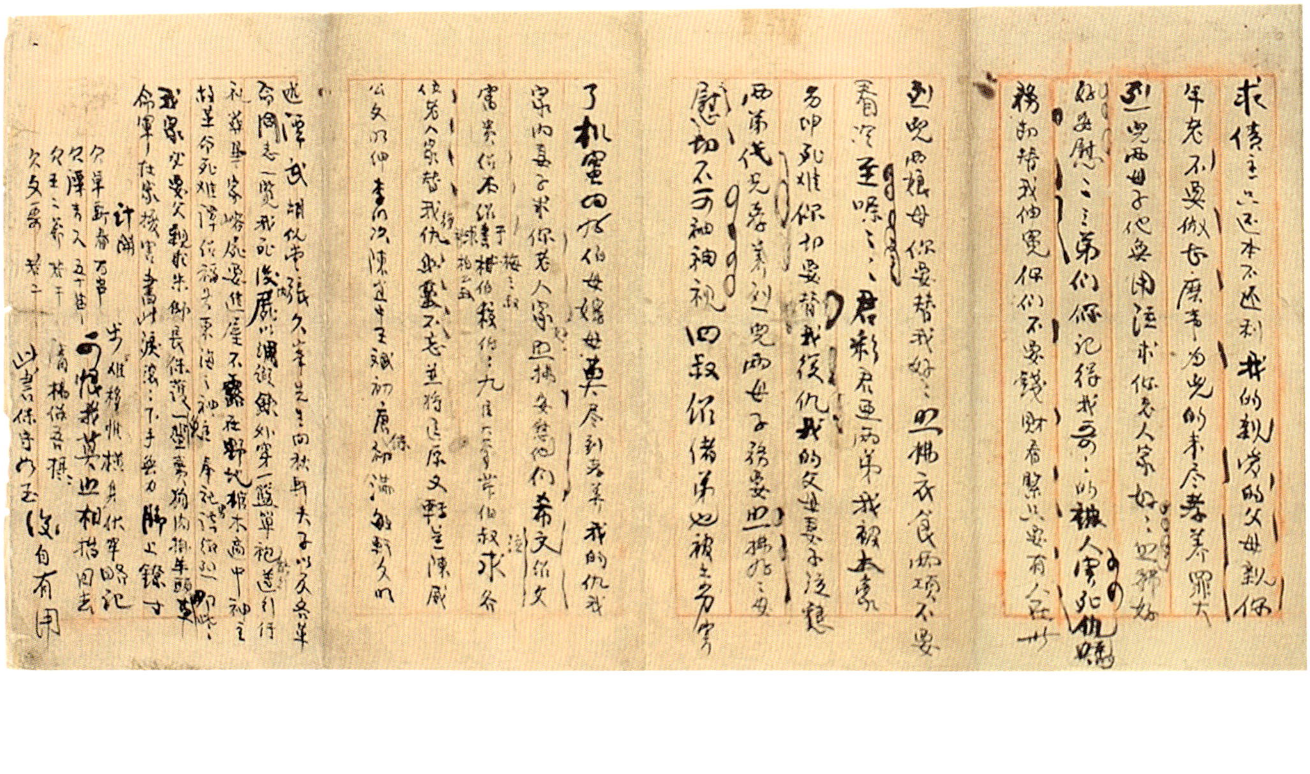

二、新中国与新政府

开国大典时湖南临时省人民政府升起的第一面五星红旗

1949
纵121厘米，横196厘米
湖南省博物馆藏

湖南和平起义时程潜《告湖南民众书》

1949年8月4日
纵27厘米，横33厘米
征集
湖南省博物馆藏

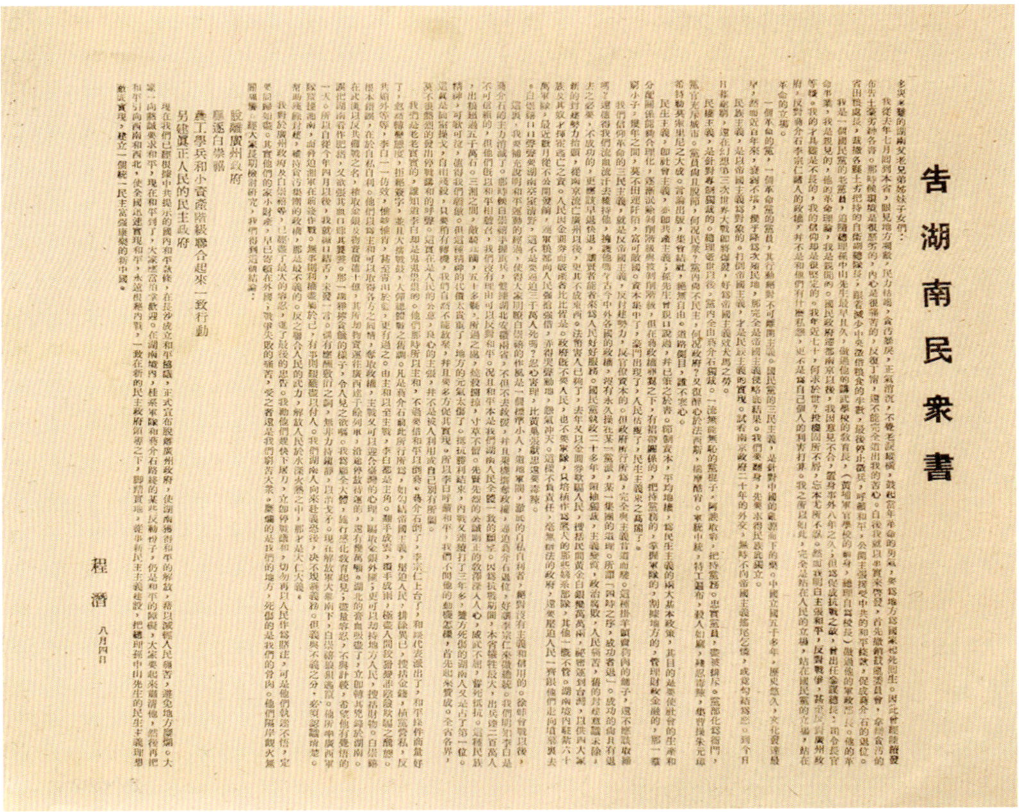

告湖南民衆書

程潛　八月四日

后记

我馆作为湖南区域文明物证的收藏、研究和湖湘文化的展示、宣传的重要窗口，有必要策划一个整体反映湖南历史文化风貌的通史性基本陈列，以补多年缺憾。作为一个全新的大型原创基本陈列“湖南人——三湘历史文化陈列”项目，从策划启动到实施前后历经七年时间，期间参与方案撰写的业务人员也因框架结构的变化或岗位的调整出现多次变动。

早在 2010 年 6 月策划通史陈列一事就被提上日程。为汇集馆内所有研究人员的智慧，时任业务副馆长李建毛研究员提出每人都可以表达自己的策划理念与思路。至2011年2月，综合诸位策展人的意见，计划按照时间顺序分为几个大阶段，分别由各部分策展人从生态环境、居住人群、民俗文化三大方面构思。同年 4 月，经大家讨论，决定将框架结构调整为以专题组成，初步分为自然环境与历史沿革、湖南人的起源与演变、生产方式、生活方式、湖湘文化五部分。由于展览主题改变，原计划展示的宗教、礼仪、近代革命等或调整或舍弃。至年底陈列方案初稿形成，展标名为“回首潇湘”，展览分为“家园变迁”“湖南人”“洞庭鱼米乡”“民生剪影”和“屈贾之魂”五部分。2012 年 1 月召集湖南省文博专家讨论，省文化厅、省文物局、省文物考古研究所、长沙市文物考古研究所以及本馆离退休老专家参会，他们赞同我们的策划思路并提出了宝贵的修改意见。

在后来多次策划会议中，由于对按时代序列策划的“民生剪影”部分存在越来越多的分歧，经过激烈讨论，同年 8 月方案结构又开始新的探索与调整，确定围绕湖南“人”来策划一个全新视角的基本陈列，决定展标直接改为“湖南人——三湘历史文化陈列”，其中第一部分“家园”由王树金负责，分为自然生态与行政沿革，其中自然生态主要展示湖南的地质地貌、气候特点，行政沿革则通过几个重大的历史转折展示湖南行政区划的形成。第二部分“我从哪里来”分为原住民、外来移民和民族大家庭三单元，前两单元由余斌霞负责，展示历史上湖南当地原住民与不同时期外来移民的情况；后一单元舒丽丽负责，侧重体现经过历代民族融合形成当今湖南人的基本现状。第三部分“以农为本”，由傅聚良负责，分为洞庭鱼米乡、五谷与六畜两个单元，第一单元为重点，分为稻之源、天下粮仓两块，展览从最早开始人工栽培水稻到袁隆平研制杂交水稻，凸显湖南人在解决粮食问题上对人类作出的贡献。第四部分“生活的脚步”分为蓬荜变奥堂、吃出来的湘味、穿戴出来的韵味、玩出来的智慧与艺术、生老婚丧民俗风五个单元。本部分内容涵盖较为全面，分别由郑曙斌、喻燕姣、袁建平、余斌霞、邓昭辉、袁鑫、王卉等人负责内容策划。本部分拟以专题形式展开湖南古代民众的生活画卷，包括服饰、饮食、居住、娱乐、风俗，着重各专题的发展转折点的展示，以点带面，勾勒湖南社会发展的重要历程。第五部分“风骨节尚”由闾四秋总体负责，分为传说时代英雄人物、忧患意识的火种、理学先驱与湖湘学派、睁眼看世界的启蒙思想先驱、自强求富的洋务运动推行者、以身许国的维新志士、推翻帝制建立共和的践行者、建立新中国的元勋八个单元，分别由卢莉、刘涛、闾四秋策划古代、近代、现代部分内容。曾经参与策划工作的陈叙良、曹学群、刘刚、沈柏村、袁鑫、于兵，因岗位调整或工作调离，不再参与方案撰写。

策划人员在本稿基础上不断打磨完善，一直到 2016 年 6 月，除对各部分单元划分与各级标题名称反复推敲修改外，框架结构基本不变。期间，分别在 2014 年 11 月、2016 年 4 月召开了两次专家论证会，同时向国内、省内不同专业领域的专家送发了纸本方案，征求专家修改意见，方案得到了一致肯定并收到了宝贵的修改意见。2015 年 7 月，李建毛副馆长带领王树金、喻燕姣、舒丽丽、卢莉对方案文本进行了一次封闭式修订。

2016 年 7 月，有领导及专家提出将第四部分“生活的足迹”（原名“生活的脚步”）分为衣、食、住、习俗四方面分别从古至今展示，时间线索过多。经策展人员激烈讨论，保持展标“湖南人——三湘历史文化陈列”、第一部分“家园”、第二部分“我从哪里来”、第三部分“洞庭鱼米乡”（原名“以农为本”)、第五部分“湘魂”（原名“风骨节尚”）不变，调整第四部分“生活的足迹”下单元划分，按照商周、秦汉、晋唐、宋元明清时间脉络顺序重新策划。同年 10 月 22 日召开新馆陈列展览专家评审会暨高峰论坛，第三方专家评审组一致认同该陈列方案的体例突破了地志性博物馆历史文化陈列的模式，具有比较突出的创新性。会后，为尽快统一整个方案文笔风格，又对参与人员做了精简与重新分工，“家园”部分、“生活的足迹”部分的“重心南移后的品质生活”单元与“聚族而居”内容、“湘魂”部分的“忧乐观的濡化”单元与“书院教育的传承”单元由王树金负责修改；“我从哪里来”部分前六单元由余斌霞负责修改；“洞庭鱼米乡”部分、“生活的足迹”部分的“大一统下的小农家居”单元由郑曙斌负责修改;“我从哪里来”部分的“民族大家庭”单元、“生活的足迹”部分的“青铜时代的南方礼乐”单元与“湘楚风情”单元由舒丽丽负责修改；“生活的足迹”部分的“多元文化交融的社会风尚”单元由李建毛负责修改；“生活的足迹”部分的“洋风入湘”内容、“湘魂”部分的“百折不挠的家国情怀”单元与“敢教日月换新天”单元由刘涛负责修改。2017 年 4 月后，项目负责人时任馆党委书记李建毛研究员带领策展团队再次梳理馆藏文物，花费数月时间，牺牲节假日，夜以继日，不断针对方案逐字逐句进行推敲，终于 7 月定稿。同时，李建毛书记带领策展团队对展品的组合与摆放、展台托架的设计与制作、版面的设计与审核、灯光的设计与调整、各艺术品与多媒体的设计与制作等，均逐一讨论、指导与跟踪落实。王树金协助项目负责人进行整体统筹、方案统稿以及各项具体工作的推进与实施等。

本陈列方案从构思到定稿历时七载，不仅仅是内容的策划，还集艺术设计、教育活动、文物保护等建议于一体，饱含两届馆领导班子、业务人员以及各部门同仁的心血与智慧，退休老专家高至喜、熊传薪、傅举有、刘彬徽等诸位先生也多次参与审稿并提出良多建议。在实施过程中，主管部门国家文物局、省文化厅、省文物局领导与相关处室给予了大力支持；省内20余家文博兄弟单位提供了282件（套）代表性文物，保障了展示内容的完整性，省文物考古研究所所长郭伟民在内容上还提出较多好的修改建议。中央美院负责的展陈形式设计为展示效果增色添彩。在本图录书稿整理过程中，我们从陈列的四千余件展品中遴选出约一千件精品文物，收入图录中；聂菲带领部门陈华丽、杨慧婷、王超等为图录编辑、出版付出了诸多辛劳。

在此一并谨表感谢！

（附记：本陈列方案先后参与业务人员众多，职称、职务也多有变化，本文为便于表述均直呼姓名，敬请见谅！）

执笔：王树金

2017年9月

图书在版编目（CIP）数据

湖南人——三湘历史文化陈列 / 湖南省博物馆编 . — 北京 : 中华书局 ,
2018.12
ISBN 978-7-101-12741-6
Ⅰ. 湖… Ⅱ. 湖… Ⅲ. 文化史－湖南 Ⅳ.K296.4
中国版本图书馆 CIP 数据核字（2017）第 200882 号

书　　名	湖南人——三湘历史文化陈列
编　　者	湖南省博物馆
策划编辑	朱振华　许旭虹
责任编辑	刘　楠
特邀编辑	聂　菲　陈华丽　杨慧婷
美术设计	合和工作室
出版发行	中华书局 （北京市丰台区太平桥西里 38 号　100073） http: // www. zhbc. com. cn E-mail: zhbc@zhbc. com. cn
印　　刷	北京雅昌艺术印刷有限公司
版　　次	2018 年 12 月北京第 1 版 2018 年 12 月北京第 1 次印刷
规　　格	开本 1/8　635 × 965 毫米 印张 56.75
国际书号	ISBN 978-7-101-12741-6
定　　价	596.00 元